Gesetzliches Unrecht: Die Bedeutung des Begriffs für die Aufarbeitung von NS-Verbrechen

BEITRÄGE ZUR AUFARBEITUNG DER NS-HERRSCHAFT

Herausgegeben von Joachim Perels

BAND 2

PETER LANG
EDITION

Clea Laage

Gesetzliches Unrecht: Die Bedeutung des Begriffs für die Aufarbeitung von NS-Verbrechen

Die Rezeption der Radbruchschen Formel in Rechtsprechung und Rechtslehre nach 1945

PETER LANG
EDITION

Bibliografische Information der Deutschen Nationalbibliothek
Die Deutsche Nationalbibliothek verzeichnet diese Publikation in der Deutschen Nationalbibliografie; detaillierte bibliografische Daten sind im Internet über http://dnb.d-nb.de abrufbar.

ISSN 2192-7189
ISBN 978-3-631-64789-9 (Print)
E-ISBN 978-3-653-03604-6 (E-Book)
DOI 10.3726/978-3-653-03604-6

Peter Lang Edition ist ein Imprint der Peter Lang GmbH.

Peter Lang – Frankfurt am Main · Bern · Bruxelles · New York · Oxford · Warszawa · Wien

Diese Publikation wurde begutachtet.

www.peterlang.com

Vorwort des Herausgebers

Gustav Radbruch (1878-1949) beschäftigte sich nach dem Ende der NS-Herrschaft wiederholt mit der Frage, wie mit rechtsstaatlichen Mitteln Straftaten der NS-Zeit zu ahnden und die NS-Täter zu bestrafen seien.[1] In seinem Aufsatz von 1946 „Gesetzliches Unrecht und übergesetzlicher Recht“[2] skizziert er seinen Lösungsansatz, den man so zusammenfassen kann: Man müsse erkennen, dass es im NS-Staat Unrecht in der Form des Gesetzes gegeben habe, also „gesetzliches Unrecht“. Menschen, die „gesetzliches Unrecht“ befolgt hätten, hätten Unrecht begangen.[3] Seine Formel „gesetzliches Unrecht und übergesetzliches Recht“ und die Kategorie des gesetzlichen Unrechts zielten vor allem auf die Delegitimierung des NS-Staates und seines Justizsystems als Grundlage für die Ahndung von NS-Verbrechen.

Die Untersuchung von Clea Laage arbeitet die Bedeutung des Begriffs des gesetzlichen Unrechts für die juristische Aufarbeitung von NS-Verbrechen nach 1945 umfassend und präzise heraus. Das von den Alliierten erlassene Kontrollratsgesetz Nr. 10 vom 20. Dezember 1945, das unter anderem Verbrechen gegen die Menschlichkeit für strafbar erklärte und damit ebenfalls den NS-Staat delegitimierte und die Ahndung von NS-Verbrechen ermöglichte, lässt sich, so Clea Laage, als positivierte Form der Kategorie des gesetzlichen Unrechts bezeichnen.

Die Untersuchung zeichnet ein genaues Bild der Rechtsentwicklung der 1940er und 1950er Jahre in der Bundesrepublik Deutschland. Anhand der Analyse des Umgangs von Rechtsprechung und Rechtslehre mit der Kategorie des gesetzlichen Unrechts werden die in der Rechtsprechung und Rechtslehre sich niederschlagenden Folgen der weitgehenden Kontinuität des Justizapparats der

---

1 G. Radbruch, Gesetzliches Unrecht und übergesetzliches Recht, SJZ 1946, S. 105 ff.; G. Radbruch, Vorschule der Rechtsphilosophie (1948), 2. Auflage, Heidelberg 1959, S. 113 ff. Weitere Nachweise in der nachfolgend veröffentlichten Untersuchung von C. Laage, Abschnitt B. I.

2 G. Radbruch, Gesetzliches Unrecht und übergesetzliches Recht, SJZ 1946, S. 105 ff.

3 „Wenn Gesetze den Willen zur Gerechtigkeit bewußt verleugnen, z.B. Menschenrechte Menschen nach Willkür gewähren und versagen, dann fehlt diesen Gesetzen die Geltung, dann schuldet das Volk ihnen keinen Gehorsam, dann müssen auch Juristen den Mut finden, ihnen den Rechtscharakter abzusprechen.“ G. Radbruch, Erste Stellungnahme nach dem Zusammenbruch nach 1945, Rechtsphilosophische Besinnung, in: ders., Der Mensch im Recht, 2. unveränderte Auflage, Göttingen 1961, S. 106.

NS-Diktatur, die in der maßgebenden Studie von Hubert Rottleuthner inzwischen empirisch genau beschrieben sind,[4] exemplarisch herausgearbeitet.

Die Autorin zeigt durch die Analyse einer Fülle bisher kaum wahrgenommener Urteile unterschiedlicher Gerichte und der juristischen Diskussion in der Rechtslehre der Nachkriegszeit, dass die Kategorie des gesetzlichen Unrechts und das Kontrollratsgesetz Nr. 10 durch Rechtsprechung und Rechtslehre der frühen Bundesrepublik Deutschland systematisch zurückgedrängt wurden. Die Autorin illustriert dies anhand von fünf Fallgruppen. Sie arbeitet dabei heraus, dass auf eine erste Phase der positiven Rezeption der Kategorie des gesetzlichen Unrechts (etwa bis 1947/48) eine zweite Phase folgte, in der die Kategorie gesetzlichen Unrechts überwiegend abgelehnt wurde. Dieser rechtsgeschichtliche Befund verändert das in einem großen Teil der Geschichtswissenschaft und der politischen Publizistik herrschende Bild, wonach mit der Gründung der Bundesrepublik Deutschland im Jahr 1949 eine einlinige Erfolgsgeschichte begonnen habe. Die analytische Qualität der Arbeit und die Verarbeitung einer großen Zahl von Gerichtsentscheidungen und juristischer Aufsätze des Zeitraums von 1945 bis zu Beginn der 1960er Jahre hat für die gegenwärtige wissenschaftliche Forschung zur Geschichte der Bundesrepublik Deutschland besondere Bedeutung.

In der Geschichtsschreibung spielt die Rechtsentwicklung nach 1945 oftmals nur eine untergeordnete Rolle. Die Frage nach dem Stellenwert des Justizsystems in der rechtsstaatlichen Demokratie kann deshalb kaum zureichend beantwortet werden. Zahlreiche wissenschaftliche Analysen, die dazu von der Redaktion der Zeitschrift „Kritische Justiz“ in dem Sammelband „Die juristische Aufarbeitung des Unrechts-Staats“[5] publiziert wurden, fanden kaum Eingang in Studien zur Geschichte der Bundesrepublik Deutschland. Sie wurden beispielsweise in dem von Ulrich Herbert herausgegebenen, viele gesellschaftliche und politische Bereiche erhellenden Sammelband über „Wandlungsprozesse in Westdeutschland“[6] nicht rezipiert. Die Einbeziehung der Entwicklung der Dritten Gewalt in historische Darstellungen ist geboten, um das geschichtliche Geschehen umfassend wahrzunehmen. Hierzu leistet die Untersuchung einen Beitrag.

Die vielfach vertretene These, dass nationalsozialistische Verbrechen angesichts ihrer Ungeheuerlichkeit einer angemessenen juristischen Aufarbeitung

---

4 H. Rottleuthner, Karrieren und Kontinuitäten deutscher Justizjuristen vor und nach 1945, Berlin 2010.

5 Redaktion Kritische Justiz (Hg.), Die juristische Aufarbeitung des Unrecht-Staats, Baden-Baden 1998.

6 U. Herbert, Wandlungsprozesse in Westdeutschland, Göttingen 2002.

nicht zugänglich seien, wird in der Untersuchung falsifiziert. So zutreffend es ist festzustellen, dass das Ausmaß der staatlich organisierten Verbrechen eine vollständige strafrechtliche Ahndung ausschloss, so bedeutet dies nicht, dass die Verfolgung und Verurteilung der NS-Täter aus Rechtsgründen generell nicht möglich gewesen wäre. Dies zeigen schon die Verfahren gegen NS-Täter, die in der Bundesrepublik Deutschland stattgefunden und in unterschiedlicher Weise zu Verurteilungen geführt haben.

Clea Laage weist nach, dass durch die Heranziehung der Kategorie des gesetzlichen Unrechts eine konsequente Aufarbeitung von NS-Unrecht und die Ahndung von NS-Verbrechen möglich gewesen sind. Dies wird anhand der wenig bekannten Rechtsprechung des Obersten Gerichtshofes für die Britische Zone zwischen 1947 und 1951 verdeutlicht, der mit einer kleinen Gruppe unbelasteter Juristen besetzt war. Dieser Gerichtshof orientierte sich bei seiner Rechtsprechung zu NS-Verbrechen an der Kategorie des gesetzlichen Unrechts und dem Kontrollratsgesetz Nr. 10. In vielen seiner Entscheidungen wurde deutlich, worin eine rechtsstaatlich bestimmte Negation des juristischen Systems des NS-Staats besteht. Im späteren Mainstream der Justiz wurde demgegenüber dem NS-Recht – vom Militärstrafrecht bis zu den Nürnberger Gesetzen – vielfach weiterhin Gültigkeit zugesprochen.

Die Untersuchung der Bedeutung des Begriffs des gesetzlichen nationalsozialistischen Unrechts in der Justiz kann auch für die neuere Forschung über die personelle und sachliche Verbindung von Reichs- und Bundesjustizministerium von Bedeutung sein, insbesondere im Blick auf die Frage, ob es in der Justizverwaltung eine vergleichbare Negation des Rechtsgedankens des gesetzlichen Unrechts gegeben hat.

Die Untersuchung entstand als Diplomarbeit im Jahr 1988 an der Universität Hannover im Fachbereich Sozialwissenschaften. Die Arbeit ist für die vorliegende Veröffentlichung inhaltlich nahezu unverändert geblieben.[7] Das erscheint vertretbar, weil die Fragestellung von Clea Laage in der späteren Forschung nicht behandelt wird. Auszüge aus der Diplomarbeit sind 1989 als Aufsatz in der Kritischen Justiz veröffentlicht worden.[8]

7 Die Arbeit ist 1988 mit der Schreibmaschine geschrieben worden, so dass sie für die Veröffentlichung zunächst in ein Word-Dokument umgewandelt werden musste. Für Hinweise auf eventuelle Übertragungsfehler insbesondere in der Vielzahl von Daten in den Fußnoten, die trotz mehrfachen Korrekturlesens nicht beseitigt sind, sind wir dankbar.

8 C. Laage, Die Auseinandersetzung um den Begriff des gesetzlichen Unrechts nach 1945, Kritische Justiz 1989, S. 409 ff.

Dieser Aufsatz ist in den Folgejahren vielfach – überwiegend positiv – rezipiert worden.[9]

Hannover, im November 2013

Joachim Perels

9 Unter anderem *in Deutschland*: S. C. Böske, Denunziationen in der Zeit des Nationalsozialismus und die zivilrechtliche Aufarbeitung in der Nachkriegszeit, Diss. Universität Bielefeld 2008, S. 170 f.; A. Eichmüller, Die Strafverfolgung von NS-Verbrechen durch westdeutsche Justizbehörden seit 1945. Eine Zwischenbilanz, in: Vierteljahreshefte für Zeitgeschichte 2008, S. 621 ff.; K. Freudiger, Die juristische Aufarbeitung von NS-Verbrechen, Tübingen 2002, S. 12 ff.; C. Fröhlich, Wider die Tabuisierung des Ungehorsams, in: Kritische Justiz (Hg.), Streitbare Juristen, Baden-Baden 1988, S. 146, 289 und 303; A. v. d. Ohe, Der Bundesgerichtshof und die NS-Justizverbrechen, in: S. Glienke, V. Paulmann, J. Perels, (Hg.), Erfolgsgeschichte Bundesrepublik? Die Nachkriegsgesellschaft im langen Schatten des Nationalsozialismus, Göttingen 2008; S. Westermann, Verschwiegenes Leid. Der Umgang mit NS-Zwangssterilisationen in der Bundesrepublik Deutschland, Köln 2010, S. 61; I. Wojak, Fritz Bauer 1903-1968. Eine Biographie, München 2009; dies., Die Mauer des Schweigens durchbrechen. Der erste Frankfurter Auschwitz-Prozess 1963-1965, in: Fritz Bauer Institut (Hg.), „Gerichtstag halten über uns selbst". Der erste Frankfurter Auschwitz-Prozess, Frankfurt 2001; kritisch: P. Bahlmann, Verbrechen gegen die Menschlichkeit? Wiederaufbau der Justiz und frühe NS-Prozesse im Nordwesten Deutschlands, Diss. Universität Oldenburg 2007, insbes. S. 16 ff.
In der Schweiz: D. Wildmann, Die zweite Verfolgung. Rechtsdiskurs und Konstruktion von Geschichte in der Schweiz, in: J. Tanner, S. Weige (Hg.), Gedächtnis, Geld und Gesetz. Vom Umgang mit der Vergangenheit des Zweiten Weltkriegs. Interdisziplinäre Vortragsreihe der Eidgenössischen Technischen Hochschule Zürich, Wintersemester 1998/99, Zürich 2002, S. 353 f. u. 358 f.
In Schweden: V. Österberg, Radbruchs formel i teori och rättspraxis. Examensarbete, Juridiska Fakulteten vid Lunds universitet, 2001, S. 13 und 39.

Inhaltsverzeichnis

Abkürzungen

a.a.O.	am angegebenen Ort
a. F.	alte Fassung
AG	Amtsgericht
AHK	Alliierte Hohe Kommission
a. M.	andere Meinung
Amtsblatt d. AHK	Amtsblatt der Alliierten Hohen Kommission
Amtsbl. d. Kontrollrats	Amtsblatt des Kontrollrats in Deutschland
Amtsbl. d. Milreg.	Amtsblatt der Militärregierung Deutschland
ARSP	Archiv für Rechts- und Sozialphilosophie
BayObLG	Bayerisches Oberstes Landesgericht
Bd.	Band
BGB	Bürgerliches Gesetzbuch
BGBl.	Bundesgesetzblatt
BGH	Bundesgerichtshof
BGHSt	Entscheidungen des Bundesgerichtshofs in Strafsachen
BGHZ	Entscheidungen des Bundesgerichtshofs in Zivilsachen
BVerfGE	Entscheidungen des Bundesverfassungsgerichts
bzw.	beziehungsweise
ders.	derselbe
DRiZ	Deutsche Richterzeitung
DRZ	Deutsche Rechts-Zeitschrift
ebd.	ebenda
GBl.	Gesetzblatt
GVBl.	Gesetz- und Verordnungsblatt
Hann. Rpfl.	Hannoversche Rechtspflege
Hervorheb.	Hervorhebung
Hg.	Herausgeber
hg. v.	herausgegeben von
JMBl. NRW	Justizministerialblatt Nordrhein-Westfalen
JR	Juristische Rundschau
JuS	Juristische Schulung
JW	Juristische Wochenschrift
JZ	Juristenzeitung
KJ	Kritische Justiz
KRG	Kontrollratsgesetz
LG	Landgericht
l. Sp.	linke Spalte

MDR	Monatsschrift für Deutsches Recht
MilRegG	Gesetz der Militärregierung Deutschland
Nds. Rpfl.	Niedersächsische Rechtspflege
n. F.	neue Fassung
NJ	Neue Justiz
NJW	Neue Juristische Wochenschrift
m.w.N.	mit weiteren Nachweisen
NS	Nationalsozialismus
OGH	Oberster Gerichtshof für die Britische Zone
OGHSt	Entscheidungen des Obersten Gerichtshofes für die Britische Zone in Strafsachen
OGHZ	Entscheidungen des Obersten Gerichtshofes für die Britische Zone in Zivilsachen
OLG	Oberlandesgericht
RegBl.Thür.	Regierungsblatt Thüringen
RGBl.	Reichsgesetzblatt
ROW	Recht in Ost und West
r. Sp.	rechte Spalte
S.	Seite
Sp.	Spalte
SJZ	Süddeutsche Juristen-Zeitung
SPD	Sozialdemokratische Partei Deutschlands
StGB	Strafgesetzbuch
StPO	Strafprozessordnung
u. a.	und andere
v.	von
VfZ	Vierteljahreshefte für Zeitgeschichte
vgl.	vergleiche .
VOBl.	Verordnungsblatt für die Britische Zone
z. B.	zum Beispiel
ZJA	Zentral-Justizamt für die Britische Zone
ZJBl.	Zentral-Justizblatt für die Britische Zone
zit. n.	zitiert nach
ZStW	Zeitschrift für die gesamte Strafrechtswissenschaft

A. Vorbemerkungen

Es ist vielfach belegt, dass der Versuch, den neu entstehenden demokratischen Rechtsstaat in Deutschland nach 1945 auf die juristische und politische Aufarbeitung der NS-Vergangenheit, insbesondere auf die Ahndung von NS-Verbrechen zu gründen, nur teilweise erfolgreich war. Nur ein Bruchteil der NS-Täter wurde bestraft. Ihre Exkulpation implizierte die weitgehende Legitimation des NS-Staates und seiner Rechtsordnung.[10]

Schwerpunkt der Arbeit ist nicht die Darstellung dieser tatsächlichen Entwicklung, sondern die Frage, ob es juristische Alternativen gab und warum sich diese nicht durchsetzen konnten. Eine solche diskutable – und in einer ersten Nachkriegsphase (1946-1947/48) auch angewendete – Alternative war der Begriff des gesetzlichen Unrechts. Die Radbruchsche Formel „Gesetzliches Unrecht und übergesetzliches Recht" hatte, so die in Teil B entwickelte These, die Funktion, die Rechtsprechung bei der Aufarbeitung nationalsozialistischen Unrechts zu unterstützen. In ihr lag die Chance, die 1947 einsetzende Restauration, deren wesentliche Determinanten die Verdrängung der Verbrechen des NS-Staates und die Exkulpation von NS-Tätern waren,[11] zu durchbrechen. Denn durch die Klassifizierung des NS-Rechts[12] als (gesetzliches) Unrecht wurde den NS-Tätern die Berufung auf die NS-Gesetze abgeschnitten.

Gegen die Kategorie des gesetzlichen Unrechts und ihre positivierte Form, das Kontrollratsgesetz Nr. 10 (Teil C), entwickelten Rechtslehre und Rechtsprechung ab 1947 eine Reihe von Argumenten, die darauf zielten, die Kategorie des gesetzlichen Unrechts als ein Instrument des rechtlichen und politischen Neubeginns zu negieren (Teil D).

In Teil E wird anhand einzelner Fallgruppen untersucht, ob und bis wann die Kategorie des gesetzlichen Unrechts und das KRG 10 in der Rechtsprechung nach 1945 angewandt wurden. Es stellen sich folgende Fragen: Sind in einer ersten Nachkriegsphase die Kategorie des gesetzlichen Unrechts und das KRG 10

---

10 Vgl. die Aufsatzsammlung Redaktion Kritische Justiz 1998; Frankenberg, Müller 1983; Kruse 1979; Friedrich 1983; Benzler 1988; Kirn 1972.Gegenstand der Arbeit ist die Entwicklung in den Westzonen nach 1945 und ab 1949 in der Bundesrepublik Deutschland.

11 Perels 1984, S. 360 f.

12 Es wird darauf verzichtet, im Folgenden von NS-„Recht", NS-„Gesetzen" und NS-„Rechts"ordnung zu sprechen, obwohl die Rechtsordnung des NS-Staates in großen Teilen Unrecht war. Vgl. Neumann, 1936, Ausgabe 1980, S. 355: „Unter dem Schlussstrich steht also ein negatives Resümee: Es gibt heute in Deutschland kein Recht mehr. Was Recht genannt wird, ist ausschließlich eine Technik, um den politischen Willen des Führers in Verfassungswirklichkeit zu transformieren." Vgl. B. II.

angewandt worden? Welche Folgen hatte das für die Entlegitimierung der NS-Rechtsordnung und die Ahndung von NS-Verbrechen? Gab es eine zweite Phase, in der die Verdrängung der Kategorie des gesetzlichen Unrechts einherging mit der Exkulpation von NS-Tätern?

B. Die Radbruchsche Formel „Gesetzliches Unrecht und übergesetzliches Recht“[13]

I. Entwicklung einer materiellen Geltungslehre

Gustav Lambert Radbruch (21.11.1878 - 23.11.1949) war wissenschaftlich (1903 Habilitation in Heidelberg, 1910 Professor für Strafrecht und Rechtsphilosophie in Heidelberg, 1914 Außerordentlicher Professor in Königsberg, 1919 Professor in Kiel, 1926 Professor in Heidelberg) und politisch (1919 Eintritt in die SPD, 1920-1924 Reichstagsabgeordneter, 1921 und 1923 Reichsjustizminister) tätig. Am 8. Mai 1933 wurde Radbruch als erster Professor aus dem Lehramt entlassen, da er

> „nach seiner ganzen Persönlichkeit und seiner bisherigen politischen Betätigung [...] nicht die Gewähr dafür“ biete, „daß er jetzt rückhaltlos für den nationalen Staat eintritt.“[14]

Am 7. Mai 1945 wird Radbruch von den Alliierten wieder in seine Professur an der Universität Heidelberg eingesetzt. Sein Rechtsdenken nach 1945 ist geprägt durch die Erkenntnis, „daß es ein Unrecht in der Form des Gesetzes gibt, ein ‚gesetzliches Unrecht‘“[15]. Diese Erkenntnis leitet sein Bemühen um die „Erneuerung des Rechts“[16]. In seinem grundlegenden Aufsatz „Gesetzliches Unrecht und übergesetzliches Recht“[17] und in vielen weiteren Äußerungen nach 1945 stellt Radbruch die Frage, ob den nationalsozialistischen Gesetzen die Geltung, das heißt die verpflichtende Kraft abgesprochen werden kann, so dass – entscheidend für die Ahndung von NS-Verbrechen – eine Handlung, die sich auf ein NS-Gesetz stützt, rechtswidrig bleibt, weil das positive (NS-)Recht sie nicht zu rechtfertigen vermag. Dabei geht Radbruch davon aus, dass den nationalsozialistischen Gesetzen die Geltung nicht schon aus formellen Gründen versagt werden könne, weil – so deutet Radbruch an – das Ermächtigungsgesetz verfassungsgemäß zustande gekommen sei[18]. Zudem hält Radbruch es für möglich,

---

13 Den Begriff „Radbruchsche Formel“ verwendet wohl zuerst Evers 1961, S. 246. Der Begriff bezeichnet im engeren Sinn die Unerträglichkeitsthese (vgl. B. II), so bei Seebode 1969 a, S. 44. Im weiteren Sinn bezeichnet der Begriff die gesamte Radbruchsche Geltungslehre nach 1945. So hier verwendet, ebenso Schumacher 1985, S. 24.

14 Zit. n. Kaufmann 1987, S. 133.

15 Radbruch 1947 b, S. 5; ders. 1947 a, S. 2; 1953, S. 32.

16 Siehe Radbruch 1946 a und Radbruch 1947 a.

17 Radbruch 1946 b.

18 Radbruch 1946 b, S. 106 r. Sp., Fußnote 4. In der Fußnote bedankt Radbruch sich für einen Hinweis des Kollegen Jellinek, wonach es unzutreffend sei, dass die Zweidrittelmajorität für das Ermächtigungsgesetz nur durch das Ausscheiden der Kommunisten

dass die „normative Kraft des Faktischen“ und das Erfordernis der Rechtssicherheit auch Unrecht zu geltendem Recht erheben kann:

> „Es hätte auch der Erörterung bedurft, inwieweit revolutionär entstandene Ordnungen durch die ‚normative Kraft des Faktischen‘ zu geltendem Recht geworden sind […].“[19]

> „Rechtssicherheit fordert also die Geltung positiven Rechts. Das Bedürfnis der Rechtssicherheit kann aber auch dazu führen, daß tatsächliche Zustände zu Rechtszuständen werden, ja höchst paradoxer Weise dazu, daß aus Unrecht Recht wird.“[20]

Somit ist Radbruch für die „Bewältigung“ nationalsozialistischen Unrechts auf eine materielle, naturrechtliche, philosophische Geltungstheorie angewiesen.[21] Danach kommt positivem Recht nur dann Geltung zu, wenn es dem übergesetzlichen, nicht zur Disposition der Menschen stehenden Recht entspricht.

> „Wir haben einsehen müssen, daß es ein Unrecht in der Form des Gesetzes gibt, ein ‚gesetzliches Unrecht‘, und daß nur an dem Maßstab eines übergesetzlichen Rechts ermessen werden kann, was Recht ist, mag man dieses Recht über allen Gesetzen nun Naturrecht, göttliches Recht oder Vernunftrecht nennen.“[22]

Die von Radbruch vor 1945 vertretene positivistische Geltungslehre, die die Rechtssicherheit zum Geltungsgrund des positiven Rechts erklärt,[23] lässt Gesetze auch dann gelten, wenn sie ungerecht oder unzweckmäßig sind:

> „*Daß* dem Streite der Rechtsansichten ein Ende gesetzt werde, ist wichtiger, als daß ihm ein *gerechtes* und *zweckmäßiges* Ende gesetzt werde, das Dasein einer Rechtsordnung wichtiger als ihre Gerechtigkeit und Zweckmäßigkeit […].“[24]

---

und damit nicht verfassungsgemäß zustande gekommen sei. Dieser Teil der Fußnote entfällt beim Wiederabdruck in Radbruch, Rechtsphilosophie, 4. Aufl. 1950 (1. Auflage 1932). Zur Frage der Legalität des Ermächtigungsgesetzes vgl. Matthee 1972. Darstellung der Streitstandes betreffend die Verfassungsmäßigkeit des Ermächtigungsgesetzes auch BGH, 10.7.1952, NJW 1952, S. 1139. Der BGH lässt die Frage offen.

19 Radbruch, 1946 b, S. 106 r. Sp. Fn. 4.

20 Radbruch 1948, Ausgabe 1959, S. 30 f.

21 Zum Begriff „philosophische Geltungstheorie“ Radbruch 1948, Ausgabe 1959, S. 36.

22 Radbruch 1947 b, S. 5; ebenso ders. 1949, S. 336; 1946 a, S. 26; 1947 a, S. 2. Das Verhältnis von übergesetzlichem Recht und Naturrecht scheint bei Radbruch nicht ganz klar. Einerseits scheint er übergesetzliches Recht mit Vernunftrecht, Naturrecht und göttlichem Recht gleichzusetzen, Radbruch 1947 b, S, 5; ders, 1947 a, S. 2. Andererseits warnt er vor der Gleichsetzung von Naturrecht und übergesetzlichem Recht, da Letzterem „nicht die übernationale, überzeitliche Unveränderlichkeit des Naturrechts der Vergangenheit zukomme, sondern es ein 'Naturrecht mit wechselndem Inhalt, wandelbar nach Zeit und Volk' “ sei, Radbruch 1953, S. 32 f.

23 „Die Geltung des positiven Rechts wird also gegründet auf die Sicherheit, die ihm allein zukommt […]“, Radbruch 1932, 4. Auflage 1950, S. 180.

24 Radbruch 1932, 4. Auflage 1950, S. 169, Hervorhebungen bei Radbruch.

Im Gegensatz dazu stellt die materielle Geltungslehre Radbruchs die Gerechtigkeit über die Rechtssicherheit.[25] In einem „unerträglichen Maß“ ungerechte Gesetze sind „unrichtiges Recht“.

> „[...] Rechtssicherheit ist nicht der einzige und nicht der entscheidende Wert, den das Recht zu verwirklichen hat. Neben die Rechtssicherheit treten vielmehr zwei andere Werte: Zweckmäßigkeit und Gerechtigkeit. In der Rangordnung dieser Werte haben wir die Zweckmäßigkeit des Rechts für das Gemeinwohl an die letzte Stelle zu setzen. [...] Die Rechtssicherheit, die dem positiven Gesetz schon wegen seiner Positivität eignet, nimmt eine merkwürdige Mittelstellung zwischen Zweckmäßigkeit und Gerechtigkeit ein: [...] Der Konflikt zwischen der Gerechtigkeit und der Rechtssicherheit dürfte dahin zu lösen sein, daß das positive, durch Satzung und Macht gesicherte Recht auch dann Vorrang hat, wenn es inhaltlich ungerecht und unzweckmäßig ist, es sei denn, dass der Widerspruch des positiven Gesetzes zur Gerechtigkeit ein so unerträgliches Maß erreicht, dass das Gesetz als ‚unrichtiges Recht’ der Gerechtigkeit zu weichen hat. “[26]

Damit gewinnt die materielle Geltungslehre ein Instrument zur Entlegitimierung der NS-Rechtsordnung. Ein NS-Gesetz, das in einem bestimmten Maß ungerecht ist, schafft kein Recht, sondern ist gesetzliches Unrecht ohne Geltung. Durch diese Entlegitimierungsfunktion der Kategorie des gesetzlichen Unrechts wird die Ahndung von NS-Verbrechen (Bestrafungsfunktion) möglich.

> „Die Konstruktion [...] des ‚gesetzlichen Unrechts‘ entzog dem maßnahmestaatlichen NS-Recht dadurch radikal die Legitimationsgrundlage, daß dessen rechtlich bindende Qualität nicht anerkannt und so die Geltung der nazistischen Unterdrückungs- und Diskriminierungsnormen von Anbeginn außer Kraft gesetzt wurde. Damit war der Weg für eine juristische Aufarbeitung staatlich organisierter Willkür geöffnet.“[27]

---

25 V. Hippel hält die Überordnung der Gerechtigkeit über die Rechtssicherheit nach 1945 für eine unter vielen „Wandlungen und Wendungen“ in Radbruchs Denken. Er habe sich damit vom Positivismus und Rationalismus abgewandt und sei zum Naturrechtler geworden, v. Hippel 1951, S. 35 ff. und S. 99. Ohne die Frage, ob sich in Radbruchs Denken eine naturrechtliche Wende oder nur eine „Akzentverschiebung" vollzog (Kaufmann 1987, S. 29, 153; Baratta 1959, S. 506), zu entscheiden, sei darauf verwiesen, dass Radbruch selbst von einer „Fortbildung“ (Radbruch 1948), von einer „Spannung“ zwischen seiner Rechtsphilosophie vor und nach 1945 spricht (Radbruch 1949, S. 81). Bestätigt wird diese Selbsteinschätzung dadurch, dass Radbruch bereits 1934 aus dem Relativismus absolute Werte wie Gleichheit, Menschenrechte, Gewaltenteilung, Rechtsstaatlichkeit und Freiheit ableitete (Radbruch 1934, S. 87; dazu Baratta 1959, S. 506 ff.; Wolf 1959, 5, 486).

26 Radbruch 1946 b, 5. 107 1. Sp.

27 Perels 1984, S. 363.

Die Ahndung von NS-Verbrechen wird möglich, da Nichtgeltung gesetzlichen Unrechts impliziert, dass der Mensch im Falle eines Konflikts zwischen positivem Gesetz und übergesetzlichem Recht verpflichtet ist, sich an Letzterem zu orientieren und dem gesetzlichen Unrecht den Gehorsam zu verweigern:

> „Wenn Gesetze den Willen zur Gerechtigkeit bewußt verleugnen, z. B. Menschenrechte Menschen nach Willkür gewähren und versagen, dann fehlt diesen Gesetzen die Geltung, dann schuldet das Volk ihnen keinen Gehorsam, dann müssen auch Juristen den Mut finden, ihnen den Rechtscharakter abzusprechen.“[28]

Handelt jemand dennoch entsprechend dem positiven Gesetz, das gesetzliches Unrecht ist, so bleibt sein Handeln rechtswidrig, da das positive Gesetz es nicht rechtfertigen kann. Mit der Entlegitimierungsfunktion und der Bestrafungsfunktion erweist sich die Kategorie des gesetzlichen Unrechts als Alternative zu der 1947/48 einsetzenden Restauration, deren Kernstück die Nicht-Ahndung von NS-Verbrechen war.[29] Sie steht also im Spannungsfeld Neubeginn versus (Rechts-) Kontinuität, das die Entwicklung der Westzonen nach 1945 prägte, auf der Seite des politischen und rechtlichen Neuanfangs.

Radbruch warnt wiederholt bei der Anwendung der Lehre vom übergesetzlichen Recht, die Bedeutung von Rechtssicherheit und Rechtsstaatlichkeit zu berücksichtigen:

> „Freilich, diese Begriffe des übergesetzlichen Rechts und des gesetzlichen Unrechts bringen gerade für die von uns so dringend geforderte Rechtssicherheit schwere Gefahren mit sich.“[30]
>
> „Die Wiederherstellung des Rechtsstaates ist [...] die vordringliche Aufgabe.“[31]

Diese Warnung ist nicht als Korrektur der Bestrafungs- und Entlegitimierungsfunktion im Sinne einer Parteinahme für (Rechts-)Kontinuität zu interpretieren.[32] Sie beinhaltet drei Forderungen, die die genannten Funktionen nicht tangieren:

---

28 Radbruch 1945, S. 336.

29 Vgl. diesen Restaurationsbegriff, Perels 1984, S. 360 f.

30 Radbruch 1947 a, S. 2; ähnlich Radbruch, 1946 b, S, 107 r. Spalte ; 1953, S. 33.

31 Radbruch 1947 a, S. 3; ähnlich Radbruch 1946 b, S, 108 r. Spalte.

32 So aber Engisch 1949/50, S. 315: „Man würde Radbruch sehr mißdeuten, wollte man annehmen, er habe hier eine Theorie als Waffe geschmiedet gegen die verabscheute Vergangenheit. [...]. Um Abrechnung mit der Vergangenheit war es Radbruch nicht zu tun. Nur sehr zurückhaltend zieht Radbruch aus seiner Theorie Konsequenzen für eine Bestrafung nationalsozialistischer Richter, Schergen und Denunzianten. Er warnt sogar davor, formaljuristische Erwägungen zu unterdrücken und der Versuchung nachzugeben, sich auf diese Weise an den Bedrückern zu rächen, Die Rechtssicherheit gehört zur Gerechtigkeit und soll um unserer Zukunft willen nicht zu gering geachtet werden.“

1. „Gegenüber dem gesetzlichen Unrecht der vergangenen zwölf Jahre müssen wir die Forderung der Gerechtigkeit mit einer möglichst geringen Einbuße an Rechtssicherheit zu verwirklichen suchen. Nicht jeder Richter sollte auf eigene Faust Gesetze entwerten dürfen, diese Aufgabe sollte vielmehr einem höheren Gericht oder der Gesetzgebung [...] vorbehalten bleiben.“[33]
2. Die Lehre vom übergesetzlichen Recht ist kein Plädoyer für eine Naturrechtsrenaissance im demokratischen Rechtsstaat: „Ihre Anwendung findet ihre Grenze in den völlig singulären Verhältnissen der zwölf Nazi-Jahre“.[34]
3. Die Gerechtigkeit ist der Rechtssicherheit nicht generell überzuordnen mit der Folge, dass die ganze NS-Rechtsordnung Unrecht wäre oder zumindest große Teile. Vielmehr ist, so lässt sich Radbruchs wiederholtes Insistieren auf den Wert der Rechtssicherheit deuten, bei der Prüfung jedes einzelnen nationalsozialistischen Gesetzes ein Ausgleich zwischen Gerechtigkeit und Rechtssicherheit zu erstreben.[35]

II. Prüfungskriterien: Wann ist ein NS-Gesetz gesetzliches Unrecht?

Instrument des Ausgleichs zwischen Rechtssicherheit und Gerechtigkeit bei der Prüfung, ob ein NS-Gesetz gesetzliches Unrecht darstellt, ist die sogenannte Unerträglichkeitsthese[36]:

> „Der Konflikt zwischen der Gerechtigkeit und der Rechtssicherheit dürfte dahin zu lösen sein, daß das positive, durch Satzung und Macht gesicherte Recht auch dann den Vorrang hat, wenn es inhaltlich ungerecht und unzweckmäßig ist, es sei denn, daß der Widerspruch des positiven Gesetzes zur Gerechtigkeit ein so unerträgliches Maß erreicht, daß das Gesetz als ‚unrichiges Recht‘ der Gerechtigkeit zu weichen hat. Es ist unmöglich, eine schärfere Linie zu ziehen zwischen den Fällen des gesetzlichen Unrechts und den trotz unrichtigen Inhalts dennoch geltenden Gesetzen [...].“[37]

Nach Radbruch kommt jedem Gesetz Rechtssicherheit als Wert zu:

> „[...] *einen* Wert führt schon jedes positive Gesetz ohne Rücksicht auf seinen Inhalt mit sich: es ist immer noch besser als kein Gesetz, weil es zum mindesten Rechtssicherheit schafft.“[38]

---

33 Radbruch 1946 b, S. 107 r. Sp.; ders. 1947 a, S. 2.

34 Radbruch 1947 d, Sp. 136.

35 Vgl. Radbruch 1946 b, S. 107.

36 Zum Begriff Schumacher 1985, S. 25.

37 Radbruch 1946 b, S. 107 l. Sp.; ders. 1945, S. 336; 1948, S. 31; ders. 1932, 4. Auflage 1950, S. 282 f.

38 Radbruch 1946 b, S. 107 l. Sp.

Da nach der Unerträglichkeitsthese Recht gilt bis der Widerspruch zur Gerechtigkeit ein „unerträgliches Maß" erreicht, ist gesetzliches Unrecht (auch) im nationalsozialistischen Recht die Ausnahme:

> „Wenn sich also in der Regel der Fälle die Geltung positiven Rechts durch die Rechtssicherheit rechtfertigen läßt, so bleibt in gewissen Ausnahmefällen horrend ungerechter Gesetze die Möglichkeit, solchen Gesetzen ihrer Ungerechtigkeit wegen die Geltung abzusprechen."[39]

Die Unerträglichkeitsthese enthält zwei Probleme hinsichtlich der Abgrenzung von gesetzlichem Unrecht und trotz unrichtigem Inhalt dennoch geltenden Gesetzen:

1. Wird die durch den Ausnahmecharakter angezeigte „Vermutung für die Gültigkeit des Gesetzes"[40] dem nationalsozialistischen Unrechts-Staat und seiner Rechtsordnung gerecht, da sie unterstellt, dass die NS- Rechtsordnung grundsätzlich Rechtssicherheit gewährleistete?
2. Das Unerträglichkeitskriterium bleibt vage: Wann ist das „unerträgliche Maß" erreicht?

Gelöst werden diese Probleme, wenn die Unerträglichkeitsthese durch eine zweite von Radbruch benutzte Abgrenzungsformel, die sogenannte Verleugnungsthese[41] ergänzt wird.[42] Sie lautet:

> „ [...] wo Gerechtigkeit nicht einmal erstrebt wird, wo die Gleichheit, die den Kern der Gerechtigkeit ausmacht, bei der Setzung positiven Rechts bewußt verleugnet wurde, da ist das Gesetz nicht etwa nur ‚unrichtiges Recht', vielmehr entbehrt es überhaupt der Rechtsnatur. Denn man kann Recht, auch positives Recht, gar nicht

---

39 Radbruch 1948, Ausgabe 1959, S. 37; ebenso Radbruch 1953, S. 33: „Die Annahme gesetzlichen Unrechts ist beschränkt auf Fälle eines flagranten, für niemand bestreitbaren, schlechthin verbrecherischen Mißbrauchs in Gesetzesform."

40 Evers 1956, S. 76.

41 Zum Begriff Schumacher 1985, S. 26.

42 Ob Radbruch ein solches Ergänzungsverhältnis annimmt, ist unklar. Nach Radbruch betrifft die sogenannte Verleugnungsthese „eine andere Grenzziehung" als die sogenannte Unerträglichkeitsthese. Mit der Unerträglichkeitsthese werden, so Radbruch, die Fälle gesetzlichen Unrechts von trotz unrichtigem Inhalt dennoch geltenden Gesetzen abgegrenzt, während es bei der Verleugnungsthese um die Grenzziehung zwischen Recht und Nicht-Recht bzw. Recht, das überhaupt der Rechtsnatur entbehrt, gehe, vgl. Radbruch 1946 b, S. 107. Für das Erkenntnisinteresse der Arbeit, inwieweit man mit der Radbruchschen Formel die Entlegitimierung der NS-Rechtsordnung und die Bestrafung von NS-Tätern erreichen kann, dürfte die Unterscheidung nicht erheblich sein. Deswegen wird von einem Ergänzungsverhältnis ausgegangen.

> anders definieren denn als eine Ordnung und Satzung, die ihrem Sinn nach bestimmt ist, der Gerechtigkeit zu dienen."[43]

Die Verleugnungsthese setzt das einzelne NS-Gesetz in Beziehung zur allgemeinen rechtsverleugnenden Intention des nationalsozialistischen Gesetzgebers:

> „[…] die hervorstechendste Eigenschaft in Hitlers Persönlichkeit, die von ihm aus zum Wesenszug des *ganzen* nationalsozialistischen ‚Rechts' geworden ist, war sein völliger Mangel an Wahrheitssinn und Rechtssinn: […]."[44]

Dadurch erscheint gesetzliches Unrecht bzw. Nicht-Recht oder Recht, das überhaupt der Rechtsnatur entbehrt, nicht mehr als Ausnahmefall, sondern an

> „diesem Maßstab gemessen sind *ganze Partien* nationalsozialistischen Rechts niemals zur Würde geltenden Rechts gelangt."[45]

Damit löst die Verleugnungsthese das erste Problem der Unerträglichkeitsthese. Auch das zweite Problem der Unerträglichkeitsthese wird korrigiert; das „unerträgliche Maß" erhält eine inhaltliche Füllung: Es ist immer dann erreicht, wenn die Gerechtigkeit oder die Gleichheit verleugnet wird, wenn also Gleiches ungleich oder Ungleiches gleich behandelt wird. Doch auch mit dem Gleichheitssatz ist noch kein eindeutiges, handhabbares Kriterium für die Abgrenzung von gesetzlichem Unrecht und geltendem Recht gefunden. Denn Gerechtigkeit sei – so Radbruch –„eine formale Idee"[46], da sie auf zwei Fragen keine Antwort gebe: Sie liefert keinen inhaltlichen Maßstab dafür, was gleich und was ungleich ist, und sie macht keine Aussage über die geforderte Art der Behandlung des Gleichen oder Ungleichen.[47] Deswegen meint Radbruch:

> „In beiden Richtungen bedarf die Gerechtigkeit, sollen aus ihr Sätze richtigen Rechts abgeleitet werden können, der Ergänzung durch andere Grundsätze."[48]

Diese ergänzenden Grundsätze, die notwendige „Materialisierung des Gerechtigkeitsbegriffs"[49], findet Radbruch nach 1945 in der „Humanität als Rechtsbegriff"[50]. Der Gedanke der Humanität wende sich nach drei Seiten

---

43 Radbruch 1946 b, S. 107 r. Sp.; ders. 1945, S. 336; ders. 1948, Ausgabe 1959, S. 33; ebenso schon Radbruch, Die Problematik der Rechtsidee (1924) in: Die Dioskuren, Jahrbuch für Geisteswissenschaft, Bd. 3, 1924, S. 48, zit. nach Radbruch 1963, S. 14 Nr. 19.

44 Radbruch 1946 b, S. 107 r. Sp., Hervorheb. C.L.

45 Radbruch 1946 b, S, 107 r. Sp., Hervorheb. C.L.

46 Radbruch 1948, Ausgabe 1959, S. 26.

47 Vgl. Radbruch 1932, 4. Auflage 1950, S. 126, 146, 168; ders. 1948, Ausgabe 1959, S. 25.

48 Radbruch 1932, 4. Auflage 1950, S. 126 f.

„als Menschenfreundlichkeit gegen unmenschliche Grausamkeit, als Menschenwürde gegen unmenschliche Erniedrigung, als Menschenbildung gegen unmenschliche Kulturvernichtung.“[51]

Der Begriff der Humanität ist nach Radbruch zum Rechtsbegriff geworden in den Menschenrechten und „in den ‚Verbrechen gegen die Menschlichkeit‘, wie sie in dem Statut des Nürnberger Militärgerichtshofes und im Kontrollratsgesetz Nr. 10 umschrieben werden.“[52] Damit ist ein unumstößliches, festes Kriterium für das Vorliegen gesetzlichen Unrechts gegeben. Gesetzliches Unrecht liegt insbesondere vor

1. bei „Gesetzen, die Menschen als Untermenschen behandelten und ihnen die Menschenrechte versagten“,[53] und
2. bei Gesetzen, die Menschen zum Objekt staatlichen Handelns erniedrigen, also bei allen „Strafdrohungen, die ohne Rücksicht auf die unterschiedliche Schwere der Verbrechen, nur geleitet von momentanen Abschreckungsbedürfnissen, Straftaten verschiedenster Schwere mit der gleichen Strafe, häufig mit der Todesstrafe, bedrohten.“ [54]

Doch kann die Radbruchsche Formel mit diesen Prüfungskriterien, die nur nach dem menschenrechtsverletzenden Inhalt des *einzelnen* Gesetzes fragen, ohne dieses Gesetz in den Zusammenhang der gesamten NS-Rechtsordnung zu stellen und ohne nach der Legitimität des Gesetzgebers zu fragen, die Entlegitimierung der NS-Rechtsordnung erreichen? Dies bezweifelt Grünwald in seiner grundsätzlichen Kritik an der Lehre vom überpositiven Recht:

„Sobald eine Staatsgewalt etabliert ist, soll es keine andere Grenze für die Verpflichtungskraft ihrer Gesetze geben als die krasse Ungerechtigkeit des einzelnen Gesetzes. Des *einzelnen* Gesetzes; denn die Lehre vom überpositiven Recht abstrahiert nicht nur von der Legitimität des Gesetzgebers, sie löst das einzelne Gesetz auch aus seinem Zusammenhang mit der Rechtsordnung als Ganzem. Sie fragt nicht, wie sehr die Rechtsordnung eines Staates im ganzen eine gerechte oder ungerechte Ordnung ist. [...] Diese punktuelle Betrachtung der einzelnen Gesetze bewirkt, daß für jeden

49 Tjong 1967, S. 81 ff; Baratta 1959, S. 522 ff; v. Hippel 1951, S. 39; Engisch 1949/50, S. 311; a. M. Lohmann 1964, S. 139: „[...] eine Materialisierung des formalen Begriffs der Gerechtigkeit jedenfalls ist auch diesem Gedankengang nicht zu entnehmen.“

50 Radbruch 1948, Ausgabe 1959, S. 97 f.

51 Ebd., S. 98.

52 Ebd.

53 Radbruch 1946 b, S. 107 r. Sp.; 1945, S. 336, 1947 b, S. 6; 1948, S. 33.

54 Radbruch 1946 b, S. 107 r. Sp. Radbruch nennt an gleicher Stelle als weiteres Beispiel für gesetzliches Unrecht „Bestimmungen, durch welche die nationalsozialistische Partei entgegen dem Teilcharakter jeder Partei die Totalität des Staates für sich beanspruchte.“

Staat zu jeder Zeit festgestellt werden kann, daß in ihm eine intakte Rechtsordnung gelte oder gegolten habe – nämlich eine Rechtsordnung, bestehend aus den jeweiligen staatlichen Gesetzen, korrigiert durch die Normen des überpositiven Rechts. Mögen in einem Staate noch so abscheuliche Gesetze bestehen, befolgt und durchgesetzt werden – die Welt des geltenden Rechts ist immer eine heile Welt."[55]

So werde, so Grünwald weiter, kein „entnazifiziertes, sondern nur purifiziertes nationalsozialistisches Recht"[56] geschaffen, an das sich, die Kontinuität zwischen NS-Recht und neuem demokratischen Recht sichernd, nach 1945 vortrefflich anknüpfen ließ.[57]

Daraus lässt sich folgern: Der NS-Rechtsordnung adäquate Ergebnisse bei der Prüfung, ob ein NS-Gesetz „gesetzliches Unrecht" ist, lassen sich nur erzielen, wenn die Frage nach der Geltung des Rechts eingebunden wird in eine „demokratische Geltungslehre", das heißt, wenn nach der Legitimität des Gesetzgebers gefragt wird[58] und das zu prüfende Gesetz in den Zusammenhang der gesamten NS- Rechtsordnung gestellt wird.[59]

Deswegen erscheint es sinnvoll, die Radbruchsche Formel einzubinden in die grundlegenden materiellen Analysen des NS-Unrechts-Staates von Fraenkel, Kirchheimer und Neumann, die während der NS-Herrschaft entstanden sind.[60] Dabei ist der Frage nachzugehen, ob auch den nationalsozialistischen Gesetzen allein durch ihre Existenz – wie Radbruch anzunehmen scheint[61] – in der Regel Rechtssicherheit als Wert zukommt und damit eine Vermutung für deren Gültigkeit rechtfertigt.

Nach Fraenkel kennzeichnet das Nebeneinander von Normenstaat und Maßnahmenstaat die Rechtsordnung des Doppelstaates.[62] Der normenstaatliche Bereich – er garantiert vor allem das Funktionieren der Wirtschaftsordnung – ist

---

55 Grünwald 1971, S. 14.

56 Grünwald 1971, S. 16

57 Auch Kirn 1972, S. 84 ff. meint, dass das naturrechtlich begründete Hinterfragen der NS-Rechtsordnung „Garant der Kontinuität" sei. Er spricht von „naturrechtlicher Kontinuitätsgarantie". Das dürfte aber nicht auf die Radbruchsche Formel zielen, sondern auf die damit intendierte Legitimierung bürgerlich-rechtlicher Herrschaftsformen.

48 So angedeutet bei Grünwald 1971, S. 14, wenn er an der Lehre vom überpositiven Recht kritisiert: „Die Macht den ‚Rechtunterworfenen' […] im Gewissen zu verpflichten, soll dem Diktator ebenso verliehen sein wie der Volksvertretung des demokratischen Staates […]."

59 So auch Lange 1948 b, S. 187.

60 Fraenkel 1941, Ausgabe 1974, S. 26 ff.; Kirchheimer 1941, Ausgabe 1972; Neumann 1942, Ausgabe 1984, S. 509 ff. Ansätze einer materiellen Analyse des Unrechts-Staates finden sich bei Radbruch 1933 a, 1933 b, 1933 c, 1937.

61 Radbruch 1946 b, S. 107 1. Sp.

62 Fraenkel 1941, Ausgabe 1974, S. 21.

geprägt durch die Herrschaft rationalen und berechenbaren Rechts, durch ein „rationales Rechtssystems“ und durch „die traditionellen rechtsstaatlichen Verfahren“.[63] Der Maßnahmenstaat, „das Herrschaftssystem der unbeschränkten Willkür und Gewalt, das durch keinerlei rechtliche Garantien eingeschränkt ist“,[64] ist geprägt durch die Ablehnung der formalen Rationalität des Rechts und der Beseitigung jeder rechtlichen Grenze staatlichen Handelns.[65] Im Bereich des Maßnahmenstaates, dem politischen Bereich, ist jeder Rechtsschutz und jede Rechtssicherheit versagt.[66] Das Verhältnis von Normen- und Maßnahmenstaat ist nicht ein Verhältnis der „friedlichen Koexistenz“. Denn der Maßnahmenstaat kann durch die Definition des seiner Herrschaft unterstehenden politischen Bereichs[67] den Umfang des normenstaatlichen Rechtsbereichs bestimmen:

> „Hieraus ergibt sich, daß die Kompetenzvermutung beim Normenstaat, während die Kompetenzkompetenz beim Maßnahmenstaat liegt. Es gibt keine Materie, die der Maßnahmenstaat nicht an sich ziehen könnte. [...] Im Deutschland der Gegenwart gibt es keine Frage, die nicht als ‚politisch‘ qualifiziert werden kann.“
>
> Damit steht die „gesamte Rechtsordnung [...] zur Disposition der politischen Instanzen“.[68]

Von Fraenkel wird die Negation des Normenstaates, die Negation der Existenz eines Rechtssicherheit gewährleistenden Rechts für seinen Analysezeitraum (bis 1938) nicht festgestellt, da die Wirtschaft im Nationalsozialismus rationales Recht brauchte.[69] Doch kann von dem Vorhandensein eines Rechtssicherheit garantierenden Rechts noch die Rede sein, wenn dieses tendenziell zur Disposition der politischen Instanzen steht? Wenn man Rechtssicherheit versteht als Gewährleistung von Recht und Rechtsschutz unabhängig vom politischen Willen der Herrschenden, ist das zu verneinen.[70] Zu diesem Ergebnis, dass es im NS-Staat tendenziell kein Rechtssicherheit garantierendes Recht gab, kommen Kirchheimer und Neumann in ihren Analysen. Der nationalsozialistische Staat degradiere durch die vermehrte Einführung von Generalklauseln, die die Rechts-

63 Ebd., S. 22.
64 Ebd., S. 21.
65 Ebd., S. 75 ff.
66 Ebd., S. 66.
67 Ebd., S. 70 ff.
68 Ebd., S. 88.
69 Ebd., S. 23, S. 88 ff.
70 „Der Bestand eines Rechtsstaates darf nämlich nicht von Fall zu Fall nach Gutdünken der politischen Instanzen vermindert werden“, v. Brünneck 1969, S. 319.

sicherheit garantierende Formalität des Rechts aufheben,[71] und durch die Auslegung der Generalklauseln im Sinne der nationalsozialistischen Ideologie[72] das Recht zum Funktionsmodus der Macht. Von Recht, das „nicht nur voluntas, sondern auch ratio“ ist[73] und dadurch auch und gerade den Schutz des Individuums gegenüber dem Staat intendiert, könne nicht mehr die Rede sein.[74]

> „Unter dem Schlußstrich steht also ein negatives Resümee: Es gibt heute in Deutschland kein Recht mehr. Was Recht genannt wird, ist ausschließlich eine Technik, um den politischen Willen des Führers in Verfassungswirklichkeit zu transformieren.“[75]

Vor diesem Hintergrund kann davon, dass die Rechtssicherheit in der Regel die Geltung nationalsozialistischen Rechts rechtfertigt, nicht gesprochen werden. Zumindest ist das „unerträgliche Maß“ schnell erreicht, wenn das Recht weder Rechtssicherheit schafft noch Gerechtigkeit intendiert. Eine Vermutung für die Geltung positiven Rechts kann es – Kirchheimer und Neumann weiterdenkend – nur im rechtsstaatlichen Staatswesen, nicht aber für den Rechtssicherheit und Gerechtigkeit verleugnenden NS-Staat geben.

---

71 So auch Schmitt 1934, S. 45: „Von allen Seiten drängen sogenannte Generalklauseln in einem jede positivistische ‚Sicherheit‘ aufhebenden Umfang vor, unbestimmte Rechtsbegriffe aller Art, Verweisungen an außerrechtliche Maßstäbe [...].“

72 „Für die Anwendung und Handhabung der Generalklauseln [...] sind die Grundsätze des Nationalsozialismus unmittelbar und ausschließlich maßgebend“, Schmitt 1933, S. 2794.

73 Neumann 1937, Ausgabe 1967, S. 50, S. 44.

74 Kirchheimer 1941, Ausgabe 1972, S. 141 ff.

75 Neumann 1936, Ausgabe 1980, S. 355.

C. Alliierte Gesetzgebung im Sinne der Radbruchschen Formel

I. Entnazifizierung der NS-Rechtsordnung

Der Umgang der Alliierten mit dem NS-Rechtssystem ist gekennzeichnet durch die Kombination von drei Strategien, die die Kontinuität zwischen NS-Rechtsordnung und neuem Recht nach 1945 unterbinden sollten:

1. Außerkraftsetzung der „Grundgesetze" des NS-Staates,
2. Festlegung von Anwendungs- und Auslegungsregeln für das in Kraft bleibende NS-Recht,[76]
3. Einsetzung einer „entnazifizierten" demokratischen Justiz, der die Handhabung des Rechts oblag.

Durch das Gesetz Nr. 1 der Militärregierung Deutschland (MilRegG 1) vom 20.6.1945[77] und das Kontrollratsgesetz Nr. 1 (KRG 1) vom 20.9.1945[78] wurden die 25 wichtigsten „Gesetze politischer Natur oder Ausnahmegesetze, auf welchen das Nazi-Regime beruhte,"[79] mit allen zusätzlichen Gesetzen, Durchführungsbestimmungen, Verordnungen und Erlassen außer Kraft gesetzt. Aufgehoben wurden unter anderem judendiskriminierende Gesetze[80] und Gesetze, die dem Schutz des NS-Staates und der NSDAP dienten.[81] Dieser offene Katalog[82] wurde durch das Kontrollratsgesetz Nr. 11 vom 30.1.1946[83] ergänzt. Durch das KRG 11 wurden Vorschriften des Strafgesetzbuchs, unter anderem § 2 StGB, der die strafrechtliche Analogie und die Bestrafung nach „gesundem Volksempfinden" zuließ, die Hoch- und Landesverratsbestimmungen (§§ 80 bis 94 StGB) sowie das diskriminierende Sonderstrafrecht (unter anderem die Kriegssonderstrafrechtsverordnung[84], die Verordnung gegen Volksschädlinge[85] und die Ver-

---

76 Zu der Kombination von Außerkraftsetzung bzw. Ungültigkeitserklärung von NS-Gesetzen und Auslegung „nach zivilisierten Maßstäben" schon Neumann u.a. in ihren Studien im amerikanischen Office of Strategie Services, vgl. hierzu Söllner 1986, S. 196 f.

77 Amtsbl. d. Milreg. Nr. 3, S. 1

78 Amtsbl. d. Kontrollrats Nr. 1, S. 6.

79 Ebd.

80 Unter anderem das „Gesetz zum Schutze der Deutschen Blutes und der Deutschen Ehre" vom 15.9.1935 (RGBl. I S. 1146) mit allen Durchführungsverordnungen.

81 Unter anderem das „Gesetz gegen heimtückische Angriffe auf Partei und Staat und zum Schutz der Polizeiuniformen" vom 20.12.1934, RGBl. 1934 I S. 1269.

82 So ausdrücklich Artikel 1 Ziff. 2 MilRegG 1.

83 Amtsbl. d. Kontrollrats Nr. 3, S. 55.

84 Vom 17.8.1938, RGBl I S. 1455.

ordnung über die Strafrechtspflege gegen Polen und Juden in den eingegliederten Ostgebieten[86]) aufgehoben. Weiter wurden durch das Kontrollratsgesetz Nr. 55 vom 20.6.1947[87] weitere Vorschriften auf dem Gebiet der Strafrechtspflege, unter anderem die für den sogenannten Tillessen-Fall[88] relevante Verordnung des Reichspräsidenten über die Gewährung von Straffreiheit vom 21.3.1933[89], aufgehoben.[90]

Diese Außerkraftsetzung einiger besonders ungerechter Gesetze durch die Alliierten ist der Mittelweg zwischen Entlegitimierung der NS-Rechtsordnung und Wahrung der Rechtssicherheit. Dieser Weg kann nicht in gleicher Weise zur Entlegitimierung der NS-Rechtsordnung beitragen wie eine Nichtigkeitserklärung sämtlicher legislativer Hoheitsakte zwischen 1933 und 1945. Letzteres wurde wegen der „unabsehbaren Folgen dieser Position für die Rechtssicherheit" als problematisch angesehen.[91] Der von den Alliierten eingeschlagene Weg führte dazu, dass sich 1945 zwar die Staatsordnung änderte, die Rechtsordnung aber größtenteils bestehen blieb.

Die Handhabung des weitergeltenden nationalsozialistischen Rechts wurde durch die Formulierung allgemeiner Anwendungs- und Auslegungsvorschriften im MilRegG 1, im KRG 1 und in der Allgemeinen Anweisung der Militärregierung an Richter Nr. 1[92] geregelt:

1. Es wurde verboten, Gesetze anzuwenden „in irgendwelchen Fällen, in denen ihre Anwendung Ungerechtigkeit oder ungleiche Behandlung verursachen würde, entweder dadurch, dass [...] jemand aufgrund seiner Verbindung mit der Nationalsozialistischen Deutschen Arbeiterpartei, ihrer Formationen [...] Vorteile genießen würde oder [...] jemand auf Grund seiner Rasse, Staatsangehörigkeit, seines Glaubens oder seiner Opposition zur Nationalsozialistischen Deutschen Arbeiterpartei oder ihrer Lehren Nachteile erleiden würde" (Artikel II KRG 1; nahezu wortgleich Artikel II Ziff. 3 MilRegG 1).
2. Die Auslegung und Anwendung des Rechts nach nationalsozialistischen Lehren oder unter Bezugnahme auf Gerichtsentscheidungen oder juristische Schriften, die nationalsozialistische Ziele oder Lehren vertreten, wurde ver-

---

85 Vom 5.9.1939, RGBl. I S. 1679.

86 Vom 4.12.1941, RGBl. I S. 759.

87 Amtsbl. d. Kontrollrats Nr. 16, S. 284.

88 Vgl. E. I.

89 RGBl. I. S. 134.

90 Zu weiteren Gesetzesaufhebungen im Ehe-, Arbeits-, Erb-, Boden-, Film- und Staatskirchenrecht, vgl. Stolleis 1982, S. 389.

91 Stolleis 1982, S. 386.

92 Schleswig-Holsteinische Anzeigen 1946, S. 4.

boten. Das weiterbestehende NS-Recht war „entsprechend dem klaren Sinn des Wortlauts auszulegen und anzuwenden“ (Artikel III MilRegG 1).

3. Die Bestrafung „unter Anwendung von Analogie“ und nach „angeblichem gesundem Volksempfinden“ wurde verboten (Artikel IV Ziff. 7 MilRegG 1).[93]
4. Es wurde verboten, grausame und übermäßig hohe Strafen zu verhängen (Artikel IV Ziff. 8 MilRegG 1; Ziffer 8 Buchst. a der Allgemeinen Anweisungen der Militärregierung an Richter Nr. 1).

Abgesichert wurden diese Auslegungs- und Anwendungsvorschriften dadurch, dass die Handhabung des nicht außer Kraft gesetzten NS-Rechts in die Hände einer entnazifizierten, demokratischen Justiz gelegt werden sollte. Durch Artikel I des Gesetzes Nr. 2 der Militärregierung Deutschland (MilregG 2)[94] wurden die ordentlichen Gerichte und die Verwaltungsgerichte vorübergehend geschlossen. Der Volksgerichtshof und die Partei- und Sondergerichte wurden abgeschafft (Artikel II MilRegG 2 und Artikel III der Kontrollratsproklamation Nr. 3 vom 20.10.1945[95]). Neben der Beseitigung der NS-Justiz als Organisation bestimmte das Kontrollratsgesetz Nr. 4 vom 30.10.1945, dass alle früheren Mitglieder der „Nazipartei, die sich aktiv für deren Tätigkeit eingesetzt haben, und alle anderen Personen, die an den Strafmethoden des Hitlerregimes direkten Anteil hatten, ihres Amtes als Richter und Staatsanwalt enthoben werden“. Weiter wurde bestimmt, dass diese Personen nicht mehr zu solchen Ämtern zugelassen werden.[96] In der Kontrollratsproklamation Nr. 3 wurden die Grundsätze der neuen Justiz festgelegt. Sie musste sich orientieren an Demokratie, Zivilisation und Gerechtigkeit, Gleichheit vor dem Gesetz und den Grundsätzen eines fairen Verfahrens. Einen entsprechenden Eid hatten die Richter, Staatsanwälte, Notare und Rechtsanwälte nach Artikel V Ziff. 8 MilRegG 2 zu leisten.[97]

II. Das Kontrollratsgesetz Nr. 10

Parallel zur Entnazifizierung des NS-Rechtssystems und der NS-Justiz vollzog die alliierte Gesetzgebung den rechtlichen und politischen Bruch mit dem NS-

---

93 Ob damit alle Strafvorschriften, die die Formulierung „gesundes Volksempfinden“ enthalten, unanwendbar wurden, ob sich also aus dieser Auslegungsvorschrift eine Nicht-Anwendungsvorschrift ableiten lässt, vgl. D. II.1).

94 Amtsbl. d. Milreg. Nr. 1, S. 13.

95 Amtsbl. d. Kontrollrats Nr. 1, S. 22.

96 Amtsbl. d. Kontrollrats Nr. 2, S. 26, zit. n. Broszat 1981, S. 483.

97 Amtsbl. d. Milreg. Nr. 1, S. 13.

Staat und seiner Rechtsordnung vor allem durch das Kontrollratsgesetz Nr. 10 (KRG 10) vom 20.12.1945.[98] Dieses Gesetz ermöglichte die Ahndung von Verbrechen im Rahmen der terroristischen NS-Staatspraxis wegen der systematischen Verletzung von menschenrechtlichen Kerngarantien.

> „Das Kontrollratsgesetz gab der deutschen Rechtspflege eine Chance, einer Zeit revolutionären Unrechts [...] durch revolutionäres Recht Herr zu werden."[99]

Artikel II Ziff. 1 Buchst. a bis d KRG 10 enthält vier Tatbestände: Verbrechen gegen den Frieden, Kriegsverbrechen, Verbrechen gegen die Menschlichkeit und Zugehörigkeit zu verbrecherischen nationalsozialistischen Organisationen. Das KRG 10 nennt für den hier interessierenden Tatbestand des Verbrechens gegen die Menschlichkeit eine Reihe von Beispielen, die den Tatbestand jedoch nicht erschöpfen (Artikel II Ziff. 1 Buchst. c KRG 10) und wie folgt gegliedert werden können:

1. auch nach dem Strafgesetzbuch strafbare Handlungen wie Mord, Freiheitsberaubung und Vergewaltigung,
2. Massenverbrechen: Ausrottung, Versklavung, Zwangsverschleppung oder andere an der Zivilbevölkerung begangene unmenschliche Handlungen und
3. Verfolgung aus politischen, rassischen oder religiösen Gründen.[100]

Dabei wird im KRG 10 in Übereinstimmung mit dem Gedanken des gesetzlichen Unrechts betont, dass entsprechende Handlungen strafbar seien „ohne Rücksicht darauf, ob sie das nationale Recht des Landes, in dem die Handlung begangen worden ist, verletzen" (Artikel II Ziff. 1 Buchst. c KRG 10). Anknüpfungspunkt für die Strafbarkeit ist nicht das staatliche Gesetz, sondern das übergesetzliche Recht, insbesondere die Menschenrechte. Geschütztes Rechtsgut ist

> „der Mensch in seinem sittlichen Wert als Mensch mit allen ihm von den zivilisierten Völkern offenkundig gemeinsam anerkannten Rechten"[101]

oder wie Radbruch sagt, die Humanität,[102] die Menschheit als Trägerin der Menschenrechte.[103] Dieses Schutzgut wird vom Obersten Gerichtshof für die Briti-

---

98 Amtsbl. d. Kontrollrats Nr. 3, S. 50.

99 Bauer 1968, S. 307; ähnlich Kirn 1972, S. 74.

100 Vgl. Güde 1947, S. 113.

101 Kraus 1948, S. 74.

102 Nach Radbruch 1948, Ausgabe 1959, S. 98 ist das KRG 10 eine Stelle in der Rechtsordnung, an der „der Begriff der Humanität ... zu einem Rechtsbegriff geworden" ist; ders. 1947 c, Sp. 131.

103 Deswegen übersetzt Radbruch „Crimes against Humanity" mit „Verbrechen gegen die Menschheit", Radbruch 1947 d, Sp. 343; ders., 1947 a, Sp. 133.

sche Zone (OGH) prägnant formuliert. Er verlangt für die Erfüllung des objektiven Tatbestands, dass

1. Menschen, Menschengüter oder Menschenrechte angegriffen oder geschädigt werden und
2. diese Schädigung in einer Weise geschieht, die eine „Für Nichts-Achtung des ideellen Menschenwerts mit Wirkung für die Menschheit" ausdrückt.[104]

Die vom OGH für die Strafbarkeit geforderte Wirkung für die Menschheit insgesamt (überindividuelle Wirkung der Tat) ist gegeben, wenn die Tat

> „in ihrem Gesamthergang, abgesehen von Rechtsgüterverletzung in bezug[105] auf das Opfer, zugleich auch allgemein als grundlegend anerkannte Kulturgüter verletzt, wie etwa die im europäischen Kulturkreis unabdingbare Gleichheit aller Menschen ohne Unterschied der Rasse und des Bekenntnisses vor dem Gesetz [...], ferner, wenn die Tat die innerhalb rechtsstaatlicher Grenzen garantierte Freiheit der politischen Meinungsbildung und Meinungsäußerung verletzt. [...] Die Menschheit ist ferner berührt, [...] wenn die Tat darüber hinaus in einem human denkenden, rechtsstaatlich organisierten Volke als Antwort auf das konkrete Verhalten des Opfers objektiv in dieser Art und Schwere nicht denkbar wäre."[106]

Neben dem gemeinsamen Schutzgut ergibt sich der Zusammenhang zwischen dem KRG 10 und dem Begriff des gesetzlichen Unrechts daraus, dass beide davon ausgehen, dass die Verletzung der Würde der menschlichen Persönlichkeit und der Menschenrechte auch dann Unrecht bleibt, wenn sie gesetzlich geduldet, gefördert oder veranlasst ist:

> „Das Kontrollratsgesetz Nr. 10 geht davon aus, daß es im Bereich aller Kulturvölker bestimmte, mit dem Wert und der Würde der menschlichen Persönlichkeit zusammenhängende Grundsätze menschlichen Verhaltens gibt, die für das Zusammenleben der Menschen und für das Dasein des Einzelnen so wesentlich sind, daß auch kein diesem Bereich angehörender Staat berechtigt ist, sich davon loszusagen. Der Verstoß gegen diese Grundsätze der Menschlichkeit bleibt strafbares Unrecht auch dann, wenn er von einem Staat geduldet, gefördert oder veranlaßt wird. [...] Das Kontrollratsgesetz Nr. 10 geht [...] davon aus, daß dieser, gewisse Grundsätze der Menschlichkeit umfassende Kernbereich des Rechts durch innerstaatliche Gesetze und ihre Handhabung nicht abgewandelt werden kann."[107]

---

104 OGHSt 1, 11 (Leitsatz und S. 14 f.), 20.5.1948; OGHSt 1, 19 (20 f.), 22.6.1948; OGHSt 1, 43 (44), 27.7.1948; OGHSt 1, 238 (240), 4.1.1949.

105 Grammatik- und Rechtschreibfehler im Urteilsabdruck.

106 OGHSt 1, 43 (Leitsätze 2 und 3), 27.7.1948; OGHSt 1, 11 (14 f.) 20.5.1048.

107 OGHSt 2, 269 (271), 15.11.1949; ähnlich OGHSt 2, 67 (69), 24.5.1949; OGHSt 2, 117 (132), 18.10.1949.

Deshalb kann das KRG 10 als „übergesetzliches Recht“ in „Gesetzesform“ (Radbruch) oder als Positivierung der Radbruchschen Formel verstanden werden:

> „Auch dieses übergesetzliche Recht kann Gesetzesform annehmen. [...] Solcher Art ist das Kontrollratsgesetz Nr. 10.“[108]

An einem weiteren Punkt wird die Übereinstimmung zwischen dem KRG 10 und dem Begriff des gesetzlichen Unrechts deutlich: Indem das KRG 10 einige „Einwendungen“ der wegen eines NS-Verbrechens Angeklagten – sie seien durch das Nazi-Regime begnadigt oder amnestiert worden oder sie hätten auf Befehl der Regierung oder eines Vorgesetzten gehandelt – für irrelevant erklärt[109] und indem es bestimmt, dass Verbrechen gegen die Menschlichkeit unabhängig davon vorliegen, ob die Taten „das nationale Recht des Landes, in welchem die Handlung begangen worden ist, verletzen“[110], schneidet es jede Berufung auf die NS-Rechtsordnung, auf ein dem übergesetzlichen Recht entgegenstehendes nationales Recht ab:

> „Es gehört nicht zu den Voraussetzungen des Verbrechens gegen die Menschlichkeit, daß die Handlung auch von der innerstaatlichen Rechtsordnung eindeutig als strafbares Unrecht gewürdigt wird, es ist vielmehr gerade der Sinn und Zweck des KRG. 10, daß Verletzungen jener Grundsätze der Menschlichkeit als Verbrechen im Sinne des Art. II 1 c KRG. 10[111] auch dann bestraft werden, wenn die Handhabung der staatlichen Rechtsordnung sie straflos ließ oder sie gar begünstigte. Das Kontrollratsgesetz Nr. 10 fordert dabei von *jedem*, daß er sich für die Grundsätze der Menschlichkeit entschied, wenn ihm ein staatliches Gesetz oder seine Handhabung die Möglichkeit bot, sie zu verletzen.“[112]

Die für den Begriff des gesetzlichen Unrechts geforderte Einbettung in eine materielle Analyse des Unrechts-Staates (B. II.) stellt der OGH für das KRG 10 durch seine Auslegung des Gesetzes her. Neben der Verletzung von Menschenrechten mit Wirkung für die Menschheit verlangt der OHG, dass die Tat im „Zu-

---

108 Radbruch 1947 b, S. 5.

109 Artikel II Ziff. 4b und 5 KRG 10 .

110 Artikel II Ziff. 1c KRG 10. Es ist nicht recht ersichtlich, warum diese Klausel nur beim Verbrechen gegen die Menschlichkeit steht. Tatsächlich findet der in ihr enthaltene Gedanke nach dem Willen des Gesetzes auf sämtliche in KRG 10 geregelte Verbrechensarten Anwendung, Kraus 1948, S. 80.

111 Der Punkt nach „KRG“ in der Urteilssammlung.

112 OGHSt 2, 269 (272), 15.11.1949 (Hervorheb. im Urteil). Im Urteil heißt es im nächsten Satz, dass kein Grund ersichtlich sei, weshalb der Spruchrichter davon ausgenommen sein soll. Vgl. dazu E.V.

sammenhang mit dem System der NS-Gewalt- und Willkürherrschaft" steht.[113] Dieser Zusammenhang sei immer dann gegeben, wenn sich die Tat einreihe in die Negation von Recht und Rechtsschutz im Nationalsozialismus, wo

> „[…] in zunehmendem Maße zweckbestimmte Willkür neben dem bisherigen Recht, gegen das Recht und schließlich im Recht selbst galt [...]. Grenzüberschreitung und Ungerechtigkeit waren Kennzeichen der nazistischen Gewalt- und Willkürherrschaft: […]"[114]

In Artikel III Ziff. 1 Buchst. d KRG 10 war die Möglichkeit vorgesehen, dass die Besatzungsbehörden für „die Aburteilung von Verbrechen, die deutsche Staatsbürger oder Staatsangehörige gegen andere deutsche Staatsbürger oder Staatsangehörige oder gegen Staatenlose begangen haben", deutsche Gerichte für zuständig erklären. Von dieser Möglichkeit machte die französische Besatzungsmacht in einer allgemeinen Erklärung Gebrauch.[115]

In der britischen Zone erfolgte die Ermächtigung in mehreren Schritten. Die Verordnung Nr. 47 vom 30.8.1946[116] bestimmte für den Fall, dass ein Verbrechen gegen die Menschlichkeit „auch als Verbrechen nach den geltenden deutschen Gesetzen anzusehen ist, […] gegen den Angeklagten Alternativklage erhoben werden" kann. Ob mit „Alternativklage" die Möglichkeit der Wahl zwischen der Aburteilung nach dem KRG 10 oder nach deutschem Recht oder die Aburteilung nach dem KRG 10 und nach deutschem Recht (Idealkonkurrenz) gemeint war, war später umstritten (vgl. D. II.). Der Erlass der Militärregierung vom 10.9.1946[117] schränkte die Ermächtigung nach der Verordnung Nr. 47 wieder ein. Nach dem KRG 10 durften nur Verbrechen von Gefängniswärtern, der Gestapo, der SS oder der zivilen Polizei gegen Insassen von Gefängnissen, Konzentrations- und Zwangsarbeitslagern abgeurteilt werden. Mit dem „Erlass der Militärregierung betreffend Aburteilung von Denunzianten" vom 21.11.1946 wurden deutsche Gerichte darüber hinaus ermächtigt, Denunzianten nach dem KRG 10 abzuurteilen. In Ziff. 4 des Erlasses wird auf die Schwierigkeit hingewiesen,

> „zu einer Verurteilung zu gelangen, wenn diese Fälle keine Verbrechen nach deutschem Recht sind und als im Widerspruch mit dem Grundsatz ‚nulla poena sine lege' angesehen werden müssen."[118]

---

113 OGHSt 1, 11 (Leitsatz und S. 14 f.), 20.5.1948; OGHSt. 1, 45 (49), 27.7.1948; OGHSt 1, 123 (124), 26.10.1948.

114 OGHSt 1, 11(14) 20.5.1948.

115 Vgl. Broszat 1981, S. 496.

116 Amtsbl. d. Milreg., britisches Kontrollgebiet Nr. 13, S. 306.

117 JMBl. NRW 1947, S. 50.

118 Ebd.

In solchen Fällen war die Aburteilung durch deutsche Spezialgerichtshöfe vorgesehen; eine Möglichkeit, die aber am 23.5.1947 wieder zurückgenommen wurde, sodass die ordentlichen Gerichte Denunzianten nach der Verordnung Nr. 47 abzuurteilen hatten.[119] Durch einen weiteren Erlass der Militärregierung vom 20.12.1946[120] wurde die Ermächtigung erweitert auf Sterilisationsfälle und auf alle Fälle von politischer oder rassischer Verfolgung jedweder Art, soweit sie sich nicht gegen Juden aufgrund ihrer Religion oder Volkszugehörigkeit richteten; eine Einschränkung, die mit dem Erlass vom 5.7.1947[121] zurückgenommen wurde. Mit diesem Erlass waren die deutschen Gerichte ermächtigt, alle NS-Verbrechen auch nach dem KRG 10 abzuurteilen, *soweit* sie an deutschen Staatsangehörigen oder an Staatenlosen begangen wurden. Auch diese letzte Beschränkung wurde durch das Gesetz Nr. 13 der Alliierten Hohen Kommission am 25.11.1949 aufgehoben.[122]

In der amerikanischen Zone wurden die deutschen Gerichte nicht generell zur Aburteilung von NS-Verbrechen nach dem KRG 10 ermächtigt.[123] Nur auf besonderen Antrag erfolgte eine Ermächtigung, soweit gleichzeitig deutsches Recht verletzt war.[124] Stattdessen ergingen in der amerkanischen Zone sogenannte „Schwestergesetze"[125] zum KRG 10, die Gesetze zur Ahndung nationalsozialistischer Straftaten.[126] Sie regelten in ihren Artikeln I:

> „Verbrechen und Vergehen, insbesondere Verbrechen und Vergehen, die mit Gewalttaten und Verfolgungen aus politischen, rassischen oder religionsfeindlichen Gründen verbunden sind und die während der nationalsozialistischen Gewaltherrschaft aus politischen, rassischen oder religionsfeindlichen Gründen nicht bestraft wurden, sind zu verfolgen, wenn Grundsätze der Gerechtigkeit, insbesondere der Gleichheit aller vor dem Gesetz, die nachträgliche Sühne verlangen."[127]

Das Ergänzungsgesetz vom 22.10.1947 zum Gesetz zur Ahndung nationalsozialistischer Straftaten in Bremen[128] ergänzte, dass durch rechtskräftiges Urteil ab-

---

119 Erlass der Kontrollkommission betreffend Aburteilung von Denunzianten v. 23.5.1947 JMBl., NRW 1947, S. 51.

120 Erlass der Militärregierung betr. Aburteilung von Sterilisationen und anderen Verfolgungen aus rassischen und politischen Gründen, ebd.

121 Erlass der Kontrollkommission betreffend Judenverfolgung vom 5.7.1947, ebd.

122 Amtsbl. d. AHK 1949, S. 54.

123 Broszat 1981, S. 496 gibt als Grund an, dass den Amerikanern inzwischen die Problematik rückwirkender Rechtsanwendung bewusst geworden war. Vgl. D. II. 3.

124 Vgl. Lange 1948 a, Sp. 302.

125 Radbruch 1947 b, S. 5.

126 Bayern: 31.5.1946, GVB1. S. 182, Bremen: 27.6.1947, GB1. S. 83; Hessen: 29.5.1946, GVB1. S. 136; Württemberg-Baden: 31.5.1946, RegB1. S. 171.

127 Ebd.

128 Bremen: GB1. S. 267.

geschlossene Verfahren in der NS-Zeit auch dann wieder aufzunehmen sind, wenn die Täter aus politischen, rassischen oder religionsfeindlichen Gründen freigesprochen oder zu einer unverhältnismäßig milden Strafe verurteilt wurden. Ebenso wie im KRG 10 wurden bestimmte Einwendungen der Täter (Strafverfolgungsverjährung, Gesetze, Verordnungen oder Erlasse, die die Tat für rechtens erklärten), nationalsozialistische Straffreiheitserklärungen (Immunität, Begnadigung, Amnestie), Niederschlagung von Verfahren durch die nationalsozialistischen Machthaber und Handeln auf Befehl einer Regierung oder eines Vorgesetzten für irrelevant erklärt (Artikel II der sogenannten Schwestergesetze).

Ähnliche Regelungen fanden sich in der französischen Zone in den Gesetzen „zur Beseitigung nationalsozialistischen Unrechts in der Strafrechtspflege" (sogenannte Unrechtsbeseitigungsgesetze)[129] und in der britischen Zone in der „Verordnung zur Beseitigung nationalsozialistischer Eingriffe in die Strafrechtspflege" vom 23.5.1947.[130]

129 Baden: 23.12.1946, ABl. S. 151; Rheinland-Pfalz: 23.3.1948, GVBl. S. 244; Saarland: 4.7.1947, ABl. S. 271; Württemberg-Hohenzollern: 16.5.1947, Reg.Bl. S. 67.

130 VOBl. BZ, S. 65.

D. Die Auseinandersetzung um den Begriff des gesetzlichen Unrechts

I. Was sind typisch nationalsozialistische Gesetze?

Ist ein NS-Gesetz „typisch nationalsozialistisch“, enthält es „typischen Nazigeist“, verfolgt es „ausgesprochen nationalsozialistische Ziele“ oder ist es „Ausdruck nationalsozialistischen Rechtsdenkens“, so oder ähnlich lauteten die Fragen, die Rechtsprechung und Rechtslehre nach 1945 stellten, um zu entscheiden, ob ein Gesetz als gesetzliches Unrecht unanwendbar geworden war.[131] Während Radbruch davon ausging, dass gesetzlichem Unrecht von Anfang an (ex tunc) jede verbindliche Kraft fehlt,[132] sodass solche Gesetze auch in der NS-Zeit weder Rechtsverhältnisse zu ändern noch die Rechtswidrigkeit einer Handlung zu begründen oder auszuschließen vermochten, zielte die Frage nach dem typisch nationalsozialistischen Gesetz nur auf die Zukunft. Gefragt wurde, ob ein NS-Gesetz nicht mehr anwendbar ist, ob es nicht mehr weiter gilt.[133] Parallel bestand in den westlichen Besatzungszonen Einigkeit, dass – entgegen der Intention der alliierten Gesetzgebung[134] – die Aufhebung von NS-Gesetzen durch die Alliierten nur für die Zukunft (ex nunc) wirke.[135] Begründet wurde dies mit der andernfalls entstehenden Rechtsunsicherheit. Damit wurde der Rechtssicherheit und der Rechtskontinuität der Vorrang gegenüber der Unterbrechung der (Rechts-)Kontinuität auch bei gesetzlichem Unrecht eingeräumt:

> „Es würde zu einer ungeheuren Verwirrung und Rechtsunsicherheit führen, wenn man der heutigen Anschauung entgegenstehende Gesetze des nationalsozialistischen Staates als niemals vorhanden gewesen betrachten und alle dadurch entstehenden Rechtsverhältnisse so beurteilen wollte, als ob es diese Gesetze niemals gegeben hätte. Gerade auf dem Gebiete des Wirtschaftslebens, das durch die einschneidenden Maßnahmen der Arisierung [...] betroffen worden ist, wären die Folgen höchst unheilvoll.“[136]

---

131 OLG Braunschweig, 7.6.1946, SJZ 1946, S. 119; OLG Freiburg, 12.9.1946, DRZ 1947, S. 65; OLG Kiel 22.1.1947, DRZ 1947, S. 198; OLG Neustadt, 4.8.1949, MDR 1949, S. 706; OLG Hessen, 29.9.1948, NJW 1949, S. 385 (386); v. Weber 1947 a, S. 167.

132 Radbruch 1946 b, S. 107.

133 OLG Braunschweig, 7.6.1946, SJZ 1946, S. 119; OLG Freiburg, 12.9.1946, DRZ 1947, S. 65.

134 Vgl. OGHZ 4, 121 (124), 5.7.1950.

135 Vgl. Stolleis 1982, S. 402; LG Hagen, 1.3.1947, MDR 1947, S. 29 (30); OLG Saarbrücken, 21.5.1947, DRZ 1947, S. 341 (342) mit Anmerkung von Coing 1947 b, S. 342; a. M. OGHZ 4, 121 (124) 5.7.1950.

136 LG Hagen, 1.3.1947, MDR 1947, S. 29 (30); ähnlich: OLG Saarbrücken, 21.5.1947, DRZ 1947, S. 341.

Die unterschiedliche Beantwortung der Frage nach dem typisch nationalsozialistischen Gesetz zwischen 1945 und 1950 spiegelt verdichtet den Einstellungswandel der Rechtsprechung und der Rechtslehre zum NS-Staat und seiner Rechtsordnung, zur Weichenstellung Rechtskontinuität oder Neubeginn wider. Jede dieser Entscheidungen, ob etwas typisch nationalsozialistisch ist, ob ein typisch nationalsozialistisches Gesetz vorliegt,

> „barg ein Stück Diagnose des Nationalsozialismus und zugleich ein Stück der ‚Moralität' des nachträglichen Umgangs mit dieser Vergangenheit."[137]

Deswegen wird die Frage nach dem typisch nationalsozialistischen Gesetz bzw. nach dem gesetzlichen Unrecht unter einem

> „doppelten Aspekt zu einem erregenden Stoff im Schnittpunkt deutscher Zeitgeschichte vor und nach 1945: diagnostisch auf die NS-Zeit zurückgewendet, sie in Begriffe fassend und zugleich grundlegend für den rechtsstaatlichen Neubeginn, dessen künftige Entwicklung präjudizierend."[138]

1. Das Prüfungsrecht des Richters

Unter dem Gesichtspunkt der Gewährleistung von Rechtssicherheit ist Radbruch zuzustimmen, wenn er die Außerkraftsetzung nationalsozialistischer Gesetze allein durch den Gesetzgeber oder ein höchstes Gericht befürwortete.[139] Doch angesichts der Ende 1946 / Anfang 1947 bestehenden Situation, dass die alliierte Gesetzgebung die NS-Rechtsordnung nur einer lückenhaften Revision unterzogen hatte[140] und weitere wesentliche Außerkraftsetzungen von NS-Recht durch sie nicht zu erwarten waren, lautete die Alternative nicht, ob den nationalsozialistischen Gesetzen durch den Gesetzgeber oder den Richter die Geltung abgesprochen wurde, sondern ob die NS-Rechtsordnung im Großen und Ganzen weiter galt oder ob durch den Richter weitere Gesetze außer Kraft gesetzt werden konnten. Vom Standpunkt einer angestrebten Unterbrechung der Kontinuität zwischen NS-Rechtsordnung und neuem demokratischen Recht ist die Inanspruchnahme eines Prüfungsrechts, einschließlich des Rechts, ein Gesetz im konkreten Fall nicht anzuwenden, von der Rechtsprechung Ende 1946/Anfang 1947, auch gestützt auf Artikel III Ziff. 4 MilRegG 1, konsequent.[141] Obwohl

---

137 Broszat 1981, S. 481.

138 Ebd.

139 Radbruch 1946 b, S. 107 r. Sp. ; ders. 1947 a, S. 2; ebenso Ostendorf, ter Veen 1985, S. 41.

140 Wengler 1949, S. 77; Wenzlau 1979, S. 145; vgl. auch Stolleis 1982, S. 388.

141 Für ein richterliches Prüfungsrecht: KG Berlin, 29.12.1945, JR 1947, S. 27; KG Berlin, 10.7.1946, DRZ 1947, S. 131; OLG Freiburg, 12.9.1946, DRZ 1947, S. 65; LG Celle, 20.12.1946, Hann.Rpfl, 1947, S. 14; OLG Kiel, 22.1.1947, DRZ 1947, S. 198; OLG

Artikel III Ziff. 4 MilRegG 1, der die Anwendung und Auslegung des Rechts nach nationalsozialistischen Lehren verbot, eine Anwendungs- und Auslegungsregel ist, erscheint die Ableitung eines richterlichen Prüfungsrechts nachvollziehbar. Denn dem Verbot der Anwendung oder Auslegung eines Gesetzes im nationalsozialistischen Sinn, kann ein Richter wohl nur nachkommen, wenn er zuvor geprüft hat, ob das Gesetz einer nicht-nationalsozialistischen Auslegung und Anwendung überhaupt zugänglich ist.

Zur Begründung eines Prüfungsrechts wurde auch auf den mutmaßlichen Willen des alliierten Gesetzgebers verwiesen. Dieser habe mit dem MilRegG 1, dem KRG 1, dem KRG 11 und dem KRG 55

> „in Gesetzesform unmissverständlich seinen Willen zu erkennen gegeben, daß Strafbestimmungen, die aus nationalsozialistischen Anschauungen erwachsen sind, nicht mehr angewendet werden dürfen. Wenn der Richter über den Kreis der ausdrücklich aufgehobenen Vorschriften hinaus einer Bestimmung die Weitergeltung mit der Begründung versagt, dass sie nationalsozialistisches Gedankengut enthalte, stützt er sich also auf erkennbare gesetzliche Werturteile und darf sich insoweit zur Rechtfertigung seiner Entscheidung auf den vermutlichen Willen des Gesetzgebers selbst berufen.“[142]

Die gegenteilige Auffassung – der Richter könne ein NS-Recht nicht außer Kraft setzen, insbesondere lasse sich ein Prüfungsrecht nicht aus dem MilRegG 1 herleiten – konnte erst etwa 1948 vordringen. Wengler nennt dafür mehrere Gründe, unter anderem auch einen möglichen Zusammenhang mit der sich durchsetzenden Auffassung, dass der vor 1945 bestehende Staat und seine Rechtsordnung weiter existiere.[143]

Problematisch wird das richterliche Prüfungsrecht erst dadurch, dass die von den Alliierten für den adäquaten Umgang mit dem NS-Recht gemachte Voraussetzung, dass die Handhabung des NS-Rechts einer neuen demokratischen Justiz obliegt, durch die weitgehende „Renazifizierung“ der Rechtsprechung und Rechtslehre in den Westzonen[144] entfällt. In der britischen Zone vollzog sie sich durch die sogenannte „50-50 Huckepack-Regel“, wonach für jeden Unbelasteten

---

Tübingen, 24.2.1947, DRZ 1947, S. 164; OLG Neustadt, 4.8.1949, MDR 1949, S. 702. Gegen ein Prüfungsrecht im Jahr 1947 soweit ersichtlich nur OLG Hamburg, 26.3.1947, MDR 1947, S. 137.

142 Wengler 1949, S. 77 l. Sp.; ähnlich OGHSt 1, 60 (64), 17.8.1948.

143 Wengler verneint allerdings im Ergebnis diesen Zusammenhang, vgl. Wengler 1949, Sp. 67 f.

144 Wenzlau 1979, S. 94 ff., Neumann 1948, S. 324, Herz 1948, S. 561 ff.; Kleßmann 1982, S. 83 ff.; Stolleis 1982, S. 391 ff.

ein belasteter Jurist in den Justizdienst eingestellt werden durfte.[145] Im Juni 1946 wurde die 50-Prozent-Klausel aufgehoben, weil auf diese Weise nicht alle Stellen in der zu diesem Zeitpunkt wieder reorganisierten Justiz besetzt werden konnten. Daraufhin setzte ein immer mächtiger werdender „Rückfluss" ehemaliger NS-Richter und NS-Staatsanwälte in die Justiz ein. Schon Mitte 1948 gab es unter den Landgerichtsräten und Landgerichtsdirektoren in der britischen Zone 80 bis 90 Prozent ehemalige Parteimitglieder.[146] Von dieser Justiz war die Aufhebung weiterer NS-Gesetze als „typisch nationalsozialistisch" kaum zu erwarten, da dies das Verdikt implizierte, damals selbst Unrechts-Gesetze angewandt zu haben.

2. Die Ausübung des Prüfungsrechts

a) Bekenntnisse zur Radbruchschen Formel

Ab 1946 bekannten sich Rechtslehre und Rechtsprechung überwiegend – zum Teil unabhängig von der Prüfung eines konkreten nationalsozialistischen Gesetzes – zur Lehre vom übergesetzlichen Recht und gesetzlichen Unrecht.[147] In der Rechtsprechung wurde der Begriff des gesetzlichen Unrechts – soweit nach der Durchsicht der veröffentlichen Rechtsprechung[148] ersichtlich – ausdrücklich nur[149] vom OLG Hamburg abgelehnt:

> „Das Revisionsgericht teilt nicht den in der Wissenschaft vertretenen Standpunkt, daß unter Umständen ein übergesetzliches Recht der Anwendung eines formell einwandfreien Gesetzes im Wege stehen könnte. Recht und Sittlichkeit sind getrennt zu

145 Diestelkamp, Rechts- und verfassungsgeschichtliche Probleme zur Frühgeschichte der Bundesrepublik Deutschland, JuS 1981, S. 488 (492), zit. n. Stolleis 1982, S. 395.

146 Ebd.

147 Z. B. AG Wiesbaden, 13.11.1945, SJZ 1946, S. 36; OLG Frankfurt, 12.8.1947, SJZ 1947, Sp. 622 (627) unter ausdrücklicher Bezugnahme auf Radbruch; OLG Frankfurt, 13.1.1953, NJW 1953, S. 1306 (1308); weitere Nachweise Storz 1969, S. 37; Langner 1959, S. 93 ff.; Nachweise für die Rechtslehre vgl. Schumacher 1985, S. 31 ff.

148 Es kann nicht ausgeschlossen werden, dass dies die tatsächlichen Mehrheitsverhältnisse in der Rechtsprechung nicht wiedergibt, weil die Alliierten darauf Einfluss nahmen, was veröffentlicht wurde, vgl. Broszat 1981, S. 529.

149 Storz 1969, S. 36 nennt zwei weitere Urteile: OLG Kiel, 26.3.1947, SJZ 1947, Sp. 323. und OLG Bamberg, 27.7.1949, SJZ 1950, Sp. 207. Doch das Urteil des OLG Kiel betont die Möglichkeit gesetzlichen Unrechts unter ausdrücklicher Bezugnahme auf Radbruch. Auf die diesbezügliche Widersprüchlichkeit des Urteils des OLG Kiel hat Arndt 1947 b hingewiesen. Das OLG Bamberg bezeichnet das sogenannte Heimtückegesetz und § 5 der Kriegssonderstrafrechtsverordnung, die dem Schutz der nationalsozialistischen Machthaber dienten, als „grob unbillige", aber nicht naturrechtswidrige Gesetze, OLG Bamberg, ebd., Sp. 208.

halten. Die Geltung eines in Gesetzesform erlassenen Befehls der Staatsgewalt ist nicht davon abhängig, ob er inhaltlich dem Sittengesetz entspricht. Ein im Sinne der Rechtsphilosophie inhaltlich unrichtiges Gesetz verliert nicht dadurch seine bindende Kraft, daß es etwas für Recht erklärt, was vom Standpunkt der Ethik aus nicht Recht sein sollte."[150]

Auch in der Rechtslehre blieb Jahrreiß 1946 – soweit die Durchsicht der veröffentlichten Stellungnahmen ergibt – mit der Trennung von Recht, wie es ist und damit gilt, und Recht, wie es sein sollte, allein:

> „Ich behandele nur die Frage des geltenden Rechts, nicht die Frage des Rechtes, das im Namen der Moral oder des Menschenfortschritts gefordert werden könnte oder sollte."[151]

In weiten Kreisen der Rechtslehre wurde die Radbruchsche Formel nach 1945 positiv rezipiert.[152]

Nach Gründung der Bundesrepublik Deutschland vertrat auch der Bundesgerichtshof (BGH) eine auf Radbruch gestützte Geltungslehre. Ob einem Gesetz materielle Geltungskraft zukomme, bestimmte der BGH in seiner sogenannten Kernbereichstheorie nach der fast wörtlich zitierten Radbruchschen Verleugnungsthese:

> „Der Senat hat schon in der Entscheidung BGHSt 2, 234 näher ausgeführt, daß die Freiheit eines Staates, für seinen Bereich darüber zu bestimmen, was Recht und was Unrecht sein soll, nicht unbeschränkt ist. Es besteht vielmehr bei allen Unterschieden, die die nationalen Rechtsordnungen im einzelnen aufweisen, im Bewußtsein aller zivilisierten Völker ein gewisser Kernbereich des Rechts, der nach allgemeiner Rechtsüberzeugung von keinem Gesetz und keiner sonstigen obrigkeitlichen Maßnahme verletzt werden darf. [...] Der Senat hat deshalb in der angeführten Entscheidung ausgeführt, daß Anordnungen, die die Gerechtigkeit nicht einmal anstreben, die den Gedanken der Gleichheit bewußt verleugnen und die allen Kulturvölkern gemeinsamen Rechtsüberzeugungen, die sich auf den Wert und die Würde der menschlichen Persönlichkeit beziehen, deutlich mißachten, kein Recht schaffen und daß ein solchen Anordnungen entsprechendes Verhalten Unrecht bleibt."[153]

Ein den Kernbereich des Rechts verletzendes Gesetz, ein Gesetz, das einen den Grunderfordernissen jeder rechtsstaatlichen Ordnung widersprechender Unrechtsgehalt hat, ist von Anfang an nichtig und vermochte daher – so der BGH –

---

150 OLG Hamburg, 18.6.1947, SJZ 1948, Sp. 35 (37).

151 Jahrreiß 1946, S. 500.

152 Zum Beispiel Roemer 1946, S. 9; Kisselbach 1947, S. 2; Lange 1948 c, Sp. 656; weitere Nachweise bei Schumacher 1985, S. 31 ff.

153 BGHSt 3, 357 (362 f.), 19.12.1952. Ähnlich BGHSt 2, 173 (177), 12.2.1952, unter Bezugnahme auf OGHSt 1, 321 (324) und OGHSt 2, 271.

auch unter nationalsozialistischer Herrschaft *Rechts*wirkungen nicht zu erzeugen.[154]

Das Bundesverfassungsgericht übernimmt unter Bezugnahme auf Radbruchs Aufsatz „Gesetzliches Unrecht und übergesetzliches Recht“ die Unerträglichkeitsthese unter ausdrücklicher Hervorhebung des Ausnahmecharakters gesetzlichen Unrechts:

> „Gerade die Zeit des nationalsozialistischen Regimes in Deutschland hat gelehrt, daß auch der Gesetzgeber Unrecht setzen kann, daß also, soll die praktische Rechtsübung solchen geschichtlich denkbaren Entwicklungen nicht ungewappnet gegenüberstehen, in äußersten Fällen die Möglichkeit gegeben sein muß, den Grundsatz der materiellen Gerechtigkeit höher zu werten als den der Rechtssicherheit, wie er in der Geltung des positiven Gesetzes für die Regel der Fälle zum Ausdruck kommt. [...] Ihr Ausnahmecharakter steht außer Zweifel und kommt zum Beispiel in der vorsichtigen Formulierung zum Ausdruck, die Radbruch in seinem Aufsatz ‚gesetzliches Unrecht und übergesetzliches Recht‘ [...] wählt.“[155]

Die Unerträglichkeitsthese spielt in einer scheinbar modifizierten[156] Fassung in dem sogenannten Beamtenurteil des Bundesverfassungsgerichts eine Rolle.[157] In der Auseinandersetzung zwischen dem Bundesverfassungsgericht und dem BGH um den Fortbestand der NS-Beamtenrechtsverhältnisse nach dem 8. Mai 1945[158] ging es um die Frage, ob das nationalsozialistische Beamtenrecht gesetzliches Unrecht war, das keine Rechtswirkungen entfalten und die Beamtenrechtsverhältnisse nicht im nationalsozialistischen Sinne umgestalten konnte. Dies hätte nach Auffassung des Bundesverfassungsgerichts zur Folge gehabt, dass die Beamtenverhältnisse am 8. Mai 1945 nicht mit dem NS-Staat untergegangen wären. Nach Auffassung des Bundesverfassungsgerichts sind die am 8. Mai 1945 bestehenden Beamtenverhältnisse zum Deutschen Reich, den Ländern, Gemeinden und anderen Dienstherrn mit dem an diesem Tag eingetretenen Zusammenbruch des Deutschen Reichs erloschen.[159] Zu diesem Ergebnis kommt das Bundesverfassungsgericht mit folgender Argumentation: Das Bundesverfas-

---

154 Großer Senat für Zivilsachen, BGHZ 16, 350 (354), 28.2.1955, Hervorheb. „*Rechts*wirkungen“ im Urteil.

155 BVerfGE 3, 225 (232), 18.12.1953.

156 Langner 1959, S. 141 spricht von einer Modifikation.

157 BVerfGE 3, 58, 17.12.1953.

158 BVerfGE 3, 58, 17.12.1953, lässt sich wie folgt zusammenfassen: Die Beamtenverhältnisse sind am 8. Mai 1945 mit dem Zusammenbruch des Deutschen Reiches erloschen, ebd. S. 133. BGHZ 13, 265, Großer Senat für Zivilsachen, 20.5.1954, lässt sich für die hier interessierende Frage wie folgt zusammenfassen: Das Deutsche Reich besteht über 1945 hinaus fort (ebd. S. 294), die Beamtenverhältnisse sind nicht erloschen (ebd. 295 ff.).

159 BVerfGE 3, 58 (133).

sungsgericht stellt zunächst fest, dass die Beamtenverhältnisse ab 1933 im nationalsozialistischen Sinne umgestaltet wurden. Diese Umgestaltung sei durch zwei große Entwicklungslinien gekennzeichnet: Die Aushöhlung des verfassungsrechtlichen Schutzes der Beamtenrechte und die Umwandlung des Beamtenverhältnisses in ein persönliches Treueverhältnis zum „Führer".[160] Diese Umwandlung könne *nicht* deswegen als irrelevant angesehen werden, weil die Umgestaltung der Beamtenverhältnisse auf einem Rechtsbruch beruhe und als Unrecht als rechtlich nicht vorhanden angesehen werden müsse:

> „Die durch die nationalsozialistische Gesetzgebung herbeigeführte Umgestaltung des hergebrachten Beamtenverhältnisses in ein neuartiges, einer Partei verpflichtetes öffentlich-rechtliches Dienstverhältnis kann auch nicht etwa mit der Erwägung als irrelevant betrachtet werden, daß sie auf einem Rechtsbruch beruhte und daher nach Beseitigung der nationalsozialistischen Herrschaft als rechtlich nicht vorhanden angesehen werden müsse. Zwar mag das hier, wie auf manchen anderen Gebieten, vom Nationalsozialismus gesetzte Recht in einem höheren, philosophischen Sinne ‚Unrecht' darstellen. Aber es würde eine in einem hohen Grade unrealistische Betrachtungsweise sein, diese Gedanken positiv-rechtlich dahin auszubauen, daß dieses (formale) Recht ex post als nichtig und die dadurch bewirkte Umwandlung des Beamtenverhältnisses als nicht vorhanden betrachtet würde. Ein[161] solche Auffassung würde übersehen, daß es auch eine ‚soziologische' Geltung von Rechtsvorschriften gibt […]."[162]

Dem hierdurch naheliegenden Missverständnis, die soziologische Geltung verhelfe auch dem in einem „höheren, philosophischen Sinne" bestehenden Unrecht zur Gültigkeit – das allerdings wäre eine Modifikation der Unerträglichkeitsthese –, tritt das Bundesverfassungsgericht im Folgenden entgegen. Die soziologische Geltung von Rechtsvorschriften finde dort ihre Grenze, wo die Rechtsvorschriften in evidentem Widerspruch zur Gerechtigkeit stehen, das heißt wenn nach der Unerträglichkeitsthese Radbruchs gesetzliches Unrecht vorliegt. Das aber – so das Bundesverfassungsgericht – sei beim nationalsozialistischen Beamtenrecht nicht der Fall:

> „ […] eine ‚soziologische' Geltung von Rechtsvorschriften […] [wird] erst dort bedeutungslos […], wo solche Vorschriften in so evidentem Widerspruch mit den alles formale Recht beherrschenden Prinzipien der Gerechtigkeit treten, daß der Richter, der sie anwenden oder ihre Rechtsfolgen anerkennen wollte, Unrecht statt Recht spräche. Diese äußerste Geltungsgrenze ist hier nicht erreicht […]."[163]

160 BVerfGE 3, 58 (112).

161 Schreibfehler im Urteilsabdruck BVerfGE 3, 58 (118).

162 BVerfGE 3, 58 (118 f.).

163 Ebd., S. 119.

b) *Neue Prüfungskriterien*

In der alltäglichen Praxis, wenn konkret nach dem „typisch nationalsozialistischen" Charakter eines NS-Gesetzes gefragt wurde,[164] entwickelten Rechtsprechung und Rechtslehre ab Mitte 1947 eine Reihe von Prüfungskriterien, die die Verleugnungs- und Unerträglichkeitsthese verdrängten.

aa) *Der objektive Wortlaut eines NS-Gesetzes*

Die Frage, ob zur Ermittlung des typisch nationalsozialistischen Gehalts eines NS-Gesetzes auch die Motive des Gesetzgebers und der politische Zweck und die Entstehungsgeschichte eines Gesetzes oder allein der klare Sinn des Wortlauts, der objektive Inhalt entscheidend sein sollten, wurde 1946 bis Mitte 1947 anders beantwortet als ab Mitte 1947. In der ersten Phase wurde in Übereinstimmung mit Radbruchs Verleugnungsthese das Gesetz im „Lichte der nationalsozialistischen Weltanschauung und ihrer Ziele"[165] betrachtet. Abgestellt wurde auf die „seinerzeitigen Motive"[166] und den Makel der ursprünglichen Zweckbestimmung des Gesetzes.[167] Der objektive Wortlaut der Norm war nicht (allein) maßgeblich. In Bezug auf die Amnestieverordnung[168] wurde zum Beispiel ausgeführt, dass diese

> „[…] gemäß ihrem Inhalt auf typisch nationalsozialistischem Gedankengut [beruht], was zwar aus ihrem Wortlaut und ihrer formellen Gestaltung allein nicht ohne weiteres erkennbar ist, aus ihrer Entstehungsgeschichte und ihrem Zweck jedoch mit Sicherheit geschlossen werden kann."[169]

Aufgrund dieser Prüfungskriterien wurde zum Beispiel § 1595 a BGB in der Fassung vom 12.4.1938 (wonach der Staatsanwalt neben den Eltern die Möglichkeit hatte, im öffentlichen Interesse die Unehelichkeit eines Kindes zeitlich unbegrenzt anzufechten) im Jahre 1946 wegen seiner expliziten rassenpolitischen Zielsetzung, wie sie in der damaligen Begründung des Gesetzes[170] zum

---

164 Eine Liste der NS-Gesetze, deren Fortgeltung diskutiert wurde, bei Stolleis 1982, S. 40 f.

165 Nürnberger Juristenurteil zit. n. Steiniger, Leszczynski 1969, S. 90.

166 Buchwald 1946, S. 27; Nathan 1947 b, S. 249; Weiss 1947 a, S. 104.

167 Nathan 1947 a, S. 163 f.; OLG Gera , 30.10.1946, NJ 1947, S. 63.

168 Verordnung des Reichspräsidenten über die Gewährung von Straffreiheit vom 21.3.1933 (RGBl. I S. 134). Aufgrund dieser Verordnung wurde das Attentat von 1921 auf Reichsfinanzminister Erzberger amnestiert. Vgl. auch E. II.

169 LG Konstanz, Tillessen-Urteil, 28.2.1947, SJZ 1947, Sp. 337 (343).

170 Begründung zu dem Gesetz über die Änderung und Ergänzung familienrechtlicher Vorschriften und über die Rechtsstellung der Staatenlosen vom 12.4.1938 (RGBl. I S. 380) abgedruckt in: Deutsche Justiz 1938, S. 619: „[Eine Befristung der Anfechtung sei] mit

Ausdruck kommt, für „typisch nationalsozialistisch" und deswegen für unanwendbar gehalten. Allerdings ist diese Auffassung nach den in den juristischen Zeitschriften veröffentlichen Urteilen nur durch ein Gericht in der sowjetischen Besatzungszone vertreten worden.[171]

Ab Anfang/Mitte 1947 leiteten Rechtsprechung und Rechtslehre hingegen aus Artikel III Ziff. 6 MilRegG 1, wonach die Auslegung und Anwendung eines NS-Gesetzes nach dem „klaren Sinn des Wortlauts" vorzunehmen ist, her, dass der Wille und die Motive des Gesetzgebers und der damalige Zweck des Gesetzes bei der Frage nach der Weitergeltung eines Gesetzes nicht zu berücksichtigen seien:

> „Der Umstand, daß politische Motive bei der Neufassung einer Rechtsnorm von erheblichem Einfluß waren, verleiht für sich allein dieser noch nicht den Charakter eines nationalsozialistischen Gesetzes. Ebensowenig ist die Tatsache entscheidend, daß eine Rechtsnorm in nationalsozialistischer Zeit zu politischen Zwecken mißbraucht wurde, oder daß sie von vornherein zu diesem Zweck geschaffen wurde, zu politischen Zwecken mißbraucht zu werden [...]. Maßgebend für die Beurteilung ist der objektive Inhalt. Denn Gesetze führen nach ihrem Erlaß ein Eigenleben."[172]

Nach einer solchen „Reinigung" der NS-Gesetze von jeder politischen Zielsetzung und von jeder die reine Norm „mißbrauchenden" Anwendung stand zum Beispiel der Weitergeltung von § 1595 a BGB im demokratischen Staat nichts entgegen:

> „Der Umstand allein, daß § 1595 a BGB nationalsozialistischen Gedankengängen seinen Ursprung verdankt, kann jedoch diese Vorschrift nicht unanwendbar machen. Hiervon könnte nur die Rede sein, wenn auch ihr Inhalt typisch nationalsozialistisch wäre; das ist aber nicht der Fall. Daß dem Staatsanwalt das Recht eingeräumt wird, die Ehelichkeit eines Kindes im öffentlichen Interesse oder in dem des Kindes oder seine Nachkommenschaft anzufechten, [...] ist kein typisch nationalsozialistischer Gedanke. Er ist weder der Ausfluß eines totalitären Regierungssystems, noch

---

heutiger Rechtsauffassung unvereinbar. Dies wird besonders deutlich dann, wenn sich erst nach Ablauf der Anfechtungsfrist herausstellt, daß das Kind von einem Manne stammt, der einer anderen Rasse als der Ehemann angehört. Aber auch in weniger krassen Fällen zwingt die Bedeutung, die nach heutiger Anschauung der blutsmäßigen Abstammung eines Menschen zukommt dazu, die Anfechtung [...] stets zu ermöglichen."

171 OLG Halle, 22.11.1946, DRZ 1948, S. 99; Nathan 1948, S. 51 f.

172 OLG Neustadt, 4.8.1949, MDR 1949, S. 702; ähnlich: KG Berlin, 1.8.1947, SJZ 1948, Sp. 262 (263) mit zustimmender Anmerkung Beitzke 1948 Sp. 263; KG Berlin, 22.10.1947, JR 1948, S. 165; OLG Hamburg, 30.7.1947, MDR 1948, S. 26; OLG Kassel, 29.9.1948, NJW 1949, S. 385 mit kritischer Anmerkung Schrodt, NJW 1949, S. 385; OGHZ 2, 35, 11.4.1949; Guggumos 1948 a, S. 388; ders. 1948 b, Sp. 247; Clemens 1947, S. 221.

> braucht er der Verwirklichung einer nationalsozialistischen Rassepolitik zu dienen."[173]

Das Kriterium „objektiver Wortlaut"

- negiert die Verleugnungsthese, die nach den Motiven, und der Intention des Gesetzgebers fragt und
- verkennt die Praxis des Unrechts-Staates mit dem von den NS-Machthabern gewollten Zusammenwirken von Gesetzgebung und Rechtsanwendung, indem ein „reines Gesetz" angenommen wird, das angeblich durch die Rechtsprechung „missbraucht" wurde.

bb) Bereinigende Auslegung von NS-Gesetzen

Wenn über den nationalsozialistischen Charakter eines Gesetzes allein dessen objektiver Wortlaut entscheidet, dann werden Formulierungen wie „zum Schutz des Volkes" (§ 359 StPO) oder „gesundes Volksempfinden" (§ 240 Abs. 2 und 253 Abs. 2 StGB) zu bloß äußerlicher „Phraseologie"[174], zu bloßen „nationalsozialistischen Schlagworten"[175], zu einer „nationalsozialistischen Verbrämung eines richtigen Rechtssatzes"[176], die die Norm nicht zum typisch nationalsozialistischen Gesetz machen. Vielmehr seien, um den richtigen, auch im demokratischen Staat anwendbaren Rechtssatz aus dieser „Verbrämung" herauszuschälen, diese Schlagworte einfach durch „objektive Betrachtungsmaßstäbe" zu ersetzen und das Gesetz einer rechtsstaatlichen Auslegung zu unterstellen.

> „Die Ausdrucksweise ‚zum Schutz des Volkes' stellt allerdings einen ausgesprochen nationalsozialistischen Begriff dar. Eine Rechtsnorm wird jedoch nicht schon dadurch unanwendbar, daß in ihr ein nationalsozialistisches Schlagwort enthalten ist. Auch hier ist der sachliche Inhalt der Rechtsnorm entscheidend und das bei objektiver, politisch unbeeinflußter, rechtsstaatlicher Gesetzesauslegung erzielte Ergebnis. Hierbei müssen Begriffe wie ‚Schutz des Volkes' und ‚gesundes Volksempfinden' durch objektive Betrachtungsmaßstäbe ersetzt werden."[177]

Damit ist die Anwendbarkeit der §§ 240 und 253 StGB bejaht

173 OGHZ 2, 35 (37), 11.04.1949; ebenso zu § 1595 a BGB: KG Berlin, 1.8.47, SJZ 1947, Sp. 262 f. mit zustimmender Anmerkung Beitzke 1948; OLG Kassel, 29.8.1948, NJW 1949, S. 385; Guggumos 1948 a, S. 388; ders. 1948 b, Sp. 247 f.

174 Guggumos 1948 a, S. 388 (zu § 1959 a BGB).

175 OLG Neustadt, 4.8.1949, MDR 1949, S. 702; OLG Koblenz, 24.4.1947, SJZ 1947, Sp. 441.

176 OLG Dresden, 14.6.1946, DRZ 1946, S. 158.

177 OLG Neustadt , 4.8.1949, MDR 1949, S. 702.

„mit der Einschränkung, daß an die Stelle des Begriffs ‚gesundes Volksempfinden' der Begriff ‚gute Sitten' zu treten hat."[178]

Bis Ende 1946/Anfang 1947 war sich die Rechtsprechung hingegen – soweit nach Durchsicht der in den juristischen Zeitschriften veröffentlichten Entscheidungen ersichtlich – weitgehend einig, dass aus Artikel IV Ziff. 7 MilRegG 1, der eine Bestrafung nach gesundem Volksempfinden verbot, zu folgern sei, dass die §§ 240 und 253 StGB nicht anzuwenden seien, da der Begriff „gesundes Volksempfinden" das ganze Gesetz präge:

„Alle Strafgesetze, die den Begriff des gesunden Volksempfindens verwenden und damit den Anwendungsbereich des Strafgesetzes umschreiben, [haben, C.L.] die Geltung verloren."[179]

cc) NS-Gesetze als Ergebnis einer normalen Rechtsentwicklung

Wenn das NS-Gesetz so durch die Eliminierung der ihm zugrundeliegenden (rassen-)politischen Motive „entnazifiziert" und durch die Ersetzung der „nationalsozialistischen Schlagworte" durch neue Begriffe nachgewiesen ist, dass das Gesetz einer „objektiven Gesetzesauslegung aus dem Geiste des rechtsstaatlichen Denkens"[180] und einer Füllung „der gegebenen gesetzlichen Tatbestände mit neuem Inhalt"[181] zugänglich ist, dann erscheint das Gesetz als Ergebnis „einer normalen Rechtsentwicklung":[182]

„Die meisten Richter machen es sich auch heute wiederum sehr leicht. Sie lesen aus den amtlichen Begründungen der natsoz. Gesetze oder aus der Begründung oberstrichterlichen[183] Entscheidungen der Nazizeit ‚typisch natsoz. Gedankengut' heraus und verneinen schon deshalb die weitere Gültigkeit eines natsoz. Gesetzes [...]. Nur wenige Richter besinnen sich wie ehedem auf das Wesentliche und versuchen demgemäß in geeigneten Fällen nachzuweisen, daß das während der NS-Zeit erlassene Gesetz [...] trotz der nationalsozialistischen Phraseologie der tatsächlichen Entwicklung der Dinge gefolgt, somit als Ergebnis einer normalen Rechtsentwicklung, die es ja auch in der Nazizeit gegeben hat, anzusehen und daher weiterhin anwendbar und brauchbar ist."[184]

---

178 OLG Koblenz 24.4.1947, SJZ 1947, Sp. 441; Niethammer 1946, S. 62.

179 OGHSt 7.6.1949, MDR 1949, S. 502; LG Dortmund, 16.4.1946, SJZ 1946, S. 120: § 253 StGB ist nicht mehr anwendbar; KG Berlin, 10.7.1946, NJ 1947, S. 40, mit zustimmender Anmerkung Weiss 1947 c, S. 41; OLG Freiburg, 5.6.1946, DRZ 1946, S. 61.

180 OLG Neustadt, 4.8.1949, MDR 1949, S. 702.

181 Weiss 1947 d, S. 213.

182 Ledig, 1948, S. 188 (190); Habel 1948, S. 176.

183 Schreibfehler im Aufsatz.

184 Guggumos 1948 a, S. 388 (zu § 1595 a BGB).

dd) *Die Brauchbarkeit eines NS-Gesetzes im neuen Staat*

Die Überordnung der Rechtskontinuität über die Entlegitimierung der NS-Rechtsordnung dokumentiert auch ein weiteres Prüfungskriterium. Ein NS-Gesetz sollte auch dann weitergelten, wenn es „auch unter den heutigen Verhältnissen inhaltlich einem Bedürfnis der Rechtspflege entspricht".[185] Deswegen sollte zum Beispiel § 1595 a BGB weitergelten. Denn auch heute könne die Anfechtung im Interesse des Kindes liegen.[186]

Die Frage nach der Brauchbarkeit eines NS-Gesetzes im neuen Staat kehrt die Frage nach dem typisch nationalsozialistischen Gesetz bzw. nach dem gesetzlichen Unrecht und dessen (Weiter-)Geltung um. Es wird nicht gefragt, ob ein Gesetz typisch nationalsozialistischen Charakter trägt und *deswegen* keine Geltung hat, sondern es wird umgekehrt die kontinuitätssichernde Frage gestellt, ob der neue Staat das Gesetz braucht und daraus gefolgert, dass es dann nicht typisch nationalsozialistisch sein könne. Aufgrund dieser Argumentation wurde zum Beispiel die Weitergeltung der Kriegswirtschaftsverordnung vom 4.9. 1939[187] bejaht. Sicher sei es

> „wünschenswert, wenn die auch heute noch unentbehrlichen Gesetzesbestimmungen durch Neuredigierung von ihrer nazistischen Verbrämung losgelöst werden könnten. Solche gesetzgeberischen Arbeiten aber erfordern Zeit- und Arbeitsaufwand, die in der schwierigen Lage der Gegenwart für andere, noch vordringlichere Arbeiten gebraucht werden."[188]

Da der Fortfall der Kriegswirtschaftsverordnung „untragbare Konsequenzen" für die Versorgungslage der Bevölkerung mit sich bringen würde, sei es

> „sachlich geboten, daß man zunächst die inhaltlich unentbehrlichen Gesetze aus der Nazizeit einfach bestehen läßt."[189]

ee) *Auch ein Rechtsstaat hat solche Gesetze*

Das Vorliegen eines typisch nationalsozialistischen Gesetzes wurde auch dann verneint, wenn sich eine dem NS-Gesetz entsprechende Regelung auch in demokratischen Rechtsstaaten findet. Dieses Prüfungskriterium wurde schon im Nürnberger Juristenurteil[190] angewendet. In dem Urteil wird der Frage nachge-

---

185 KG Berlin 22.10.1947, JR 1948, S. 165.

186 Vgl. Beitzke 1948, S. 264.

187 RGBl. I S. 1609.

188 OLG Dresden, 14.6.1946, DRZ 1946, S. 158.

189 OLG Dresden, 14.6.1946, DRZ 1946, S. 158; ähnlich OLG Stuttgart, 12.6.1946, DRZ 1946; S. 158; OGHSt 2, 259 (263); Buchwald 1946, S. 23.

190 Mit „Nürnberger Juristenurteil" wird das Urteil des amerikanischen Militärgerichtshofes vom 4. Dezember 1947 gegen 16 führende Juristen aus Verwaltung und Justiz des NS-

gangen, ob die „drakonischen Gesetze" oder die unter ihnen gefällten Entscheidungen Kriegsverbrechen oder Verbrechen gegen die Menschlichkeit darstellen. In Bezug auf die Bestrafung von „Gewohnheitsverbrechern"[191] heißt es:

> „Was die Bestrafung von Gewohnheitsverbrechern betrifft, so glauben wir, ist die Antwort klar. In vielen zivilisierten Staaten verlangen gesetzliche Bestimmungen, daß die Gerichte lebenslängliche Freiheitsstrafen wegen Verbrechen verhängen, wenn bewiesen ist, daß drei oder mehr Verbrechensbestrafungen vorgelegen haben. Wir können nicht in einem Atemzug sagen, daß lebenslängliche Haft für Gewohnheitsverbrecher eine heilsame und vernünftige Bestrafung in Amerika in Friedenszeiten ist, daß aber die Verhängung der Todesstrafe in Deutschland ein Verbrechen gegen die Menschlichkeit war, als die Nation unter dem Druck des Krieges stand."[192]

Zur Kriegssonderstrafrechtsverordnung vom 17.8.1938,[193] nach der jede Äußerung, die sich gegen Hitlers Person oder die Weiterführung des Krieges richtete, als Wehrkraftzersetzung mit dem Tode bestraft werden konnte, wird in der Urteilsbegründung des Nürnberger Juristenurteils ausgeführt:

> „Probleme von weit größerer Schwierigkeit ergeben sich, wenn wir die Fälle betrachten, die die Bestrafung wegen Wehrkraftzersetzung nach sich zogen. Die Beschränkung der Redefreiheit, die bei der Anwendung dieser Gesetze auferlegt worden sind, sind für unser Rechtsempfinden empörend. Ein Gerichtshof unter einer freien Verfassung – einschließlich der der Weimarer Republik – würde nicht zögern, sie zu verurteilen, wenn diese Beschränkungen in Friedenszeiten angewandt würden, aber selbst unter dem Schutz der Verfassung der Vereinigten Staaten steht es einem Staatsbürger nicht vollkommen frei, die Regierung anzugreifen oder sich in ihre militärischen Ziele einzumischen. Angesichts einer wirklichen und akuten Gefahr kann selbst in Amerika die Redefreiheit etwas eingeschränkt werden. Können wir dann sagen, daß mitten im Wüten des totalen Krieges und im Angesicht unmittelbar drohenden Unheils die Beamten, die diese barbarischen Gesetze in einem letzten verzweifelten Bemühen, die Niederlage herauszuzögern, anwendeten, sich Verbrechen gegen die Menschlichkeit schuldig machten?"[194]

Dieser Vergleich zum Rechtsstaat wurde von der Rechtsprechung und Rechtslehre ab 1948 aufgegriffen, zum Beispiel bei der Prüfung der „Verordnung über außerordentliche Rundfunkmaßnahmen" vom 1. September 1939 (sogenannte

---

Staates bezeichnet. Der Nürnberger Juristenprozess war einer von insgesamt zwölf sogenannten Nürnberger Nachfolgeprozessen zwischen 1946 und 1949 gegen 185 Repräsentanten des NS-Staates, vgl. Ostendorf/ ter Veen 1983, S. 9.

191 Verordnung über die Bestrafung von gefährlichen Gewohnheitsverbrechern im Protektorat Böhmen und Mähren vom 2.10.1942, RGBl. I S. 568.

192 Urteilsbegründung, Allgemeiner Teil, zit. nach Ostendorf / ter Veen 1985, S. 171.

193 RGBl. 1939 I S. 1455.

194 Urteilsbegründung, Allgemeiner Teil, zit. nach Ostendorf / ter Veen 1985, S. 171.

Rundfunkverordnung),[195] der „Verordnung über das Sonderstrafrecht im Kriege und bei besonderem Einsatz“ vom 17.8.1938 (sogenannte Kriegssonderstrafrechtsverordnung),[196] der Bestimmungen über Hoch- und Landesverrat (§ 91 b StGB) und der „Verordnung über die Errichtung von Standgerichten“ vom 15.2.1945 (sogenannte Standgerichtsverordnung).[197] Durch diese Verordnungen – so das Nürnberger Juristenurteil – hätte der NS-Staat nur den ihm, wie jedem Staat, zustehenden Anspruch auf Schutz seines Bestandes und seiner Organe gesetzlich geregelt. Deswegen können – so die Argumentation weiter – diese Gesetze keine typisch nationalsozialistischen Gesetze und kein gesetzliches Unrecht sein:

> „Die Rechtsgültigkeit der Standgerichtsverordnung läßt sich hiernach nur dann leugnen, wenn man schlechthin dem Hitlerstaat jede Fähigkeit absprechen will, Recht zu setzen oder wenn man die Auffassung vertritt, daß die Verbindlichkeit der Verordnung deshalb entfiele, weil sie im Interesse der Weiterführung eines, wie unterstellt werden mag, völkerrechtswidrig begonnenen Angriffskriegs erlassen worden ist (vgl. dazu Arndt 1947 c, Sp. 330 ff.). Demgegenüber schließt sich die Strafkammer der namentlich von Radbruch (SJZ 46, 105 ff.) vertretenen Ansicht an, nach der nur solche ordnungsgemäß verkündeten Gesetze und Verordnungen des Hitlerstaates rechtsungültig waren, die ihrem Inhalt nach klar gegen die Grundsätze der Gerechtigkeit [...] verstoßen [...]. Von den rein kriegsrechtlichen Bestimmungen läßt sich ein solcher Blankettcharakter nicht behaupten, mögen sie auch der Aufrechterhaltung des inneren Regimes zuweilen dienen; denn ihr hauptsächliches Schutzobjekt ist – hiervon unabhängig – die Souveränität des Staates als solcher.“[198]

Der Vergleich mit dem Rechtsstaat und die Charakterisierung der Verordnungen als „rein kriegsrechtliche Bestimmung“ zum Schutz des Staates ignoriert die Einbettung der Verordnungen in die Praxis des Unrechts-Staates. Die durch die Normen ermöglichte, von den NS-Machthabern gewollte und tatsächlich praktizierte Bestrafung von sogenannten defätistischen Äußerungen auch im engsten Familienkreis und die Verhängung langer Zuchthausstrafen oder gar der Todesstrafe wegen des Abhörens von ausländischen Sendern ist ein grober Verstoß gegen rechtsstaatliche Maßstäbe und menschenrechtliche Kerngarantien. Die Verordnungen dienten in der NS-Unrechts-Praxis nicht in erster Linie dem Schutz des Staates, sondern vor allem der Verfolgung Andersdenkender und sollten diesem Ziel auch dienen. Das Ergebnis, dass ein Gesetz, das für das Äußern von Kritik an Hitler und andere sogenannte defätistische Handlungen harte

195 RGBl. I. S. 1639.

196 RGBl. 1939 I S. 1455.

197 RGBl. I S. 30.

198 LG Weiden, 19.2.1948, Rüter II, S. 235 (275 f.); ebenso LG Aschaffenburg, 6.12.1948, Rüter III, S. 625 (649).

Strafen bis zur Todesstrafe vorsah, nicht gesetzliches Unrecht ist, entspricht wohl nicht Radbruchs Auffassung. Radbruch sagt:

> „Ohne Rechtscharakter sind auch all jene Strafdrohungen, die ohne Rücksicht auf die unterschiedliche Schwere der Verbrechen, nur geleitet vom momentanen Abschreckungsbedürfnis, Straftaten verschiedenster Schwere mit der gleichen Strafe, häufig mit der Todesstrafe, bedrohten."[199]

Auf die Unerträglichkeit der mit dem Vergleich zum Rechtsstaat einhergehenden Aufwertung der NS-Gesetze zum rechtsstaatlichen Recht und des NS-Staates zum „im Notstande befindlichen Rechtsstaat"[200] wies der OGH mehrfach mit scharfen Worten hin:

> „Die vergleichenden Hinweise des Schwurgerichts auf gewisse Rechtsentwicklungen in England, der Schweiz und den Vereinigten Staaten sind sachlich unzutreffend. Straftaten, die sich etwa als ‚Wehrkraftzersetzung' kennzeichnen lassen, sind im Kriege allerdings überall denkbar. Ein despotischer Staat, der die Menschenrechte seinen Zielen bedenkenlos unterordnet, versteht und benutzt den Begriff der Wehrkraftzersetzung aber anders als ein Rechtsstaat. [...] englische Bürger [werden nicht, C.L.] wegen zweifelhafter Äußerungen im Familienkreise über die Kriegslage *willkürlicher* Polizeiverfolgung und einer weithin gelenkten Sonderjustiz, grausam harten Strafen und Konzentrationslagermethoden [ausgesetzt]. [...] Nicht auf die etwaige Strafbarkeit arger Quertreibereien nach rechtsstaatlichen, gerecht gehandhabten Grundsätzen kommt es an, sondern auf die grausame, willkürliche ‚Ausmerzung' Andersdenkender oder auch nur Zweifelnder, die der nationalsozialistische Staat derart zum Grundsatz erhoben hatte, daß sich ein Vergleich mit rechtsstaatlich gesinnten Völkern verbietet [...] *Diesen grundsätzlichen, rechtlich entscheidenden Unterschied verkennt das Schwurgericht.*"[201]

ff) Ergebnis

Der Umschwung der Prüfungskriterien ab Ende 1946 / Mitte 1947 fällt zusammen mit einer Änderung des gesellschaftlichen Gesamtklimas von Neubeginn zu Restauration, die gut an der personellen Restauration der Justiz in dieser Zeit ablesbar ist.[202] Diese zeitliche Parallelität zeigt, dass die Beantwortung der Frage nach dem typisch nationalsozialistischen Gesetz sich nicht im „luftleeren Raum" vollzog, sondern das Ergebnis dieses Wandels ist, insbesondere von dem „Vor-

---

199 Radbruch 1946 b, S. 107 r. Sp.

200 OGHSt 1, 238 (241), 4.1.1949.

201 OGHSt 1, 385 (386 f.), 20.4.1949, Hervorheb. im Urteil; ähnlich OGHSt 2, 17 (18), 10.5.1949 und OGHSt 1, 238 (241), 4.1.1949.

202 Wenzlau 1979.

verständnis“ der ab 1947 verstärkt in die Justiz eindringenden NS-Juristen abhing.[203]

Die entwickelten Prüfungskriterien für das Vorliegen typisch nationalsozialistischer Gesetze bzw. gesetzlichen Unrechts stehen der Radbruchschen Verleugnungsthese entgegen, die die Motive des Gesetzgebers einbezog. Der Zusammenhang der Gesetze zur Rechtspraxis des Unrechts-Staates wird ignoriert. Das Ergebnis ist ein „entnazifiziertes“ nationalsozialistisches Recht, ein „reingewaschenes“ NS-Gesetz durch dessen Reduzierung auf einen angeblich rechtsstaatlichen, objektiven Wortlaut.

Das Abstellen auf den objektiven Wortlaut, die bereinigende Auslegung und die Unterstellung der NS-Gesetze unter einen rechtsstaatlich-rationalen Rechtsbegriff und eine entsprechende Gesetzesauslegung sind „Formen des geräuschlosen Aussteigens aus der NS-Verfassung“.[204] Sie ermöglichten es, die NS-Gesetze als „normales Abweichen des ‚Seins' von dem rechtlichen ‚Sollen' zu bewältigen“,[205] ohne sich die fundamentale Differenz zwischen einem rechtsstaatlichen und dem nationalsozialistischen Recht vergegenwärtigen zu müssen. Die genannten Prüfungskriterien erweisen sich damit als Grundlage der Konstruktion einer Kontinuität des Rechts über 1945 hinaus.

II. Die Auseinandersetzung um das Kontrollratsgesetz Nr. 10

1. Die Einengung des Tatbestands

Eine erste Argumentationslinie gegen das KRG 10 bestand darin, die Ahndung von NS-Verbrechen nach dem KRG 10 durch die Entwicklung zusätzlicher, nicht im KRG 10 enthaltener Tatbestandsvoraussetzungen zu begrenzen.[206] So wurde es für die Bejahung des objektiven Tatbestands nicht für ausreichend gehalten, dass die Tat in Zusammenhang mit der Gewalt- und Willkürherrschaft des Nationalsozialismus stand, sondern der Täter musste gehandelt haben, um

---

203 Vgl. Stolleis 1982, S. 398, S. 400.

204 Kirn 1972, S. 64. Auf S. 69 heißt es bei Kirn weiter: „[...] indem [die deutsche Jurisprudenz] einen normativ-rationalen Rechtsbegriff stillschweigend allen rechtlichen Erörterungen voraussetzte, beseitigt sie rückwirkend aber geräuschlos die Essenz von NS-Verfassung und NS-Recht. Der Sinn dieses Verfahrens war es, eine Kontinuität der Masse des schon vor 1933 geltenden positiven Rechts zu gewährleisten, ohne dessen Substanzveränderung in der NS-Verfassung juristisch verarbeiten zu müssen.“

205 Ebd., S. 69.

206 Dies vor allem bei der Bestrafung von Denunzianten, deswegen eingehendere Erörterungen unter E. IV.

die NS-Herrschaft zu unterstützen oder aufrechtzuerhalten.[207] Zweitens sollte die Tat kein Einzeldelikt sein dürfen, sondern musste sich als Teilnahme an einem Massenverbrechen darstellen.[208] Besonders an den subjektiven Tatbestand, der im KRG 10 nicht geregelt war, wurden von der Rechtswissenschaft und der Rechtsprechung Anforderungen gestellt, die zur Beschränkung der Strafbarkeit führten. Zum Beispiel wurde verlangt, dass der Täter mit einem bestimmten politischen Motiv oder aus unmenschlicher Gesinnung gehandelt haben müsse.[209]

2. Das Verhältnis von deutschem Strafrecht und Kontrollratsgesetz Nr. 10

Die Frage, wie eine Handlung zu beurteilen sei, die zugleich ein Verbrechen gegen die Menschlichkeit und eine Straftat nach deutschem Recht darstellt, war in Rechtsprechung und Rechtslehre umstritten.[210] Vier Lösungswege wurden 1947 vorgeschlagen. Nach einer ersten Ansicht war das KRG 10 subsidiär, das heißt nur dann anzuwenden, wenn eine Handlung nach dem Strafgesetzbuch nicht strafbar war oder der Straftatbestand des Strafgesetzbuchs zur Ahndung des Verbrechens nicht ausreichte.

> „Für das Verfahren vor den deutschen Gerichten ist aber grundsätzlich in erster Linie das deutsche Strafgesetz maßgebend und in der Regel auch ausreichend."[211]

Der Fall, dass Straftatbestände des Strafgesetzbuchs nicht verwirklich sind und das KRG 10 somit Anwendung findet, konnte nach dieser Auffassung kaum eintreten, da das KRG 10 nach dieser Auffassung kein neuer, selbständiger Tatbestand, sondern eine Zusammenfassung deutscher Strafgesetze unter einem anderen Terminus ist.[212]

Eine zweite Meinung, wohl die herrschende Meinung in der Rechtsprechung,[213] ging davon aus, dass in dem Fall, in dem die Tat auch nach deutschem

---

207 Erdsiek 1948, Sp. 39.

208 Ebd., Sp. 39; Güde 1947, S. 115.

209 OLG Hamm, 29.11.1947, MDR 1948, S. 94; LG Konstanz, 2.9.1947, MDR 1947, S. 305; Radbruch 1947 e, Sp. 343.

210 Vgl. die Übersicht bei Wimmer 1948, Sp. 253 ff., der von einer „verwirrenden Uneinigkeit" spricht.

211 V. Hodenberg 1947, Sp. 116; OLG Gera, 19.2.1947, NJ 1947, S. 67; OLG Oldenburg, 20.1.1948, Nds. Rpfl. 1948, S. 68; LG Aurich, 21.4.1948, Rüter Bd. II, S. 433; LG Göttingen, 12.2.1951, MDR 1951, S. 312.

212 LG Erfurt-Nordhausen, 7.5.1946, in: Akten des ZJA, 221/1334 hl. 136, S. 7 (Bundesarchiv); Ostendorf, ter Veen 1985, S. 48; Zweifel am Vorliegen eines neuen Tatbestands hat v. Hodenberg 1947, Sp. 117.

213 Vgl. Lange 1948 b, S. 191.

Strafrecht strafbar ist, es zur Ahndung von NS-Verbrechen ausreicht, wenn die Gerichte zwischen einer Verurteilung nach dem KRG 10 und nach deutschem Strafrecht wählen können. Das ergebe sich aus der am 30.8.1946 erlassenen britischen Militärregierungsverordnung Nr. 47,[214] wonach „Alternativklage“ zu erheben ist, wenn eine Handlung zugleich ein Verbrechen gegen die Menschlichkeit und eine deutschrechtliche Straftat darstellt. „Alternativklage“ bedeutet nach dieser Auffassung, dass ein Urteil nur auf das KRG 10 oder nur auf das Strafgesetzbuch gestützt werden kann. Für die Prüfung der Strafbarkeit nach dem KRG 10 sei der Weg eröffnet, ohne dass eine Erörterung über die Anwendbarkeit deutscher Bestimmungen vorausgehen müsse.[215]

Eine dritte Auffassung, wonach die Gerichte, weil sie von Amts wegen eine Tat unter allen möglichen rechtlichen Gesichtspunkten zu prüfen haben, das KRG 10 neben deutschem Strafrecht anwenden müssen, wurde in der Rechtsprechung der Westzonen – soweit nach den veröffentlichten Entscheidungen ersichtlich – nur vom OLG Braunschweig und vom OGH vertreten. Verbrechen gegen die Menschlichkeit und Verstöße gegen deutsche Gesetze stehen danach in Idealkonkurrenz (damals § 73 StGB).[216] „Alternativklage“ bedeutet nach dieser Auffassung, dass die Tat unter beiden rechtlichen Gesichtpunkten geprüft wird.

Die Durchsicht der juristischen Zeitschriften von 1946-1950 ergibt, dass diese Auffassung in der Rechtslehre wohl vorherrschend war.[217] Fraglich ist allerdings, ob die juristischen Zeitschriften die wahren Mehrheitsverhältnisse spiegeln, denn die Militärregierung nahm Einfluss auf die Veröffentlichung von Beiträgen zum KRG 10.[218]

---

214 Amtsbl. der Milreg, Britisches Kontrollgebiet, Nr. 13. S. 306; vgl. zur Verordnung Nr. 47 Broszat 1981, S. 517 f.

215 OLG Hamburg, 1.8.1947, SJZ 1948, Sp. 35 (36); OLG Oldenburg, 23.9.1947, Nds. Rpfl. 1948, S. 17; OLG Köln, 14.10.1947, JR 1948, S. 53; Hünemörder 1947, S. 286; Meyer 1947, S. 111.

216 OLG Braunschweig, 28./29.11.1947, SJZ 1948, Sp. 268; OGHSt 1, 1 (Leitsatz 3 und Seite 4), 20.5.1948; OGHSt 1, 39 (41), 20.7.1948; OLG Hamburg, 18.6.1947, MDR 1947, S. 241 (242) ist nicht eindeutig zu entnehmen, ob für Idealkonkurrenz oder Wahlanklage plädiert wird. In der Sowjetischen Besatzungszone: OLG Dresden, 19.2.1947, NJ 1947, S. 67; OLG Halle, 16.6.1947, NJ 1947, S. 166; OLG Schwerin, 25.8.1947, NJW 1948, S. 147.

217 Schmidt 1946, S. 4; Radbruch 1947 e, Sp. 345; Wimmer 1948, Sp. 254 ff.; Lange 1948 b, Sp. 191; Werner 1949, S. 173.

218 Vgl. Broszat 1981, S. 529.

Nach einer vierten vertretenen (Minder-)Meinung ist das KRG 10 lex specialis, das heißt bei der Ahndung von NS-Verbrechen allein anzuwenden.[219] Das wird damit begründet, dass die Anwendung des deutschen Strafrechts den Eindruck erwecke, als seien die NS-Verbrechen das vereinzelte Abweichen von einer sonst intakten Rechts- und Staatsordnung gewesen. Denn das deutsche Strafrecht

> „baut auf der Voraussetzung auf, daß eine von der vollziehenden Gewalt geachtete und behütete Rechtsordnung besteht und daß das Strafrecht dazu dient, einen Angriff abzuwehren, der sich gegen die solchermaßen geschützte Rechtsordnung richtet. Die Handlungen der Angeklagten aber hielten die von der vollziehenden Gewalt eingeschlagene Richtung ein. Das Staatsoberhaupt hatte die bestehende rechtliche Ordnung [...] selbst zerstört."[220]

Der dritten Auffassung, wonach das deutsche Strafrecht und das KRG 10 nebeneinander anzuwenden sind, ist zuzustimmen. Dafür, dass das KRG 10 neben deutschem Strafrecht anzuwenden war, spricht, dass das KRG 10 ein selbständiger, über das deutsche Strafrecht hinausgehender Tatbestand ist.[221] Das KRG 10 wurde geschaffen, weil davon ausgegangen wurde, dass das deutsche Strafrecht, das jede Handlung als Einzeldelikt betrachtet, den kriminellen Gehalt der NS-Verbrechen und den

> „besonderen Unrechtsgehalt der massenhaften Häufung nicht erfassen kann. Es handelt sich um das Problem des Übergangs der Quantität in die andere Qualität."[222]

Dem KRG 10 wurde auch Genüge getan, wenn deutsches Strafrecht neben ihm angewendet wurde.[223] Die zusätzliche Anwendung des Strafgesetzbuchs neben dem KRG 10 war zudem aus einem rechtspolitischen Grund wichtig. Wenn auch nach deutschem Strafrecht geurteilt wurde, wurde den Angeklagten deutlich, dass ihre Taten schon zur Zeit ihrer Begehung strafbar waren und sie nicht Opfer einer Zwangsjustiz der Siegermächte waren.

---

219 Kraus 1948, S. 76; LG Konstanz, 28.2.1947, Tillessen-Urteil, SJZ 1947, Sp. 337 (342); OLG Gera, RegBl. Thür. 1948 II, S. 61; OLG Tübingen, 14.3.1950, Rüter, Bd. V, S. 122.

220 OLG Tübingen ebd., S. 122.

221 Schmidt 1946, S. 1 ff.; Kraus 1948, S. 73 f.; Feldmann 1948, S. 9 ff.; Güde 1947, S. 114; Radbruch 1947 e, Sp. 133; Wimmer 1947, Sp. 120; Strucksberg 1947, S. 277; OLG Köln, 14.10.1947, JR 1948, S. 53.

222 Güde 1947, S. 114; ähnlich Wimmer 1947, Sp. 129.

223 Wimmer 1948, S. 255.

3. Der Verstoß gegen das Rückwirkungsverbot

Wesentlicher Kritikpunkt am KRG 10 war, dass das Gesetz das rechtsstaatliche Rückwirkungsverbot verletze.

a) Die Diskussion in der Rechtslehre

Schon 1945, neun Tage vor dem Erlass des KRG 10, bezog Lange in einem Gutachten zur Frage, ob die Aburteilung von Denunzianten ein rückwirkendes Gesetz erfordere, Stellung gegen eine rückwirkende Regelung. Er meinte, dass ein solches Gesetz gegen Artikel IV Ziff. 7 MilRegG 1 verstoße. In dem Gutachten heißt es:

> „Anklagen dürfen nur erhoben, Urteile nur erlassen und Strafen nur verhängt werden, falls ein zur Zeit der Begehung der Handlung in Kraft befindliches Gesetz diese Handlung ausdrücklich für strafbar erklärt.“ [224]

Aus Artikel IV Ziff. 7 MilRegG 1 ein Verbot zum Erlass rückwirkender Gesetze abzuleiten, stimmt mit dem Zweck des MilRegG 1 nicht überein. Das MilRegG 1 wollte nur nationalsozialistische Vorschriften, die die rückwirkende Bestrafung zulassen, aufheben. Es sollte damit kein Grundsatz für die künftige alliierte Gesetzgebung aufgestellt werden.[225] Das ergibt sich schon daraus, dass die Alliierten das KRG 10 mit „voller Klarheit und betonter Absicht“ trotz des MilRegG 1 erlassen haben.[226]

Auch abgesehen vom MilRegG 1 ist nach Lange ein rückwirkendes Gesetz unvertretbar, da

> „das demokratische Recht seinen Neuaufbau unmöglich mit einer Verletzung seines fundamentalsten Grundsatz beginnen [dürfe].“[227]

Beide Argumente wurden von Schmidt, v. Hodenberg und Feldmann[228] aufgegriffen und verbunden mit der an die Alliierten adressierten Forderung, die Anwendung des KRG 10 durch deutsche Gerichte nicht zu ermöglichen.[229] Die Richter wurden aufgefordert zu prüfen, ob sie dem KRG 10 nicht wegen der Verletzung des Rückwirkungsverbots die Anwendung versagen müssten.[230] Von Hodenberg, der sich 1947 durch einen Artikel in der Sondernummer der SJZ vom März 1947 an die Spitze der Opposition gegen das KRG 10 setzte, füg-

224 Lange 1945, S. 2.
225 Graveson 1947, S. 278; a. M. Feldmann 1948, S. 19 f.
226 Bader 1946, S. 141.
227 Lange 1945, S. 2.
228 V. Hodenberg 1947; Schmidt 1946; Feldmann 1948.
229 Schmidt 1946, S. 16, 11.
230 Feldmann 1948, S. 20 f.; v. Hodenberg 1947, Sp. 119.

te ein weiteres Argument hinzu. Er meinte, dass das KRG 10, das durch die rückwirkende Bestrafung von NS-Verbrechen einer „höheren Gerechtigkeit" zu dienen glaube, genau wie im Nationalsozialismus eine Bestrafung nach dem Rechtsgefühl der Volksgemeinschaft vornehme und dadurch, wie das NS-Recht, jede Rechtsstaatlichkeit und Rechtssicherheit negiere:

> „Wenn dabei darauf hingewiesen wird, daß die Forderung nach der Anwendung ‚höherer Gerechtigkeit' eine allgemeine Forderung, also eine Forderung der Volksgemeinschaft sei, so wird an die Stelle des den Richter bindenden Gesetzes – genau wie in der Nazizeit – ‚das gesunde Rechtsgefühl der Volksgemeinschaft' gesetzt. Es wird dabei im Ergebnis wiederum dieses Rechtsgefühl der Volksgemeinschaft in Gegensatz gestellt zu dem durch das formale Gesetz gewährleisteten Schutz des Individuums, es würde also auch insoweit der 1935 betonte, damals neue Grundsatz der Nazizeit durchgesetzt, daß der ‚Schutz der Volksgemeinschaft den unbedingten Vorrang vor den Belangen des Individuums' zu beanspruchen habe."[231]

Die Gleichsetzung des KRG 10 mit dem NS-Recht verkennt, dass die Rechtsunsicherheit im NS-Staat zum generellen Prinzip erhoben wurde.[232] Der Vergleich zwischen dem KRG 10 und NS-Recht erhebt das NS-Recht zum ein wenig von der Norm abweichenden rechtsstaatlichen Recht, bewertet das KRG 10 als späten Ausfluss nationalsozialistischen Rechtsdenkens und verwischt dadurch die Grenze zwischen Rechtsstaat und Unrechts-Staat.

Die Gegenmeinung, wonach das KRG 10 das Rückwirkungsverbot nicht verletze, kann sich auf eine Vielfalt von Argumenten stützen, die sich dadurch auszeichnen, dass sie das Rückwirkungsverbot rückbeziehen auf seine das Individuum schützende, Gerechtigkeit und Rechtssicherheit intendierende Funktion und es einbinden in die Lehre vom übergesetzlichen Recht. Dabei sind zwei Argumentationslinien zu unterscheiden:

1. Das Rückwirkungsverbot ist durch das KRG 10 nicht verletzt.
2. Das Rückwirkungsverbot ist zwar verletzt, aber eine Ausnahme vom Rückwirkungsverbot ist hinsichtlich der vom KRG 10 für strafbar erklärten Verbrechen nicht nur gerechtfertigt, sondern geboten.

Zu 1.

Nach einem vor allem von Radbruch vertretenen „Naturrechtsargument" wirkt das KRG 10 nicht zurück, weil die Taten, die das KRG 10 für strafbar erklärt,

---

231 V. Hodenberg 1947, Sp. 120; ähnlich Lange auf einer strafrechtlichen Arbeitstagung am. 24.1.1946 in: Akten des ZJA 21/1334 fol. 140 f. (Bundesarchiv); vgl. Broszat 1981, S. 492.

232 So die Kritik von Wimmer 1947, Sp. 126; Strucksberg 1947, S. 278.

schon zur Zeit ihrer Begehung – in nicht positivierter Form – nach übergesetzlichem Recht Verbrechen waren.

> „Es ist hier nicht der Ort, den Gedanken des übergesetzlichen Rechtes und eines gesetzlichen Unrechts erneut aufzurollen. Dieser Gedanke interessiert hier nur im Zusammenhang der Darlegung, wann Gesetze rückwirkend erlassen werden können, nämlich nur dann, wenn sie eigentlich nicht zurückwirken, weil dem Rechtsinhalt solcher Gesetze entsprechendes, übergesetzliches Recht schon zur Zeit der Tat galt."[233]

Danach kommt dem KRG 10 nur deklaratorische, nicht rückwirkend strafbegründende Bedeutung zu. Die bestehende ethische Verbotsnorm werde nur positiv-rechtlich festgeschrieben.[234] Deswegen liege vom naturrechtlichen Standpunkt „gar keine Rückwirkung"[235] vor. Denn jedermann wisse, was nach übergesetzlichem Recht verboten sei; die Gebote der Menschlichkeit kenne jeder.[236]

Ein zweites, ebenfalls von Radbruch vorgebrachtes Argument, das sogenannte case-law-Argument, besagt, dass ein Widerspruch zwischen dem KRG 10 und dem Rückwirkungsverbot auch deshalb nicht bestehe, weil das Rückwirkungsverbot nur für kodifiziertes Strafrecht und nicht für das case law oder common law des anglo-amerikanischen Rechtskreises gelte. Ein Rückwirkungsverbot könne für Fallrecht, das „judge made law", wie es das KRG 10 darstelle, nicht gelten, da es

> „im Wesen des judge made law [liegt], zurückzuwirken: der erste Fall einer neuen Rechtsprechung fällt notwendig unter ein Recht, das noch nicht bestand, als er sich verwirklichte. Das gilt nicht nur nach englischem, sondern auch nach unserem eigenen Recht. Als z. B. unser Reichsgericht dazu überging, den bisher als straflos angesehen Betrug bei unsittlichen Verträgen als strafbare Handlung zu kennzeichen, kam in dem erste Falle der neuen Rechtsprechung die von ihr vertretene Rechtsansicht auf eine Tat zur Anwendung, die noch unter der alten Rechtsansicht begangen war".[237]

Drittens wird vorgebracht, dass das Rückwirkungsverbot für die Alliierten nicht gelte. Vielmehr sei der deutsche Richter jedem Gesetz – auch dem rückwirkenden –, das vom Kontrollrat erlassen wurde, zum Gehorsam verpflichtet.[238] Mit dem puren Gehorsam gegenüber Gesetzesbefehlen der Besatzungsmächte war

---

233 Radbruch 1947 d, Sp. 136; ders. 1947 b, S. 5; ders. 1948, Ausgabe 1959, S. 109; Lange 1948 a, Sp. 303; Bauer 1968, S. 307; Güde 1947, S. 114.

234 Wimmer 1947, Sp. 127.

235 Radbruch 1947 d, Sp. 135; ders. 1947 c, S. 22.

236 Zum Problem der Rechtsblindheit vgl. E. III.

237 Radbruch 1947 d, Sp. 134; ähnlich ders., 1947 e, Sp. 344; Kisselbach 1947, S. 4; Meyer 1947, S. 112; Werner 1949, S. 170 Fn. 4.

238 Kisselbach 1947, S. 2; Graveson 1947, S. 278.

der um rechtliche Begründung bemühten Diskussion kaum ein guter Dienst erwiesen.[239]

zu 2.

Nach einer zweiten Meinung verletzt das KRG 10 zwar das Rückwirkungsverbot, doch sei die Durchbrechung dieses Verbots vom Standpunkt der Gerechtigkeit und Rechtssicherheit bei Verbrechen gegen die Menschlichkeit ausnahmsweise geboten.[240] Nach Wimmer besteht sogar eine staatliche *Verpflichtung* zum rückwirkenden Unter-Strafe-Stellen von NS-Verbrechen. Denn es lagen eine große Anzahl von schweren Verbrechen vor, die aus politischen Gründen nicht bestraft worden sind. Deswegen sei zur Wiederherstellung der Rechtssicherheit und der Gerechtigkeit dieses Pflichtversäumnis zu korrigieren.[241]

> „Wir glauben damit folgendes bewiesen zu haben: Es besteht eine unabweisbare ethische Verpflichtung des Staates, *alle* Humanitätsverbrecher zu bestrafen, und es gibt keinen anderen Weg zur Sühnung und Prävention; das deutsche Strafrecht reicht hierzu nicht in allen Fällen und in jeder Beziehung aus; insoweit hat der Grundsatz ‚n.c.s.l.' [nullum crimen sine lege, C.L.] ausnahmsweise zurückzutreten hinter der ethischen Notwendigkeit, ein neues, rückwirkendes Ausnahmestrafgesetz zu schaffen. Durch dieses Ausnahmegesetz ist im allgemeinen und für die Zukunft das Grundrecht nicht angetastet. Ja, die Rechtssicherheit im ganzen, von der dieses Grundrecht nur ein Teil ist, kann im Bewußtsein der Rechtsgenossen und in den Augen der ganzen zivilisierten Menschheit nur dann wiederhergestellt werden, wenn das Grundrecht nicht dazu mißbraucht wird, die vergangenen Verbrechen gegen die Menschlichkeit teilweise ohne die gerechte Strafe zu lassen."[242]

Die Notwendigkeit der ausnahmsweisen Durchbrechung des Rückwirkungsverbots lässt sich am überzeugendsten mit seiner Funktion begründen. Das Rückwirkungsverbot hat zwei Bestandteile: Es schützt den Einzelnen vor der Bestrafung eines Verhaltens, das im Zeitpunkt der Tat nicht gesetzlich für strafbar erklärt ist (nullum crimen sine lege = kein Verbrechen ohne Gesetz) und vor einer willkürlichen Strafzumessung (nulla poena sine lege = keine Strafe ohne Gesetz). Das Rückwirkungsverbot schützt also den Bürger vor dem (strafenden) Staat. Es ist historisch eng verbunden mit dem Kampf des liberalen Bürgertums für den Rechtsstaat und für die Herrschaft des Gesetzes.[243] Es ist funktional auf eine rechtsstaatliche Ordnung bezogen. Wird das Rückwirkungsverbot aus die-

239 Broszat 1981, S. 524.

240 Wimmer 1947, Sp. 124 ff.

241 Ebd., Sp. 129 f.

242 Ebd., Sp. 130 f.; ähnlich Graveson 1947, S. 280; Strucksberg 1947, S. 279; Lange 1948 d, S. 155.

243 Neumann 1936, Ausgabe 1980, S. 257.

sem Zusammenhang des Kampfes um Individualrechtsschutz und Rechtsstaatlichkeit gelöst, und übertragen auf die Frage, ob die NS-Verbrechen des Staates und seiner Handlanger einer Ahndung zugeführt werden dürfen, dann wird das Schutzobjekt und damit die rechtsstaatliche Funktion des Rückwirkungsverbots ins Gegenteil verkehrt. Es wird zum Garanten der sanktionsfreien Willkür-Staatsgewalt des NS-Systems.[244] Die Schlussfolgerung liegt auf der Hand:

> „Nur wenn das Rückwirkungsverbot gegenüber einem terroristischen Staatsapparat, der es grundsätzlich mißachtete, für menschenrechtliche Kerngarantien formell durchbrochen wurde, konnte es seine eigentliche Funktion, die Staatsgewalt an Strafexzessen gegenüber den Individuen zu hindern, auch wirklich erfüllen.“[245]

Dieses „Funktionsargument“ findet sich auch bei Radbruch. Weil der Satz nulla poena sine lege

> „Ausdruck eben jener Idee der Freiheit, der Menschenwürde, der Humanität [ist] [...] hört zumindest die Rechtfertigung und möglicherweise auch die Geltung des Satzes ‚nulla poena sine lege‘[246]

mit der Erkenntnis auf, „daß der ganze Rechtsboden, auf dem der Nationalsozialismus zu stehen vorgab, kein Rechtsboden war“.[247] Deswegen könne der Satz „nullum crimen sine lege nur in sehr formalistischem Sinn auf das gesetzliche Unrecht jener Zeit Anwendung finden.“[248]

Die Durchsicht der juristischen Zeitschriften legt den Schluss nahe, dass die Mehrheit der Juristen den Argumenten von Radbruch und Wimmer folgte.[249] Broszat, der neben anderem unveröffentlichten Material die Akten des Zentral-Justizamtes für die Britische Zone auswertete, kommt dagegen zum Ergebnis, dass Juristen der Britischen Zone in ihrer Mehrheit das KRG 10 wegen der Verletzung des Rückwirkungsverbots ablehnten.[250] Diese Diskrepanz zwischen veröffentlichter und nichtveröffentlichter Meinung könnte mit der alliierten Veröffentlichungskontrolle zu erklären sein. Das Zentral-Justizamt für die Britische Zone wurde durch die britischen Besatzungsbehörden angewiesen, die Veröffentlichung von Artikeln, die sich ablehnend zum KRG 10 äußerten, zu verhin-

---

244 Vgl. zum Ganzen Perels 1984, S. 369.

245 Ebd.

246 Radbruch 1947 a, S. 2.

247 Radbruch 1947 d, Sp. 136.

248 Ebd.; ähnlich Graveson 1947, S. 280.

249 Werner NJW 1949, S. 170; Lange 1948 c, Sp. 556; Graveson 1947, S. 280; Jagusch 1948, Sp. 620; Strucksberg 1947, S. 277; Kisselbach 1947, S. 2.

250 Broszat 1981, S. 527.

dern. Gleichzeitig bemühte sich die britische Militärregierung um Publizierungsmöglichkeiten für Juristen, die den Artikel Hodenbergs kritisierten.[251]

b) Die Diskussion in der Rechtsprechung

In den juristischen Zeitschriften der Jahre 1946 bis 1950 ist nur ein Urteil veröffentlicht, das die Anwendung des KRG 10 wegen der Verletzung des Rückwirkungsverbots ablehnte. Das LG Siegen lehnte am 8.5.1947 die Eröffnung der Hauptverhandlung gegen einen Denunzianten mit der Begründung ab, dass das Rückwirkungsverbot als naturrechtlicher Grundsatz keine Ausnahme dulde.[252] Der Beschluss wurde durch das OLG Hamm mit einer an Wimmer angelehnten Begründung aufgehoben: Das Rückwirkungsverbot könne im Interesse der materiellen Gerechtigkeit im Einzelfall, besonders wenn Taten mit starkem Unrechtsgehalt anders nicht zu ahnden seien, durchbrochen werden.[253] Daraufhin nahm das LG Siegen von seinen geäußerten Bedenken Abstand und erklärte, dass die „besonders gemeine, da ausschließlich aus Rachsucht erfolgte Denunziation" nach dem KRG 10 zu bestrafen sei, insbesondere weil „deren Verwerflichkeit für den Angeklagten zur Zeit der Tat evident war".[254]

Die in den juristischen Zeitschriften veröffentlichten Oberlandesgerichtsurteile übernehmen 1947 die von der Rechtslehre entwickelten Argumente, um die Vereinbarkeit des KRG 10 mit dem Rückwirkungsverbot zu begründen.[255] Das Bild, das die Oberlandesgerichte liefern, entspricht wohl nicht den Mehrheitsverhältnissen bei den Untergerichten. Denn Güde schreibt im April 1947, dass die deutsche Rechtsprechung „unverkennbar Hemmungen" habe, das KRG 10 wegen seiner fehlenden Tatbestandsbestimmtheit und wegen des Rückwirkungsverbots anzuwenden.[256] Erst im Laufe des Jahres 1949, nach einjähriger Entscheidungspraxis des OGH, scheinen die Gerichte dem OGH weitgehend

251 Vgl. ebd., S. 527 f.

252 LG Siegen 8.5.1947, MDR 1947, S. 203.

253 OLG Hamm 21.6.1947, MDR 1947, S. 205.

254 LG Siegen 9.9.1947, Rüter, Bd. I, S. 663 (668).

255 Das case-law-Argument: OLG Hamburg 18.6.1947, MDR 1947, S. 241 (242); OLG Braunschweig 29.11.1947, NJW 47/48, S. 353; LG Freiburg 9.12.1947, Rüter, Bd. I, S. 681 (688 f.); Das Argument Gehorsam gegenüber Gesetzesbefehlen der Besatzungsmächte: OLG Köln 14.10.1947, JR 1948, S. 53; LG Offenburg 24.5.1949, Rüter, Bd. IV, S. 57 (62); Das Gerechtigkeitsargument: OLG Hamm 21.6.1947, MDR 1947, S. 205; KG 12.2.1947, DRZ 1947, S. 334; OLG Köln 14.10.1947, JR 1948, S. 53; LG Bückeburg 24.06.1949; Rüter, Bd. IV, S. 47 (49); OLG Braunschweig 24.11.1947, NJW 1947/48, S. 353; Das Funktionsargument: KG Berlin 17.5.1957, DRZ 1947, S. 308 (308 f.).

256 Güde 1947, S. 111.

zu folgen. Dass dieses Ergebnis erst nach langen Auseinandersetzungen zwischen dem OGH und den Untergerichten erzielt wurde, belegen die Urteile des OGH. Der OGH musste sich wiederholt zur Verletzung des Rückwirkungsverbots äußern.[257] Dabei hatte der OGH schon in seinem ersten, in der amtlichen Entscheidungssammlungen veröffentlichten Urteil vom 4.5.1948,[258] in dem er das „Naturrechtsargument" Radbruchs und das „Gerechtigkeitsargument" Wimmers übernimmt, festgestellt, dass die Durchbrechung des Rückwirkungsverbots unverzichtbar sei, wenn nicht Gerechtigkeit *und* Rechtssicherheit schweren Schaden nehmen sollen:

> „Ungerecht ist eine solche [rückwirkende, C.L.] Anordnung nicht, und deshalb braucht sich der deutsche Richter in seinem Gewissen nicht belastet zu fühlen, die Vorschrift anzuwenden. Rückwirkende Bestrafung ist ungerecht, wenn die Tat bei ihrer Begehung nicht nur nicht gegen eine positive Norm des Strafrechts, sondern auch nicht gegen das Sittengesetz verstößt. Bei Verbrechen gegen die Menschlichkeit ist davon nicht die Rede. Nach der Auffassung aller sittlich empfindenden Menschen wurde schweres Unrecht begangen, dessen Bestrafung rechtsstaatliche Pflicht gewesen wäre. Die nachträgliche Heilung solcher Pflichtversäumnisse durch rückwirkende Bestrafung entspricht der Gerechtigkeit. Das bedeutet auch keine Verletzung der Rechtssicherheit, sondern die Wiederherstellung ihrer Grundlage und Voraussetzung. Unrechtssicherung ist nicht die Aufgabe der Rechtssicherheit."[259]

Auch das „Funktionsargument" findet in prägnanter Formulierung Eingang in die Rechtsprechung des OGH:

> „Das Rückwirkungsverbot gehört aber zu den Rechtsgrundsätzen, die dem Staatsabsolutismus im Kampf für die Menschen- und Bürgerrechte abgerungen worden sind, um den Bürger gegen Staatswillkür zu schützen. Daher empfängt es seinen Sinn. Es hieße aber, diesen Sinn ins Gegenteil zu verkehren, wenn das Rückwirkungsverbot dazu dienen sollte, die gerechte Sühne für solche Verbrechen zu vereiteln, die gerade in der Betätigung schrankenloser *Staatswillkür* bestanden. Das Kontrollratsgesetz Nr. 10 verstößt deshalb, auch wenn es auf vor seinem Inkrafttreten begangene Handlungen angewendet werden will, nicht gegen den dem Rückwirkungsverbot zugrundeliegenden Rechtfertigungsgrund."[260]

257 Zum Beispiel: OGHSt 1, 1 (4 f.), 4.5.1948; OGHSt 2, 334 (335), 12.7.1949; OGHSt 2, 231 (232 ff.), 18.10.1949; OGHSt 2, 375 (378 f.), 21.3.1950.

258 OGHSt 1,1, 4.5.1948.

259 OGHSt 1, 1 (5), 4.5.1948; ähnlich OGHSt 2, 231 (232 f.),18.10.1949; OGHSt 2, 375 (380 f.), 21.3.1950.

260 OGHSt 2, 375 (380), 21.3.1950, Hervorheb. im Urteil.

III. Die Anwendung des Kontrollratsgesetzes Nr. 10 durch deutsche Gerichte

1. Statistische Auswertung

Eine Erfassung der rechtskräftigen Ab- und Verurteilungen von NS-Verbrechen nach dem KRG 10 durch deutsche Gerichte in Westdeutschland (ohne West-Berlin und Saarland) liegt nur für die Jahre 1950 und 1951 vor.

Tabelle 1: Die rechtskräftig Abgeurteilten nach dem KRG 10 durch deutsche Gerichte in Westdeutschland (ohne West-Berlin und Saarland) (1)

Jahr	Abgeurteilte	Verurteilte	Freispruch	Verfahrenseinstellung	Verurteilungsquote (2) (gerundet)	Freispruchquote (2) (gerundet)	Einstellungsquote (2) (gerundet)
1950	1472	510	453	509	35 %	31 %	35 %
1951	394	110	129	155	28 %	33 %	39 %

(1) Erstellt auf der Grundlage von: Statistik der Bundesrepublik Deutschland Bd. 110: Die Kriminalität in den Jahren 1950 und 1951

(2) Verhältnis der Zahl der Verurteilten, Freigesprochenen oder der Einstellungen zur Zahl der Abgeurteilten

Daraus geht hervor, dass 1950 und 1951 noch 1.866 Personen nach dem KRG 10 angeklagt, aber nur 620 Personen, das heißt rund ein Drittel, verurteilt wurden. Es ist nicht möglich, diese Statistik um die Jahre 1946 bis 1949 zu ergänzen, um eine Aussage über den Zusammenhang von gesamtgesellschaftlicher Restauration und Anwendung des KRG 10 machen zu können. Denn die Statistischen Landesämter verfügen zum Teil über kein oder nur unvollständiges Zahlenmaterial zum KRG 10. Folgendes Zahlenmaterial liegt vor:

Länder der amerikanischen Zone:

Bayern: Angaben über Straftaten nach dem KRG 10 liegen nicht vor.[261]

Bremen: In den Kriminalitätsstatistiken des Landes Bremen sind Verurteilungen nach dem KRG 10 nicht nachgewiesen.[262]

Württemberg-Baden: Ergebnisse liegen nur für 1951 vor. Von 11 Angeklagten wurden 5 verurteilt und 6 freigesprochen.[263]

261 Mitteilung des Bayerischen Landesamtes für Statistik und Datenverarbeitung vom 12.7.1988 an die Autorin.

262 Miteilung der Freien Hansestadt Bremen, Statistisches Landesamt, vom 3.8.1988 an die Autorin.

263 Mitteilung des Statistischen Landesamtes Baden-Württemberg vom 18.7.1988 an die Autorin.

Hessen: In den Kriminalstatistiken der Jahre 1946, 1947, 1950 und 1951 ist das KRG 10 nicht gesondert ausgewiesen bzw. Verurteilungen nicht nachgewiesen.[264] Für 1948 und 1949 liegen folgende Zahlen vor:[265]

1948: 4 Angeklagte wurden verurteilt.

1949: 29 Abgeurteilte, davon 22 Verurteilte, 5 Freisprüche, 2 Verfahrenseinstellungen.

Länder der französischen Besatzungszone:

Süd-Baden: Zahlen liegen nur für 1951 vor: 3 Angeklagte wurden verurteilt.[266]
Württemberg-Hohenzollern: Es liegen keine Angaben vor.
Saarland: Das beim Statistischen Amt des Saarlandes vorliegende Material enthält keine Aussagen zu Verurteilungen nach dem KRG.[267]

Länder der britischen Besatzungszone:

Hamburg: Für 1947 sind 5 Verurteilungen nachgewiesen.[268]
Schleswig-Holstein: Für die Jahre bis 1948 liegen keine Angaben vor.[269] Für die Jahre 1949 -1950 liegen folgende Angaben vor.[270]

1949: 90 Abgeurteilte, davon 34 Verurteilte, 54 Freisprüche, 2 Verfahrenseinstellungen,

1950: 115 Abgeurteilte, davon 29 Verurteilte, 33 Freisprüche, 53 Verfahrenseinstellungen,

1951: 10 Abgeurteilte, davon 2 Verurteilte, 5 Freisprüche, 3 Verfahrenseinstellungen.

Berlin:

Ohne Angabe der Anzahl der eingeleiteten Verfahren, der Freisprüche und der Verfahrenseinstellungen sind folgende Verurteilungen nachgewiesen:[271]

---

264 Mitteilung des Hessischen Statistischen Landesamtes vom 19.7.1988 an die Autorin.

265 Beiträge zur Statistik Hessen (Beiträge Nrn. 27 und 30) für 1946-1949; Mitteilungen des Hessischen Statistischen Landesamtes für 1950/51.

266 Mitteilung des Statistischen Landesamtes Baden-Württemberg vom 18.7.1988 an die Autorin.

267 Mitteilung des Statistischen Amtes des Saarlandes vom 18.7.1988 an die Autorin.

268 Statistische Monatsberichte für die Britische Zone, Heft 2/1947, S. 64.

269 Mitteilung des Statistischen Landesamtes Schleswig-Holstein vom 6.7.1988 an die Autorin.

270 Die Kriminalität im Jahre 1949, 1950, 1951 in: Sonderdienst des Statistischen Landesamtes Schleswig-Holstein.

1946: 3
1947: 71
1948: keine Angabe
1949: 97
1950: 79
1951: 31.

Nur die Kriminalstatistiken der Länder Rheinland-Pfalz (französische Besatzungszone), Niedersachsen und Nordrhein-Westfalen (britische Besatzungszone) enthalten annähernd vollständiges Zahlenmaterial. Wegen der unterschiedlichen Handhabung des KRG 10 in den einzelnen Zonen ist es nicht möglich, daraus die Gesamtzahl der Ab- und Verurteilten nach dem KRG 10 in allen Ländern zu berechnen. Es lassen sich also nur Tendenzaussagen machen, die allenfalls für die britische Besatzungszone aussagekräftig sein könnten, da hier Angaben von zwei Ländern vorliegen.

Tabelle 2: Die rechtskräftig Abgeurteilten nach dem KRG 10 durch deutsche Gerichte in Rheinland-Pfalz (1)

Jahr	Abgeurteilte	Verurteilte	Freispruch	Verfahrenseinstellung(2)	Verurteilungsquote (gerundet)	Freispruchquote (gerundet)	Einstellungsquote (gerundet)
1947	16	11	5		69 %	31 %	
1948	141	85	51	5	60 %	36 %	4%
1949	369	174	194	1	47 %	53 %	0,3 %
1950	624	181	217	226 (182)	29 %	35 %	36 %
1951	163	34	77	52 (42)	21 %	47 %	32 %

(1) Erstellt auf der Grundlage von: Ergebnisse der Kriminalstatistik in Rheinland-Pfalz 1947-1949 (Heft 7)
Ergebnisse der Kriminalstatistik in Rheinland-Pfalz 1950-1952 (Heft 16)
(2) Angabe in Klammern: davon nach dem Amnestiegesetz vom 31.12.1949

1951

271 Ausgewertetes statistisches Material: Wegen Verbrechen oder Vergehen rechtskräftig abgeurteilte Personen nach der Art der Delikte 1945, 1946 und 1947; Wegen Verbrechen oder Vergehen rechtskräftig abgeurteilte Personen nach der Art der Entscheidung in West-Berlin für die Jahre 1949 und 1950; Rechtskräftig verurteilte Personen und verhängte Strafen in West-Berlin im 1. und 2 Vierteljahr 1950, Berliner Statistik, Jahrgang 1950, Heft 10/11; Die rechtskräftig abgeurteilten Personen in West-Berlin 1950, Berliner Statistik, Sonderheft 23, Juni 1952; Wegen Verbrechen oder Vergehen rechtskräftig abgeurteilte Personen nach der Art der Delikte 1951.

Tabelle 3: Die rechtskräftigen Aburteilungen nach dem KRG 10 durch deutsche Gerichte in Niedersachsen (1)

Jahr	Abgeurteilte	Verurteilte	Freispruch	Verfahrenseinstellung	Verurteilungsquote (gerundet)	Freispruchquote (gerundet)	Einstellungsquote (gerundet)
1947	15	15	0	0	100 %	0 %	0 %
1948	34	11	22	1	32 %	65 %	3 %
1949	203	102	94	7	50 %	46 %	4 %
1950	244	105	56	83	43 %	23 %	34 %
1951	129	34	27	68	26 %	21 %	53 %

(1) Erstellt auf der Grundlage von: Die Kriminalität in Niedersachsen 1948-50, 1950, 1951

Tabelle 4: Die rechtskräftig Abgeurteilten nach dem KRG 10 durch deutsche Gerichte in Nordrhein-Westfalen (1)

Jahr	Abgeurteilte	Verurteilte	Freispruch	Verfahrenseinstellung(2)	Verurteilungsquote (gerundet)	Freispruchquote (gerundet)	Einstellungsquote (gerundet)
1947		keine Angaben (3)					
1948	350	192	154	4	55 %	45 %	0 %
1949	584	364	210	10	62 %	36 %	2 %
1950	377	127	105	145 (97)	34 %	28 %	38 %
1951	62	20	10	32 (17)	32 %	16 %	52 %
1952	7	0	1	6 (5)	0 %	14 %	86 %

(1) Erstellt auf der Grundlage von: Ergebnisse der Kriminalstatistik in Nordrhein-Westfalen 1948 und 1949; Statistischer Bericht Verurteilte 1951; Kriminalstatistik in Nordrhein-Westfalen 1952 und 1953

(2) Angabe in Klammern: davon nach Amnestiegesetz vom 31.1 2.1949

(3) Mitteilung des Landesamtes für Datenverarbeitung und Statistik Nordrhein-Westfalen vom 15.7.1988 an die Autorin.

Jahresgliederung der rechtskräftigen Verurteilungen von NS-Verbrechen durch Gerichte insgesamt und nach dem KRG 10

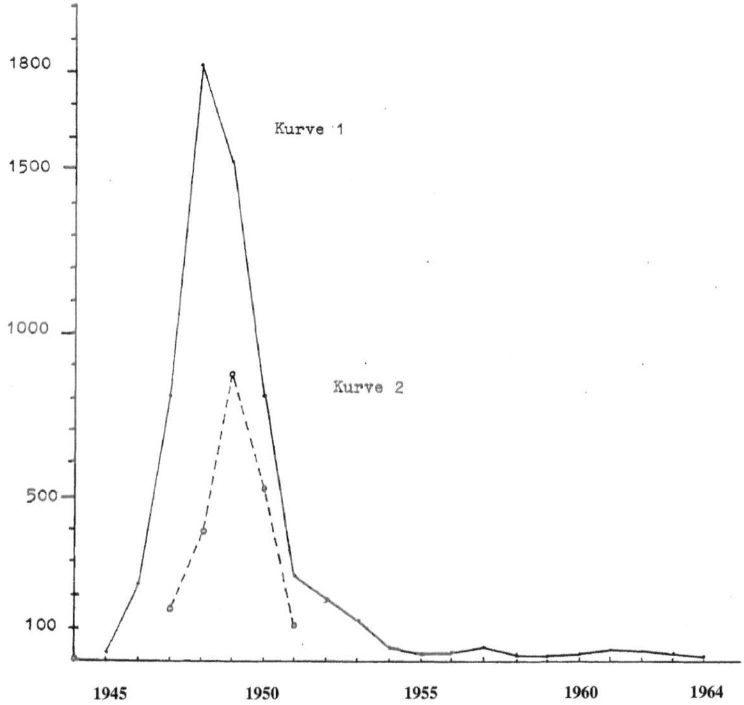

Kurve 1: Erstellt nach: Jahresgliederung der rechtskräftigen Verurteilungen durch Gerichte in der Bundesrepublik Deutschland. Quelle: Deutscher Bundestag, 4. Wahlperiode, Drucksache IV/3124, S. 18.

Kurve 2: Erstellt nach: Jahresgliederung der rechtskräftig nach dem KRG 10 Verurteilten durch Gerichte der Länder Nordrhein-Westfalen, Berlin, Niedersachsen und Rheinland-Pfalz

Aus den vorliegenden statistischen Angaben lassen sich folgende Aussagen gewinnen: Wie die Verurteilung von NS-Verbrechen insgesamt erfolgte auch die Verurteilung nach dem KRG 10 in zwei Phasen. In einer ersten Phase von 1947 bis 1949 ist ein stetiges Ansteigen, ab 1949 ein Zurückgehen der Verurteilungen nach dem KRG 10 zu verzeichnen. Von 1947 bis 1951 sind in den Ländern Berlin, Nordrhein-Westfalen, Niedersachsen und Rheinland-Pfalz 1.980 Personen verurteilt worden, davon 1.369, das sind 69,2 %, in den Jahren 1947 bis 1949.

Das Ansteigen der Verurteilungszahlen von 1947 bis 1949 dürfte weniger auf die wachsende Bereitschaft zur Ahndung von NS-Verbrechen zurückzuführen sein als auf die zunehmende Funktionsfähigkeit der Justiz, die ab 1948 die unerledigten Verfahren von 1945 bis 1947 aufarbeitete. Die Bereitschaft zur Ahndung von NS-Verbrechen lässt sich besser ablesen an der Verurteilungsquote, das heißt an dem Verhältnis der eingeleiteten Verfahren zu den Verurteilungen. Diese ist in Rheinland-Pfalz 1947 mit 69 % (1948: 60 %), in Niedersachsen 1947 mit 100 % und in Nordrhein-Westfalen 1949 mit 62 % (1948: 55 %) am höchsten.

In einer zweiten Phase ab Anfang 1950 bis Ende 1951 sank die Verurteilungsquote auf durchschnittlich 30 %. Gleichzeitig stieg die Quote der Verfahrenseinstellungen, die in den Jahren bis 1949 unter 5 % lag, deutlich an. In Rheinland-Pfalz betrug sie 36 % im Jahr 1950 und 32 % im Jahr 1951, in Niedersachen 34 % im Jahr 1950 und 53 % im Jahr 1951 sowie in Nordrhein-Westfalen 38 % im Jahr 1950, 52 % im Jahr 1951 und 86 % im Jahr 1952. Davon wurden die meisten Verfahrenseinstellungen auf das „Gesetz über die Gewährung von Straffreiheit" vom 31.12.1949 gegründet, wonach Verfahren wegen Straftaten oder Ordnungswidrigkeiten, die vor dem 15.9.1949 begangen wurden, nach § 3 Abs. 1 einzustellen waren, wenn nur eine geringe Freiheitsstrafe (bis zu 6 Monaten) oder eine Geldstrafe zu erwarten ist.[272]

Dadurch, dass 1950/51 fast die Hälfte der Verfahren zum KRG 10 eingestellt wurden, der OGH zum Ende seiner Tätigkeit die Anwendung des KRG 10 vermied[273] (ab 30.5.1950 nur noch sechs Urteile zum KRG 10) und der BGH[274] aus Gründen, „die sich einer öffentlichen Erörterung entziehen",[275] über eingelegte Revisionen zum KRG 10 nicht entschied, war 1951 hinsichtlich der Verfolgung von Verbrechen gegen die Menschlichkeit ein Zustand eingetreten, der „objektiv an der Grenze einer Justizverweigerung" lag.[276] Das LG Göttingen griff in dieser Situation die „alten" Einwände (unter anderem Verletzung des Rückwirkungsverbots) gegen das KRG 10 auf und weigerte sich, das KRG 10 anzuwenden. Solange

> „der BGH in Karlsruhe nicht in einer der ihm vorgelegten einschlägigen Strafsachen eine grundsätzliche Entscheidung gefällt hat, hält es das SchwurG als verfehlt, seinerseits das KRG Nr. 10 anzuwenden."[277]

Es erstaunt auf den ersten Blick, dass die Nicht-Anwendung des KRG 10 in der Rechtsprechung im Wesentlichen erst ab 1950 erfolgte, nicht aber zeitlich parallel zum Umschwung von Neubeginn zu Kontinuität in den Jahren 1947/48,

272 BGBl. 1949 I , S. 37.
273 Storz 1969, S. 13; Schultz 1951, S. 406.
274 Er löste im Oktober 1950 den OGH ab.
275 Hülle 1951, S. 296.
276 Schultz 1951, S. 406.
277 LG Göttingen, 12.2.1951, MDR 1951, S. 312.

stichwortartig zu kennzeichnen durch die personelle und institutionelle Restauration.[278] Gerade Anfang 1948 verurteilte die deutsche Justiz vermehrt nach dem KRG 10. Diese Ungleichzeitigkeit von gesamtgesellschaftlicher Restauration und Nicht-Ahndung von NS-Verbrechen nach dem KRG 10, diese „Restauration mit Zeitverschiebung“ könnte mit der bindenden Kraft der Rechtsprechung des OGH zu erklären sein und der Tatsache, dass die Justiz erst ab 1947 wieder voll funktionsfähig war und ab 1948 die unerledigten Verfahren der Jahre 1945 bis 1947 aufarbeitete.

2. Die Rücknahme der Ermächtigung zur Aburteilung nach dem Kontrollratsgesetz Nr. 10

Die britische Militärregierung nahm mit der Verordnung Nr. 234 und die französische Militärregierung mit der Verordnung Nr. 171 die Ermächtigung deutscher Gerichte zur Aburteilung von NS-Verbrechen nach dem KRG 10 zurück. Die Rücknahme erfolgte für die französische Zone mit Wirkung vom 1.6.1951 und für die britische Zone mit Wirkung vom 1.9.1951.[279] Das KRG 10 hat allerdings erst durch § 2 des Ersten Gesetzes zur Aufhebung des Besatzungsrechts vom 30.5.1956[280] seine Wirksamkeit im Geltungsbereich des Grundgesetzes verloren.

IV. Juristische Formen der Schuldabwehr

Die Verdrängung der Kategorie des gesetzlichen Unrechts und der Widerstand gegen das KRG 10 sind Erscheinungsformen des Restaurationsprozesses, die

> „der Unterbrechung der Kontinuität der Trägerschichten der NS-Diktatur und der radikalen juristischen Entlegitimierung der Rechtsordnung des Dritten Reiches [...]“

entgegenarbeiten.[281] Der sozialpsychologische Erklärungsansatz „die Unfähigkeit zu trauern“[282], der die gesellschaftliche, politische und sozialpsychologische (Massen-)Basis des Restaurationsprozesses beschreibt, lässt sich auch für die Erklärung der Verdrängung des Begriffs des gesetzlichen Unrechts heranziehen und als „Unfähigkeit, in rechtlichen Formen Trauerarbeit zu leisten“[283] beschreiben. Denn die Argumentation der Rechtslehre und der Rechtsprechung unterscheidet sich von der öffentlichen und massenhaften Derealisation der NS-Ver-

278 Vgl. Perels 1984.
279 Amtsbl. der AHK 1951, S. 1137 f.; vgl. auch Seibert, 1952, S. 251.
280 BGBl. I S. 437.
281 Perels 1984, S. 372.
282 Mitscherlich, 1967.
283 Perels 1984, S. 372

gangenheit nicht entscheidend. Vielmehr findet diese in der rechtlichen Nicht-Bewältigung der NS-Verbrechen ihren Fortgang.

Weitgehend übereinstimmend beschreiben Arendt[284], Adorno[285] und vor allem A. und M. Mitscherlich[286] das Verhalten und die Bewusstseinslage in Deutschland nach 1945 als das Ergebnis eines kollektiven Verleugnungs- und Verdrängungsprozesses, der einhergeht mit der Entwirklichung und Derealisation der NS-Vergangenheit,[287] und als Resultat des Ausbleibens von Trauerarbeit.[288] Da die Erinnerung an die vom NS-Staatsapparat ausgehende Realität des Terrors Angst, Schuld und Scham auslöst, werden, um nicht von dieser Angst überwältigt zu werden, Abwehrmechanismen wie Verdrängung, Verleugnung und Schuldprojektion mobilisiert.[289] Diese Abwehrmechanismen, die Verleugnung als Weigerung des Subjekts, die Realität einer traumatisierenden Wahrnehmung anzuerkennen[290] und die Projektion[291] verhindern die notwendige Trauerarbeit und damit einen produktiven Umgang mit der Vergangenheit als Voraussetzung für einen demokratischen Neubeginn.[292]

Die Verleugnungsarbeit erstreckt sich nicht nur auf die Schuldgefühle und die NS-Vergangenheit selbst, sondern auf jeden Anlass für Schuld und Scham.[293] Als ein solcher Anlass können der Begriff des gesetzlichen Unrechts und das KRG 10 angesehen werden. Denn das KRG 10 zwingt in jedem Gerichtsverfahren zur Vergegenwärtigung des real Geschehenen und der eigenen Schuld. Das KRG 10 zielt auf eine Aufarbeitung der Vergangenheit, die „das

---

284 Arendt, 1950

285 Adorno, 1959.

286 Mitscherlich, 1967.

287 Mitscherlich 1967, S. 34 f.

288 Arendt 1950, S. 44 ff.; Adorno 1959, S. 14, 23; Pollock 1955, S. 280; Mitscherlich 1967, S. 8-85, Diese Gedanken sind wiederaufgenommen bei Mitscherlich 1987, S. 13 ff. und 113 ff.

289 Mitscherlich 1967, Vorwort S. II f.; S. 8 ff., S. 27 ff.

290 Mitscherlich 1967, S. 39, Fn. 1; Laplanche, Pontalis 1982, S. 595.

291 Projektion ist eine „Operation, durch die das Subjekt Qualitäten, Gefühle und Wünsche [...], die es verkennt oder in sich ablehnt, aus sich ausschließt und in dem Anderen, Person oder Sache, lokalisiert." Laplanche, Pontalis 1982, S. 400.

292 Mitscherlich 1967, S. 8 f. Umgekehrt wird dieser Zusammenhang bei Lübbe 1983: Hier wird das Ausbleiben von Trauerarbeit, die herrschende „politisch-integrativ-wirkenden Formen der Auseinandersetzung mit dem Nationalsozialismus" (Sp. 5), die sich entwickelnden „Verhältnisse nicht symmetrischer Diskretion", sprich: die Nicht-Thematisierung der NS-Vergangenheit, notwendige und positiv bewertete Voraussetzung des „Wiederaufbaus der Institutionen" (Sp. 2). Zur Kritik an dieser Umwertung Mitscherlich 1987, S. 16 f.; Dubiel, Frankenberg 1983, S. 44.

293 Mitscherlich 1987, S. 121.

Vergangene im Ernst verarbeite, seinen Bann breche durch helles Bewußtsein"[294] und widerspricht damit der Verleugnung der Vergangenheit, jeder „Schlussstrichmentalität". Um das Aufbrechen der Wunden in und durch die Rechtsprechung zum KRG 10 zu verhindern, wurden das KRG 10 und der Begriff des gesetzlichen Unrechts verdrängt.

So lässt sich zum Beispiel der Vergleich zum Rechtsstaat und das Abstellen auf den objektiven Wortlaut eines NS-Gesetzes sozialpsychologisch deuten als Derealisation und Schuldabwehr. Zur Schuldabwehr gehört, dass der Abwehrende reale Elemente und wahre Tatsachen in die Abwehr einschmilzt, diese aber nur stereotyp zur Selbstentlastung verwendet. Schuldabwehr beruht auf dem Schluss von wahren Prämissen auf falsche Konklusionen.[295] Genau das geschieht, wenn der typisch nationalsozialistische Charakter eines Gesetzes verneint wird, weil sich solche Gesetze auch im Rechtsstaat finden. Die wahre Prämisse, das reale Element, wonach auch Rechtsstaaten im Krieg die sogenannte Wehrkraftzersetzung bekämpfen, kann nur dadurch zur Entlastung werden, dass das Gesetz des Rechtsstaats aus seinem rechtsstaatlichen Anwendungszusammenhang herausgelöst wird und damit gleichzeitig behauptet werden kann, es sei dem NS-Gesetz gleich. Das ist die falsche Konklusion. Das NS-Gesetz und der Unrechts-Staat werden damit gleichzeitig derealisiert; denn das NS-Gesetz empfing seinen typisch nationalsozialistischen Gehalt gerade aus dem Zusammenhang zur Unrechtspraxis.

Auch der Vorwurf, die Alliierten verletzten mit dem KRG 10 rechtsstaatliche Kerngarantien wie das Rückwirkungsverbot, und der Vorwurf der Siegerjustiz, sind zu verstehen als selbstentlastende Schuldprojektion, verbunden mit einer Derealisation des Umfangs und der Schwere der Rechtsverletzung durch das NS-System. Das wiederholte Insistieren auf die vermeintliche Rechtsverletzung der Alliierten verhindert das Bewusstmachen der Rechtsverletzung durch den NS-Staat und „dient als beruhigendes Argument für den Beweis, daß alle Menschen gleichermaßen Sünder seien".[296] Hinter dem Vorwurf, die Alliierten hätten mit dem KRG 10 in gleicher Weise wie der Nationalsozialismus Individualrechtsschutz und Rechtssicherheit negiert, verschwindet die Spezifität des NS-Unrechts-Staates. Er wird zu einer normalen Abweichung vom rechtlichen Sollen, wie sie überall vorkommt.

Die juristischen Argumentationslinien gegen das KRG 10 erweisen sich damit als Verdrängung und Schuldabwehr, die die „Gestalt juristischer Konstrukti-

294 Adorno 1959, S. 10.

295 Pollock 1955, S. 331 und 338 f.

296 Arendt 1950, S. 46.

onen annahmen".[297] Sie spiegeln den gesellschaftlichen Verdrängungsprozess in „symbolischer Verdichtung".[298]

297 Perels 1984, S. 372.

298 „Die Ohnmacht der Gerichtsverfahren gegen Täter wegen der Größenordnung ihrer Verbrechen in dieser Vergangenheit beweist diesen Tatbestand in symbolischer Verdichtung", Mitscherlich 1967, S. 24.

E. Die Anwendung der Kategorie des gesetzlichen Unrechts und des Kontrollratsgesetzes Nr. 10 in einzelnen Fallgruppen

Radbruch nennt fünf Fallgruppen, die mit dem Gedanken „Gesetz ist Gesetz" nicht zu „bewältigen" sind, sondern der Kategorie des gesetzlichen Unrechts bedürfen, um die NS-Täter bestrafen zu können. Er fragt 1948:[299]

1. „Sind wir auch jetzt noch genötigt, eine Straftat straflos zu lassen, wenn sie unter eine Amnestie fällt, durch die die zur Herrschaft gelangte Partei die von ihr selbst begangenen Straftaten der Strafe entzog?"
2. „Soll es bei den Maßnahmen bleiben, die aufgrund der Nürnberger Rassengesetze verhängt worden sind? Hat die Beschlagnahme jüdischer Vermögen, wenn sie sich zu ihrer Zeit auf geltendes Recht der nationalsozialistischen Zeit stützen konnte, auch jetzt noch Rechtsgültigkeit?"
3. „Hat jener formlose Wisch, durch den Hitler unter Auferlegung des strengen Geheimnisses den Anstaltsmassenmord einleitete, auch für uns noch die Bedeutung eines Gesetzes?" Anders formuliert: Können die „Euthanasie"-Täter, die aufgrund dieses Hitler-Schreibens Menschen töteten, bestraft werden?
4. „Müssen wir die Denunziation", die eine nur nach dem nationalsozialistischen Strafrecht strafbare Handlung anzeigte, „jetzt noch als gesetzmäßig ansehen?" Anders formuliert: Ist ein solcher Denunziant zu bestrafen, obwohl er doch damals strafbares Verhalten anzeigte?
5. „Haben wir ein Urteil als rechtsgültig hinzunehmen, durch das der nationalsozialistischen Judikatur entsprechend das Hören eines feindlichen Senders als Hochverrat mit dem Tode bestraft wurde?" Anders formuliert: Begingen Richter, die eine Handlung mit nach heutigem Verständnis geringem oder keinem Unrechtsgehalt aufgrund eines NS-Gesetzes mit dem Tode bestraften, eine strafbare Handlung?

I. NS-Amnestie: Der Tillessen-Fall

1. Die Verfahrensgeschichte

Der ehemalige Marineoffizier Tillessen hatte am 26.8.1921 den Reichsfinanzminister Erzberger getötet. Das Attentat war Bestandteil der völkisch-nationalen

299 Alle nachfolgenden Zitate Radbruch 1948, Ausgabe 1959, S. 113. Die Strafbarkeit von Denunzianten und Richtern hat Radbruch bereits in dem Aufsatz „Gesetzliches Unrecht und übergesetzliches Recht" beschäftigt, Radbruch 1946 b, Sp. 108.

Opposition gegen die Exponenten der Weimarer Demokratie, die für die deutsche Kapitulation 1918 und den „Schmachfrieden" von Versailles verantwortlich gemacht wurden. Nach der Tat flüchtete Tillessen nach Spanien. Kurz vor der „Machtergreifung" Hitlers 1933 kehrte er nach Deutschland zurück.[300] Er wurde angeklagt. Am 10.4.1933 stellte das LG Offenburg aufgrund der „Verordnung des Reichspräsidenten über die Gewährung von Straffreiheit" vom 21.3.1933[301] (im Folgenden: Amnestieverordnung) das Verfahren ein. Die Amnestieverordnung war vom Reichspräsidenten aufgrund von Artikel 48 Abs. 2 der Weimarer Reichsverfassung erlassen worden. § 1 erklärte

> „Straftaten, die im Kampfe für die nationale Erhebung des deutschen Volkes zu ihrer Vorbereitung oder im Kampfe für die deutsche Scholle begangen sind",

für straffrei nach den nachfolgenden Vorschriften.[302] Am 27.7.1946 wurde die deutsche Staatsanwaltschaft in Mannheim von dem zuständigen amerikanischen Rechtsoffizier angewiesen, das Verfahren gegen Tillessen wieder zu eröffnen. Das LG Offenburg lehnte am 10.9.1946 die Eröffnung der Hauptverhandlung ab, weil Tillessen rechtswirksam amnestiert worden sei. Auf die Beschwerde des Staatsanwalts Bader hob das OLG Freiburg den Beschluss des LG Offenburg auf. Es ordnete die Eröffnung der Hauptverhandlung an, da es zwar mit dem Landgericht den Mord als rechtswirksam amnestiert ansah, die Tat aber als Verbrechen gegen die Menschlichkeit zu würdigen sei.[303]

Wiederum stellte das LG Offenburg das Verfahren aufgrund der als rechtsgültig betrachteten Amnestieverordnung am 29.11.1946 ein.[304] Daraufhin enthob die französische Militärregierung aufgrund von Artikel VII Ziff. 12 MilRegG 2 den Vorsitzenden Richter seines Amtes und verwies den Fall an das Oberste französische Militärgericht, das Tribunal Général de la Zone Française d'Occupation in Rastatt. Das Militärgericht hob die Offenburger Entscheidung am 6.1.1947 auf und erklärte die Amnestieverordnung und den darauf gegründeten Amnestiebeschluss für rechtsunwirksam.[305]

In der Neuverhandlung vor dem LG Koblenz wurde die Amnestie dem Rastatter Urteil folgend als „mit dem in Deutschland geltenden Recht und dem

---

300 Zum Sachverhalt und den Motiven der Tat LG Offenburg, 29.11.1946, in: Z 21/1334 fol. 74-84 (Bundesarchiv) S. 2-11.

301 RGBl. I S. 134.

302 Die Verordnung wurde formalrechtlich aufgehoben durch Artikel I Nr. 6 des Gesetzes Nr. 55 des Alliierten Kontrollrats vom 20.6.1947 (ABl. S. 284).

303 Zum Sachverhalt: Bader 1947 a, S. 13; Broszat 1981, S. 497.

304 LG Offenburg, 29.11.1946, in: Z 21/1334 fol. 74-84 (Bundesarchiv) S. 1.

305 Tribunal Général Rastatt, Urteil vom 6.1.1947, in: Journal Officiel du Commendement en Chef Français en Allemagne, Nr. 61, 26.3.1947, S. 633 ff.

KontrG 1 unvereinbar“[306] angesehen. Tillessen wurde im Februar 1947 nach dem KRG 10 zu 15 Jahren Zuchthaus verurteilt.

2. Die Entscheidung des LG Offenburg vom 29.11.1946

Die Entscheidung des LG Offenburg vom 29.11.1946 war eine im In- und Ausland mit Spannung erwartete Generalprobe der deutschen Justiz.[307] Hier musste und konnte sich zeigen, ob sie bereit war, den Gedanken des gesetzlichen Unrechts aufzunehmen und auf die NS-Amnestie zu übertragen, und ob sie bereit war, den Sinn und Zweck des KRG 10 zu erkennen und das als nationalpolitische Heldentat verbrämte Verbrechen Tillessens als Verbrechen gegen die Menschheit zu bezeichnen. Weder das eine noch das andere hat das LG Offenburg getan. Die Entscheidung markiert damit den „negativen Grenzwert“[308] der frühen deutschen Rechtsprechung.

a) Die Rechtsgültigkeit der Amnestieverordnung

Die Gültigkeit der Amnestieverordnung wird vom LG Offenburg in mehreren Prüfungsschritten bejaht. Die Amnestieverordnung sei auch 1946 noch rechtsverbindlich und anwendbar, weil sie nicht ausdrücklich aufgehoben worden sei. Durch das MilRegG 1 und das KRG 1 hätten die Alliierten nur einzelne Gesetze aufgehoben und damit dokumentiert, dass sie das übrige Recht in Kraft lassen wollten.[309] Die Außerkraftsetzung weiterer NS-Gesetze durch Richter wird vom LG Offenburg unter anderem wegen der Gefährdung der Rechtssicherheit abgelehnt.[310] Dass die Amnestieverordnung noch weitergelte und dass sie auch nicht im Wege der Rechtsauslegung für ungültig erklärt werde könne, ergibt sich nach Ansicht des Gerichts auch aus den Ahndungsgesetzen der Länder der amerikanischen Besatzungszonen, die die Amnestie des NS-Staates (für die amerikanische Besatzungszone) für rechtsunwirksam erklärt hatten. Statt diesen Gedanken zu übertragen, wird im Gegenschluss angenommen, dass die Amnestieverordnung in der französischen Zone weitergelte:

> „Der Erlaß dieser Gesetze wäre nicht notwendig gewesen, wenn man die Rechtsgültigkeit der Amnestie-VO vom 21.03.1933 nicht anerkannt hätte.“[311]

306 LG Koblenz, 28.2.1947, SJZ 1947, Sp. 337 (339 ff.). Nach Radbruch ist das Urteil „eine hochwertige juristische Leistung und [...] wichtiger Fortschritt in der Erfassung der Humanitätsdelikte“, Radbruch 1947 e.

307 Bader 1947 a, S. 12.

308 Broszat 1981, S. 496.

309 LG Offenburg, 29.11.1946, in: Z 21/1334 fol. 74-84 (Bundesarchiv) S. 12.

310 Ebd., S. 15.

311 Ebd., S. 19.

Auch aus Artikel II Ziff. 3 MilRegG 1, wonach die Anwendung einer NS-Norm verboten wird, wenn dadurch

> „jemand wegen seiner Beziehung zur Nationalsozialistischen Deutschen Arbeiterpartei, zu deren Gliederungen, angeschlossenen Verbänden oder betreuten Organisationen begünstigt wird“,[312]

ergebe sich nicht die Unanwendbarkeit der Amnestieverordnung im Tillessen-Fall. In einer engen Auslegung des MilregG 1 meint das Gericht:

> „Bloße Beziehungen durch die Straftat können nicht genügen. Es müssen vielmehr Beziehungen persönlicher Art vorliegen, was aus dem Wortlaut, wegen seiner Beziehungen zur NSDAP usw. zu entnehmen ist.“[313]

Solche persönlichen Beziehungen fehlten bei Tillessen, da er weder Mitglied in diesen Organisationen war noch persönliche Kontakte zu ihnen pflegte.[314]

In einem letzten Schritt prüft das LG Offenburg,

> „ob aus allgemeinen Rechtsgrundsätzen, insbesondere wegen Verletzung des Grundsatzes der Rechtsgleichheit und wegen typisch nazistischen Inhaltes der Amnestie-VO die Rechtsgültigkeit zu versagen ist.“[315]

Das Gericht verneint auch diese Frage. Gesetzliches Unrecht liege nicht vor, da die Gleichheit vor dem Gesetz nicht verletzt sei. Es liege in der Natur politischer Amnestien, dass sie Straffreiheit nur für solche Taten begründe, die mit der zum Sieg gelangten politischen Richtung in irgendeinem Zusammenhang stehen.

> „Deshalb sind sie ihrem Wesen entsprechend keine universellen, sondern partielle [Gesetze, C.L.]. Schon wegen dieser partiellen Wesenseigenschaft kann deshalb der Grundsatz der Rechtsgleichheit nicht verletzt sein.“[316]

Das Vorliegen eines typisch nationalsozialistischen Inhalts wird vom LG Offenburg durch den Vergleich zum Rechtsstaat verneint. Da solche partiellen politischen Amnestien „in allen Kulturstaaten der Welt erlassen“ werden,[317] könne die Amnestieverordnung als

> „Fortsetzung einer jahrhundertelangen Gepflogenheit politischer Machtkonstellation [...] nicht als typisch nazistisches oder als gesetzliches Unrecht“[318]

---

312 Amtsbl. d. Mil.Reg. Nr. 1, S. 13.

313 LG Offenburg, 29.11.1946, in: Z 21/1334 fol. 74-84 (Bundesarchiv) S. 12.

314 Ebd., S. 12 f.

315 Ebd., S. 13.

316 Ebd.

317 Ebd.

318 Ebd., S. 14.

angesehen werden. Mit dieser grundsätzlichen Verbindlichkeitserklärung von NS-Amnestien findet das Gericht Unterstützung bei Schmidt. Im November 1946 erstattete er im Auftrag des Präsidenten des Oberlandesgerichts Celle von Hodenberg ein Gutachten zum KRG 10. Er schreibt zu Artikel II Ziff. 5 KRG 10, der bestimmt, dass NS-Amnestien einer Bestrafung nicht entgegenstehen: Da jede Massenbegnadigung „in irgendeinem Sinne beachtlich und berechtigt" ist, können

> „Amnestien nicht nachträglich unter irgendeinem Gesichtspunkt, insbesondere deswegen, weil nun auch in einzelnen unerwünschten Fällen diese Bestrafung aufgehoben oder unmöglich gemacht worden ist, als nicht erfolgt oder als unwirksam angesprochen werden [...]. Es würde sonst eine heillose Rechtsverwirrung eintreten [...]. Materieller Gerechtigkeit würde, aufs Ganze gesehen, mit einer erneuten Aufrollung der durch Amnestien erledigten Fälle nicht gedient werden."[319]

b) Keine Strafbarkeit von Tillessen nach dem Kontrollratsgesetz Nr. 10

Das LG Offenburg kommt zu dem Ergebnis, dass eine Strafbarkeit nach dem KRG 10 nicht vorliege. Ein Verbrechen gegen die Menschlichkeit hätte nur vorgelegen, so wird unter Berufung auf das Nürnberger Urteil gegen die Hauptkriegsverbrecher ausgeführt, wenn die Tat in Ausführung eines Angriffskrieges oder in Verbindung mit einem Kriegsverbrechen oder einem Verbrechen gegen den Frieden begangen worden wäre.[320]

3. Die Kritik an der Entscheidung des LG Offenburg

a) Die Reaktion im Allgemeinen

Die Rechtslehre war sich – wie eine Durchsicht der veröffentlichten Meinungsäußerungen ergibt – in der Ablehnung des Offenburger Urteils einig. Auf der Interzonalen Juristentagung in Wiesbaden (3. bis 6. Juni 1947) wurde „einhellig [...] der Standpunkt vertreten, daß das Urteil sowohl nach dem von den Besatzungsmächten gesetzten Recht wie auch nach deutschem Recht unhaltbar sei".[321] Es wurde von einer „schweren Schädigung des deutschen Rechtsstandes"[322] gesprochen. Kritisiert wurde das Urteil wegen der willentlichen Verhöhnung aller

319 Schmidt 1946, S. 30 f.

320 LG Offenburg, 29.11.1946, in: Z 21/1334 fol. 74-84 (Bundesarchiv) S. 20.

321 Tagungsbericht SJZ 1947, S. 37 (39).

322 Niederschrift der Wiesbadener Tagung in: Z 21/1309, fol. 15, zit. n. Broszat 1981, S. 499.

Bemühungen um ein neues Deutschland[323] und der Verkennung elementarster Grundsätze des Rechts.[324]

b) *Die Rechtsungültigkeit der Amnestieverordnung*

Hinsichtlich aller Prüfungspunkte kamen Rechtsprechung und Rechtslehre 1947 zum gegenteiligen Ergebnis wie das LG Offenburg. Nach Ansicht von Radbruch und Bader bedurfte es keiner Außerkraftsetzung der Amnestieverordnung, weil ihr als „klassischer Fall gesetzlichen Unrechts“ von Anfang an die Geltung fehle.[325] Es liege so eindeutig gesetzliches Unrecht vor, dass Radbruch sogar die deklaratorische Entwertung dieser Verordnung durch den Richter befürwortete.[326] Die Amnestieverordnung sei gesetzliches Unrecht bzw. ein typisch nationalsozialistisches Gesetz wegen der Verletzung des Gleichheitssatzes.[327] Es sei keineswegs so, dass eine Amnestie immer eine partielle sei. Es gehöre im Gegenteil zum Wesen einer rechtsstaatlichen Amnestie, dass sie, wie die Amnestiegesetze der Weimarer Republik, Straffreiheit gleichmäßig für Straftaten aller politischen Richtungen gewähre, gleichgültig, ob sie von Anhängern oder Gegnern der die Staatsmacht innehabenden Partei begangen wurden.[328] Die Amnestieverordnung vom 21.3.1933 begnadige dagegen nur Taten, die im Zusammenhang mit der „Erhebung des deutschen Volkes“ begangen wurden, also nur die Vorkämpfer und Anhänger des NS-Regimes. Als „typische Partei-Amnestie“[329] verletze die Amnestieverordnung den Gleichheitssatz. Sie sei „kein Recht, sondern ein Willkürakt“,[330] der die Form des Gesetzes zu einem „notorischen Unrecht“ missbrauche.[331]

---

323 W.G. Becker, Tillessen und die Justiz in: Tagesspiegel 3.1.1947, zit. n. Benz 1988, S. 113.

324 Rechtspolitischer Ausschuß der Berliner SPD, Rhein-Neckar-Zeitung v. 3.12.1946, zit. n. Benz 1988, S. 113; ähnlich E. Niethammer, Das Freiburger Urteil, in: Schwäbisches Tageblatt v. 17.12.1946, zit. n. Benz 1988, S. 114; Geiler 1947, S. 15; Goldscheider 1947, S. 349; Bader 1947 a, S. 13.

325 Radbruch 1947 a, S. 3; Bader 1947 a, S. 15; ders., 1947 b, S. 89.

326 Radbruch 1947 a, S. 3.

327 Geiler 1947, S. 16; Bader 1947 a, S. 15; ders. 1947 b, S. 88; Feldmann 1948, S. 128; Bourthoumieux 1947, S. 632 1. Sp.; Urteil des Tribunal Général Rastatt, in: Journal Officiel du Commendement en Chef Français en Allemagne, Nr. 61, 26.3.1947, S. 633 (634 r. Sp.)

328 Geiler 1947, S. 16; Bader 1947 b, S. 88.

329 Bader 1947 b, S. 88.

330 Geiler 1947, S. 16.

331 Bader 1947 a, S. 15.

Auch aus Artikel II MilRegG 1 und KRG 1 ergebe sich, so betonten die Ankläger Furby und Bourthoumieux beim Rastatter Militärgerichtshof, die Ungültigkeit der Amnestieverordnung.[332] Wenn das LG Offenburg persönliche Beziehungen zur NSDAP verlange, verfehle das Gericht nicht nur den Wortlaut des MilRegG 1 – dort wird nur von irgendwelchen Beziehungen zur NSDAP und ihren Unterorganisationen gesprochen[333] –, sondern vor allem den Sinn des Gesetzes. Sinn und Zweck des Gesetzes sei, die Anwendung der im nationalsozialistischen Geist erlassenen Gesetze zu verbieten. Damit wolle es gerade solche Gesetze wie die Amnestieverordnung treffen.[334]

Die Anwendung der Amnestieverordnung durch das Offenburger Gericht verstoße auch gegen Artikel III Milreg 1, der es verbiete, Gesetze in nationalsozialistischem Sinn auszulegen. Wenn das Gericht die Tat im Sinne der Verordnung amnestiere, lege es diese im nationalsozialistischen Sinn aus, denn es werte den Mord an Erzberger als gerechten Beitrag zur Erhebung des deutschen Volkes.[335]

c) *Strafbarkeit von Tillessen nach dem Kontrollratsgesetz Nr. 10*

Es ist – wie das LG Offenburg ausführte – richtig, dass das Urteil des Internationalen Militärgerichtshofs gegen die Hauptkriegsverbrecher Verbrechen gegen die Menschlichkeit nur dann für strafbar erklärt, wenn sie in Verbindung mit Kriegsverbrechen oder Verbrechen gegen den Frieden begangen wurden. Es heißt dort:

> „Um Verbrechen gegen die Menschlichkeit zu begründen, müssen die vor Ausbruch des Krieges begangenen und hier herangezogenen Handlungen in Ausführung eines Angriffskrieges oder in Verbindung mit einen der Zuständigkeit dieses Gerichtshofes unterstellten Verbrechen [das sind Kriegsverbrechen und Verbrechen gegen den Frieden, C.L.] verübt worden sein.“[336]

Dass Verbrechen gegen die Menschlichkeit nur in Verbindung mit Kriegsverbrechen oder Verbrechen gegen den Frieden strafbar seien, wird aus Arti-

332 Furby 1947, S. 626 f.; Bourthoumieux 1947, S. 629 f.; auch LG Konstanz, SJZ 1947, Sp. 337 (342).

333 Bourthoumieux 1947, S. 630 r. Sp.

334 Bourthoumieux 1947, S. 631 1. Sp.; Urteil des Tribunal Général Rastatt, in: Journal Officiel du Commendement en Chef Français en Allemagne, Nr. 61, 26.3.1947, S. 633 (634 1. Sp.); Goldscheider 1947, S. 335;

335 Bourthoumieux 1947, S. 631 l. Sp.; Urteil des Tribunal Général Rastatt in: Journal Officiel du Commendement en Chef Français en Allemagne, Nr. 61, 26.3.1947, S. 633 (634 l. Sp).

336 Das Urteil von Nürnberg 1946, S. 94.

kel 6 c des Statuts des Internationalen Gerichtshofes in Nürnberg hergeleitet. Er lautet:

> „Verbrechen gegen die Menschlichkeit: Nämlich Ermordung, Ausrottung, Versklavung, Verschleppung oder andere an der Zivilbevölkerung vor Beginn oder während des Krieges begangene unmenschliche Handlungen; oder Verfolgung aus politischen, rassischen oder religiösen Gründen in Ausführung eines Verbrechens oder in Verbindung mit einem Verbrechen, für das der Gerichtshof zuständig ist."[337]

Das LG Offenburg ist dem Nürnberger Urteil gefolgt, ohne zu prüfen, ob die Beschränkung der Strafbarkeit von Verbrechen gegen die Menschlichkeit nach dem KRG 10 sich wirklich aus Artikel 6 c des Statuts des Internationalen Gerichtshof in Nürnberg in der genannten Weise ergibt. Wenn es das getan hätte, dann hätte auffallen müssen, dass die Passage des Statuts „in Ausführung eines Verbrechens oder in Verbindung mit einem Verbrechen, für das der Gerichtshof zuständig ist", im KRG 10 fehlt. Das heißt, das KRG 10 löst das Verbrechen gegen die Menschlichkeit aus dem Zusammenhang der Strafbarkeit von Kriegsverbrechen und Verbrechen gegen den Frieden; das Verbrechen gegen die Menschlichkeit ist im KRG 10 ein selbständiger Tatbestand.[338]

Die Tat Tillessens ist bei Zugrundelegung der Rechtsprechung des OGH zum KRG 10 als Verbrechen gegen die Menschlichkeit anzusehen. Angriff und Schädigungen von Menschen, Menschengütern oder Menschenwerten liegen vor, da Erzberger ermordet wurde. Dies geschah auch mit Wirkung für die Menschheit. Denn ein Mord aus politischer Feindschaft, politischer Unduldsamkeit oder politischem Fanatismus widerspricht der Auffassung von der Würde des Menschen.[339] Jedes Individuum hat ein Recht auf Leben und lässt sich nicht auf den Träger politischer Funktion reduzieren, der vom Standpunkt eines politischen Fanatikers den Tod verdient. Die Tat steht auch im Zusammenhang mit der NS-Gewalt- und Willkürherrschaft. Auch wenn Tillessen mit der NSDAP persönlich keinen Kontakt hatte, stand die nationale Organisation, der Tillessen angehörte, in enger Verbindung zu NS-Organisationen.[340] Vor allem bestand zwischen der Tat und der NS-Herrschaft eine ideologische Verbindung, wesentliches Element beider war die Nichtachtung des Andersdenkenden.

---

337 Abgedruckt ebd., S. 14.

338 Furby 1947, S. 628; Bourthoumieux 1947, S. 631 l. Sp.; Urteil des Tribunal Général Rastatt, in: Journal Officiel du Commendement en Chef Français en Allemagne, Nr. 61, 26.3.1947, S. 633 (635 l. Sp).

339 Bader 1947 a, S. 15; LG Konstanz, SJZ 1947, Sp. 337 (342).

340 Vgl. LG Konstanz, SJZ 1947, Sp. 337 (342); Bader 1947 b, S. 82 ff.; Urteil des Tribunal Général Rastatt, in: Journal Officiel du Commendement en Chef Français en Allemagne, Nr. 61, 26.3.1947, S. 633 (634 r. Sp).

II. Der Entzug jüdischen Vermögens

1. Die Fragestellung: Nichtigkeit naturrechtswidriger Hoheitsakte?

Radbruch bezieht sich in dem Aufsatz „Gesetzliches Unrecht und übergesetzliches Recht" auf ein Urteil des AG Wiesbaden[341] um die Praxisrelevanz der Frage nach dem gesetzlichen Unrecht darzulegen, und führt aus:

> „So wird in der SJZ (S. 36) eine Entscheidung des Amtsgerichts Wiesbaden veröffentlicht und besprochen, nach der ‚die Gesetze, die das Eigentum der Juden dem Staat für verfallen erklärten, mit dem Naturrecht in Widerspruch stünden und schon zur Zeit ihres Erlasses nichtig gewesen seien'." [342]

Der Frage nach der Geltung naturrechtswidriger NS-Gesetze schließt sich die Frage nach der (Fort-)Geltung naturrechtswidriger nationalsozialistischer Hoheitsakte an, insbesondere von Verwaltungsakten, die aufgrund gesetzlichen Unrechts ergingen. Die alliierte Gesetzgebung gibt auf diese Frage keine Antwort. Doch ist

> „aus der bisherigen grundsätzlichen Einstellung des jetzigen Gesetzgebers damit zu rechnen, daß auch hinsichtlich solcher Verwaltungsakte die absolute Nichtigkeit mit rückwirkender Kraft statuiert"

werden sollte.[343] Die Rechtsprechung kam schon 1946/47 zum gegenteiligen Ergebnis. Sie diskutierte die (Fort-)Geltung naturrechtswidriger Hoheitsakte an der Frage der Gültigkeit der Beschlagnahme jüdischen Vermögens,[344] der Löschung jüdischer Eigentümerinnen und Eigentümer aus dem Grundbuch,[345] der Zwangsvollstreckung aus einem sittenwidrigen Titel,[346] der Verweigerung der Genehmigung eines Kaufvertrages wegen politischer Unzuverlässigkeit[347] und der Rechtmäßigkeit der Vollstreckung eines Gerichtsurteils gegen einen Deserteur.[348]

---

341 AG Wiesbaden, 13.11.1945, SJZ 1946, S. 36. Darstellung des Urteils im nächsten Abschnitt.

342 Radbruch 1946 b , S. 105.

343 OLG Saarbrücken, 21.5.1947, DRZ 1947, S. 341 (342).

344 AG Wiesbaden, 13.11.1945, SJZ 1946, S. 36.

345 LG Berlin, 24.5.1946, NJW 1947/48, S. 230.

346 AG Kandel, 7.2.1947, DRZ 1947, S. 340.

347 OLG Saarbrücken, 21.5.1947, DRZ 1947, S. 341.

348 OLG Kiel (Garbe-Fall), 26.3.1947, SJZ 1947, Sp. 323.

Diese Urteile haben zum Ergebnis:

- Auch Hoheitsakte des Unrechts-Staats haben „die Vermutung der Rechtmäßigkeit und der Gültigkeit für sich."[349] Die den Verwaltungsakten im Rechtsstaat aus Gründen der Rechtssicherheit zukommende Bestandskraft soll auch dem NS-Staat zugutekommen, der sich von dem Grundsatz der Gesetzmäßigkeit der Verwaltung völlig gelöst hatte und seine Entscheidungen lediglich auf „staatspolitische Zweckmäßigkeit" gründete.[350]
- Da die Aufhebung der Gesetze durch die Alliierten nach Ansicht dieser Urteile nur ex nunc wirke[351], können auf diesen Gesetzen beruhende Hoheitsakte

  > „nicht deshalb rückwirkend für unwirksam oder nichtig bezeichnet werden, weil die zugrundeliegenden Gesetze nicht mehr als wirksam anerkannt werden."[352]

  Somit haben die Hoheitsakte den Rechtsverkehr in der Vergangenheit rechtswirksam normiert. Sie gelten auch heute noch bis zu ihrer Beseitigung durch den Gesetzgeber.[353]
- Begründet wird die grundsätzliche Geltung von NS-Hoheitsakten mit der Rechtssicherheit. Es würde

  > „eine Unsicherheit ohnegleichen herbeiführen, könnten die Gerichte die unter dem Hitler-Regime ergangenen Verwaltungsentscheidungen oder gar Gerichtsentscheidungen einfach beiseiteschieben, weil sie von Nazi-Ideologie beeinflußt waren und auf ihr beruhten. Es müßten dann alle Verwaltungsakte und viele Gerichtsentscheidungen der fraglichen 12 Jahre einer Nachprüfung unterzogen und ein Großteil als nichtig erklärt werden. Damit würde aber das gesamte Rechts- und Wirtschaftsleben auf den Kopf gestellt."[354]
- Dem Gedanken des gesetzlichen Unrechts wird eine grundsätzliche Absage erteilt. Die Verwaltungsakte sollen gelten, weil sie unter Beachtung der damaligen Gesetze ergangen seien. Zum Beispiel sei die Eintragung des neuen „arischen" anstelle des „enteigneten" jüdischen Eigentümers im Grundbuch ein rechtmäßiger Verwaltungsakt, weil

  > „die Eintragung des Beschwerdeführers als Eigentümer [...] unter Beachtung aller damals gültigen Gesetze erfolgte. Nur auf die damalige Rechtslage kommt es an, weil nur aus der damaligen Rechtslage sich ergeben könnte, daß der

---

349 OLG Kiel, ebd. S. 327.

350 Vorinstanz zu OLG Saarbrücken, zit. n. OLG Saarbrücken, DRZ 1947, S. 341; anders: Revisionsbegründung zu OLG Saarbrücken, ebd., S. 341.

351 OLG Saarbrücken, 21.5.1947, DRZ 1947, S. 341; OLG Kiel, 26.3.1947, SJZ 1947, Sp. 323 (327); LG Berlin, 24.5.1946, NJW 1947/48, S. 230.

352 OLG Kiel, 26.3.1947, SJZ 1947, Sp. 323 (327); LG Berlin, 24.5.1946, NJW 1947/48, S. 230.

353 OLG Kiel, 26.3.1947, SJZ 1947, Sp. 323 (327).

354 OLG Saarbrücken, 21.5.1947, DRZ 1947, S. 341 (342 l. Sp.).

> Grundbuchrichter eine Eintragung unter Verletzung gesetzlicher Vorschriften vorgenommen hat."[355]

Von dem von Radbruch geforderten Ausgleich von Rechtssicherheit und Gerechtigkeit ist nicht die Rede.

2. Nichtigkeit von Hoheitsakten und Rechtsgeschäften aufgrund gesetzlichen Unrechts am Beispiel der Enteignung[356] der Juden

a) *Die Gesetze zur Enteignung der Juden sind gesetzliches Unrecht*

Die Ausschaltung der Juden aus dem Wirtschaftsleben wurde auf dreierlei Weise vollzogen: durch Gesetze,[357] durch Verträge und mit illegalen Mitteln. Gesetzliche Grundlagen der Judenenteignung waren die „Verordnung zur Ausschaltung der Juden aus dem deutschen Wirtschaftsleben" vom 12.11.1938[358] und die Durchführungsverordnung vom 23.11.1938,[359] durch die die Enteignung jüdischer Einzelhandelsgeschäfte verfügt wurde, die „Verordnung über den Einsatz jüdischen Vermögens",[360] die die Zwangsveräußerung von land- und forstwirtschaftlichen Betrieben und von Grundeigentum sowie den Depotzwang von Wertpapieren von Juden bestimmte, und vor allem die Elfte Verordnung zum Reichsbürgergesetz vom 25.11.1941.[361] § 2 der letztgenannten Verordnung bestimmte, dass Juden, die ihren gewöhnlichen Aufenthalt im Ausland hatten, die deutsche Staatsangehörigkeit verlieren. § 3 bestimmte, dass damit das jüdische Vermögen dem Reich „verfällt".

Die Rechtsprechung nach 1945 war sich weitgehend einig, dass diese Gesetze wegen der Verletzung des Gleichheitssatzes und der Eigentumsgarantie gesetzliches Unrecht sind, dem von Anfang an die Geltung fehlte.[362]

> „Die Gesetze, die das Eigentum der Juden dem Staat für verfallen erklären, stehen mit dem Naturrecht im Widerspruch und waren schon zur Zeit ihres Erlasses nichtig."[363]

---

355 LG Berlin, 24.5.1946, NJW 1947/48, S. 230; ähnlich OLG Saarbrücken, 21.5.1947, DRZ 1947, S. 341 (342 l. Sp.).

356 Wenn von „Enteignungen" gesprochen wird, dann ist keine Enteignung im rechtsstaatlichen Sinn gemeint. Es wird zur Vereinfachung auf das Setzen von Anführungszeichen verzichtet.

357 Neumann 1942, Ausgabe 1984, S. 153 ff.

358 RGBl. I, S. 1580.

359 RGBl. I S. 1642.

360 RGBl. I S. 1709.

361 RGBl. I S. 722.

362 Das Reichsbürgergesetz mit seinen Durchführungsverordnungen ist durch das Kontrollratsgesetz Nr. 1 vom 20. Dezember 1945 aufgehoben worden.

b) *Änderung der Rechtsverhältnisse trotz gesetzlichen Unrechts*

aa) *Die Rechtsprechung 1946*

Das AG Wiesbaden hatte 1945 folgenden Fall zu entscheiden:

Die Eltern der Klägerin waren Juden. Sie wurden 1942 – so die Formulierung in dem Urteil – „zwangsverschickt" und ihr Vermögen wurde „eingezogen". Die Beklagten hatten das „eingezogene" Mobiliar vom Finanzamt erworben. Die Klägerin verlangte nach 1945 die Herausgabe des elterlichen Mobiliars. Die Beklagten beantragten Klageabweisung, da sie die Gegenstände durch öffentliche Versteigerung erworben hätten und daher Eigentümer geworden seien. Die Klägerin machte geltend, dass das Mobiliar durch freihändigen Verkauf und nicht im Wege öffentlicher Versteigerung erworben worden war. Das AG Wiesbaden führte aus, dass im Falle des freihändigen Verkaufs anders zu entscheiden sei, als wenn die Beklagten das Mobiliar durch öffentliche Versteigerung erworben haben. Im ersten Fall hätten die Beklagten kein Eigentum erworben. Die Klägerin sei dann Eigentümerin geblieben und hätte einen Herausgabeanspruch nach § 985 BGB. Denn nach § 935 Abs. 1 BGB kann durch freihändigen Verkauf kein Eigentum an gegen den Willen der Eigentümer entzogenen Sachen erworben werden, selbst dann nicht, wenn die Beklagten gutgläubig gewesen sein sollten, das heißt, nicht gewusst hätten, dass der Staat nicht Eigentümer war. Die Beklagten seien dagegen Eigentümer geworden, wenn sie das Mobiliar im Wege der öffentlichen Versteigerung erworben hätten. Denn § 935 Abs. 2 BGB bestimmt, dass derjenige, der in einer öffentlichen Versteigerung vom Nichteigentümer (hier das Finanzamt, der Staat) Sachen erwirbt, auch dann das Eigentum daran erlangt, wenn die Sachen abhandengekommen sind. Anders sei es nur, wenn der Erwerber bösgläubig ist, das heißt wenn er wusste, dass es sich um gegen den Willen des Eigentümers entzogenes jüdisches Vermögen handelt und der veräußernde Staat nicht Eigentümer ist.[364]

Damit werden die NS-Enteignungsgesetze im Ergebnis nur als ex nunc aufgehoben betrachtet, denn es wird im Ergebnis behauptet, dass der staatliche Hoheitsakt (die öffentliche Versteigerung), der das gesetzliche Unrecht exekutierte, Rechtswirkung in der Vergangenheit entfalten konnte. Durch dieses Ergebnis

---

363 AG Wiesbaden, 13.11.1945, SJZ 1946, S. 36 (Leitsatz wohl von der Redaktion der SJZ); ebenso Kleine 1946, S. 36; BGHZ 9, 34 (Leitsatz 2, S. 44), 11.2.1953: Die durch § 3 der Elften Verordnung angeordneten Enteignungen waren schon zur Zeit ihrer formalen Geltung nichtig; BGHZ 16, 350 (354), 28.2.1955; BGHZ 26, 91 (93), 25.11. 1957; BVerfGE 23, 98 (106 f.): Die 11. Durchführungsverordnung zum Reichsbürgergesetz ist von Anfang an nichtig. Andere Meinung: die Aufhebung der „Enteignungsgesetze" erfolgte nur ex nunc, LG Berlin, 24.5.1947, NJW 1947/48, S. 230.

364 AG Wiesbaden, 13.11.1945, SJZ 1946, S. 36.

bleibt der Gedanke des gesetzlichen Unrechts für die betroffenen Juden ohne Rechtsfolge. Die Entscheidung ist problematisch, weil sie den Zusammenhang zum NS-Unrechts-Staat ausklammert. § 935 Abs. 2 BGB ist die Ausnahme zu § 935 Abs. 1 BGB, wonach (gutgläubiger) Eigentumserwerb von abhandengekommenen Sachen nicht möglich ist. Wenn der Erwerb gestohlener Sachen im Wege der öffentlichen Versteigerung ausnahmsweise Eigentum begründen soll, so kann dem wohl nur die Annahme des Gesetzgebers zugrunde liegen, dass der Staat grundsätzlich rechtmäßig handelt und der Erwerber deswegen hinsichtlich einer öffentlichen Versteigerung einen erhöhten Vertrauensschutz genießt. Schutzgut des § 935 Abs. 2 BGB ist die Verkehrssicherheit, der Verkehrsschutz[365] *im rechtsstaatlichen Gemeinwesen.*

Eine Vermutung für die Rechtmäßigkeit staatlichen Handelns kann im NS-Unrecht-Staat gerade nicht bestehen, so dass es im Unrechts-Staat grundsätzlich, hinsichtlich der Enteignung jüdischen Vermögens im Besonderen, keinen Grund gibt, die Eigentumsfrage hinsichtlich der im Wege der öffentlichen Versteigerung erworbenen Gegenstände anders zu behandeln, als die der im freihändigen Verkauf erworbenen. Gezeigt ist damit erneut, wie wichtig es ist, die Frage nach dem gesetzlichen Unrecht und nach der Rechtmäßigkeit von staatlichen Hoheitsakten, die auf gesetzlichem Unrecht basieren, einzubinden in eine materielle Analyse des Unrechts-Staates. Im Rechtsstaat richtige Gewährleistungen, wie der „erweiterte Gutglaubensschutz" bei öffentlichen Versteigerungen, dürfen nicht auf das Handeln des Unrechts-Staates angewendet werden. Andernfalls kommt man zu dem schwer verständlichen Ergebnis, dass die Gesetze zwar gesetzliches Unrecht sind, die darauf gegründeten Hoheitsakte aber, obwohl ohne gesetzliche Grundlage, Rechtsverhältnisse begründen und ändern können.

bb) Das Rückerstattungsrecht

Schon 1945 verhängte die Militärregierung mit dem Gesetz Nr. 52[366] eine Vermögenssperre über alles Vermögen, das „unter Zwang oder Drohung übertragen oder rechtswidrig dem Eigentümer oder Besitzer entzogen oder erbeutet worden ist" (Artikel 1 Ziff. 2). Dieses Vermögen wurde dem Rechtsverkehr entzogen. Es durfte nicht verkauft, belastet, entzogen oder sonstwie darüber verfügt werden (Artikel 1 Ziff. 3).[367] Dieses Gesetz bezeichnet die NS-Enteignungsgesetze

---

365 Palandt 1988, § 935 Abs. 2 Ziff. 1 b.

366 Gesetze Alliierter Kontrollrat und Amerikanische Militärregierung, Bd. 2, Proklamationen und Gesetze 1-60.

367 Deswegen meint Kleine SJZ 1946, S. 36, dass das AG Wiesbaden gar nicht hätte entscheiden dürfen, sondern das Verfahren gemäß § 148 ZPO analog hätte einstellen müssen.

und die Hoheitsakte aufgrund dieser Gesetze eindeutig als Unrecht. Der Vermögensentzug war nach Artikel 2 Ziff. 2 des Gesetzes rechtswidrig

> „ohne Rücksicht darauf, ob diese Handlungen in Anwendung von Rechtssätzen oder im Wege von Verfahren, die den Schein des Rechts zu wahren vorgaben oder in sonstiger Weise vorgenommen wurden."

Die im Wesentlichen identischen Rückerstattungsgesetze der westlichen Besatzungszonen von 1947 und 1949[368] regelten die „Rückerstattung feststellbarer Vermögensgegenstände an Opfer der nationalsozialistischen Unterdrückungsmaßnahmen". Zweck der Gesetze war es, „in möglichst großem Umfange beschleunigt" die Rückerstattung der aus Gründen der Rasse, der Religion, der Nationalität oder der politischen Anschauung „ungerechtfertigt entzogenen" Vermögen zu bewirken (Artikel 1). Das Rückerstattungsrecht knüpft an Radbruchs Lehre vom gesetzlichen Unrecht und übergesetzlichen Recht an:[369]

> „Von einer Rechtsauffassung aus, die nicht mehr dem Positivismus frönt und für die deshalb der Nationalsozialismus nicht das Recht, sondern das Unrecht in seiner Zeit darstellt, ist eine Rechtserneuerung nicht denkbar, ohne daß zuvor und zugleich dieses Unrecht aufgehoben, es also im Rahmen des Möglichen wiedergutgemacht wird."[370]

Die Bestimmung in Artikel 2 Abs. 2 der Rückerstattungsgesetze, wonach niemand mit seiner Einwendung gehört wird, seine Handlungsweise habe „den allgemeinen Anschauungen entsprochen", belegt den Ursprung des Gesetzes aus dem Gedanken des gesetzlichen Unrechts. Klargestellt ist damit, dass die Schlechterstellung eines Menschen wegen seiner Rasse, seiner Religion oder politischen Überzeigung zwar den damaligen Gesetzen entsprochen haben mag, aber nicht im Einklang mit dem „wirklichen Recht" stand.[371]

In zwei Punkten gehen die Rückerstattungsgesetze über das Urteil des AG Wiesbaden hinaus. Artikel 1 Abs. 3 des britischen Gesetzes und Artikel 1 Abs. 2 des amerikanischen Gesetzes bestimmten, dass Rechte anderer Personen (z. B. erworbene Eigentumsrechte) der Rückerstattung an den ursprünglichen Eigentümer nicht entgegenstehen, auch wenn der Erwerber von dem Unrecht keine

---

368 Amerikanische Zone: Gesetz Nr. 59 vom 10.11.1947, in: Gesetze Alliierter Kontrollrat und Amerikanische Militärregierung, Bd. 2, Proklamation und Gesetze 1-60; Französische Zone: Verordnung Nr. 120 vom 10.11.1947, in: Journal Officiel 1947, S. 1219, 1269; 1948, S. 1567, 1771; Britische Zone: Gesetz Nr. 59 vom 12.5.1947, in: Verordnungsblatt für die Britische Zone 1949, S. 152 ff.; West-Berlin: Rückerstattungsanordnung vom 26.5.1949.

369 Zu diesem Zusammenhang, vgl. Arndt 1947 b, S. 162.

370 Ebd., S. 161.

371 Ebd., S. 162.

Kenntnis hatte. Die Vorschriften über den gutgläubigen Erwerb (§§ 932, 935 BGB) bleiben ausdrücklich außer Betracht. Der Ausschluss des Gutglaubensschutzes (auch bei öffentlichen Versteigerungen) ist ausgehend vom Verständnis des NS-Staates als Unrechts-Staat konsequent, denn

> „[...] niemand [durfte] darauf vertrauen, sich darauf verlassen, daß unter Hitlers Gewaltherrschaft überhaupt noch Recht für jedermann in Deutschland herrschte, sondern offenkundig war, daß unter Mißachtung der Menschenrechte einzelne und ganze Gruppen außerhalb des Rechts gestellt wurden."[372]

Unrecht sind nach den Rückerstattungsgesetzen nicht nur die NS-Enteignungsgesetze, sondern vor allem auch die Hoheitsakte, die die Enteignungen vollzogen. Artikel 2 Abs. 1 b der Rückerstattungsgesetze bestimmte, dass der Entzug des Vermögens, der auf einem Hoheitsakt oder auf dem Missbrauch staatlicher Macht beruhte, „ungerechtfertigt" ist. Darunter fallen nach den Rückerstattungsgesetzen insbesondere Beschlagnahme, Einziehung, Verfall kraft Gesetzes, Gerichtsentscheidungen oder Übertragungen aufgrund einer Anordnung des Staates oder eines seiner Beamten (Artikel 2 Abs. 3).

Entscheidend ist Artikel 12 des Gesetzes Nr. 59 in der britische Zone bzw. Artikel 15 des Gesetzes Nr. 59 in der amerikanischen Zone, wonach der Vermögensentzug und die Vermögensübertragung ein rechtliches Nullum sind. Sie gelten als nicht erfolgt, sind also von Anfang an nichtig. Sie konnten Rechtsverhältnisse weder ändern noch neu begründen. Die Rückerstattungsanordnung hat

> „die Wirkung, daß der Verlust der Rechte des Berechtigten oder seines Rechtsvorgängers an dem ungerechtfertigt entzogenen Vermögen als nicht erfolgt gilt."
> „Später erworbene Rechte Dritter [gelten als] nicht erworben."[373]

Die Antragsfrist für die Rückerstattung richtete sich gemäß Artikel 48 Abs. 1 des britischen Gesetzes nach Artikel 3 Ziff. 6 der „Allgemeinen Verfügung der Militärregierung Nr. 10".[374] Sie lief zunächst bis zum 31.12.1948. Die Frist wurde später für alle Vermögen bis auf Geldmittel und Wertpapiere bis zum 31.12.1949 verlängert.[375] Nach Artikel 56 Abs. 1 des amerikanischen Gesetzes lief die Antragsfrist bis zum 31.12.1948.[376]

---

372 Ebd., S. 163.

373 Vgl. Fußnote 368.

374 Verordnungsblatt für die Britische Zone 1947, S. 145 (146).

375 1. und 2. Änderung der Allgemeinen Verfügung Nr. 10, Verordnungsblatt für die Britische Zone 1948, S. 138, 181.

376 Ob die Frist verlängert wurde, konnte nach den verfügbaren Unterlagen nicht festgestellt werden.

cc) Die Rechtsprechung des Bundesgerichtshofs

In Übereinstimmung mit den Grundsätzen der Rückerstattungsgesetze, wonach die Hoheitsakte aufgrund gesetzlichen Unrechts ein rechtliches Nullum darstellen, entschied der Große Zivilsenat des BGH 1955 folgenden Fall: Wertpapiere der Klägerin, einer Jüdin, die nach § 3 der 11. Durchführungsverordnung zum Reichsbürgergesetz dem NS-Staat verfallen waren, lagen unberührt im Tresor einer Bank. Da die 11. Durchführungsverordnung von Anfang an nichtig gewesen sei, habe

> „die Verfallserklärung [...] auch unter der nationalsozialistischen Herrschaft Rechtswirkungen nicht zu erzeugen vermocht. Sie konnte dem Verfolgten weder sein Eigentum noch sein Recht zum Besitz der von der Verfallserklärung betroffenen Vermögensgegenstände nehmen."[377]

Deswegen habe die Klägerin einen Herausgabeanspruch nach dem amerikanischen Rückerstattungsgesetz.

Ganz anders, und zwar in der Weise, dass ein Leistungsanspruch einer jüdischen Klägerin aus einem Versicherungsvertrag durch eine Verfügung aufgrund § 3 der 11. Durchführungsverordnung zum Reichbürgergesetz erloschen sei, entschied der 2. Zivilsenat des BGH 1953[378] den folgenden Fall: Eine Jüdin, Berechtigte aus einer Lebensversicherung, die mit einer Schweizer Versicherung abgeschlossen war, floh 1938 aus Deutschland. Ihr Vermögen verfiel gemäß § 3 der 11. Durchführungsverordnung zum Reichsbürgergesetz dem NS-Staat. Die Schweizer Versicherung zahlte die Versicherungssumme 1943 an die Oberfinanzdirektion in Berlin aus. Die Versicherung vertrat in einem Gerichtsverfahren nach 1945 die Auffassung, dass ihre vertragliche Leistungspflicht dadurch erloschen sei.[379] Die Klägerin machte hingegen geltend, dass die Zahlung an den NS-Staat wegen ihres materiellen Unrechtsgehalts keine Rechtswirkung entfalten könne und sie deswegen weiterhin einen Anspruch aus dem Versicherungsvertrag habe.[380] Der BGH entschied, dass die Versicherung durch die Leistung von der Vertragsschuld befreit sei,[381] obwohl das Gericht gleichzeitig die gesetzliche Grundlage der Leistung (die 11. Durchführungsverordnung) für von Anfang an nichtig erklärte.[382] Der BGH argumentierte, dass aus der Nichtgeltung der 11. Durchführungsverordnung

---

377 BGHSt 16, 350 (354), 28.2.1955.

378 BGHZ 9, 34, 11.2.1953.

379 Ebd. S. 37.

380 Ebd. S. 43 f.

381 Ebd., S. 49.

382 Ebd. (Leitsatz 2, S. 44).

„nicht gefolgert werden kann, daß damit ohne weiteres auch die Tatbestände, die durch jene Gesetze ausgelöst werden, rechtlich nicht beachtlich seien."[383]

Den Bestand von Rechtsgeschäften und hoheitlichem Handeln aufgrund von gesetzlichem Unrecht begründet der BGH erstens mit der – so könnte gesagt werden – normativen Kraft des Unrechts-Gesetzes und zweitens mit der Rechtssicherheit:

„Wie jedem Einsichtigen von vornherein klar war, konnte aber das Trümmerfeld, das die nationalsozialistischen Gewaltmaßnahmen auch auf dem Gebiet des Rechts hinterlassen haben, nicht einfach dadurch aufgeräumt werden, daß den Tatbeständen, die durch jene Maßnahmen hervorgerufen worden waren, ohne weiteres die rechtliche Beachtung versagt wurde und sie als nicht geschehen behandelt wurden. Dadurch, daß der nationalsozialistische Staat in der Lage gewesen war, seine Akte des Unrechts viele Jahre lang mit allen ihm zur Verfügung stehenden Machtmitteln durchzusetzen, waren deren Auswirkungen auf allen Lebensgebieten so weittragend und tiefgreifend, daß nur ein neuer Rechtswirrwarr entstanden wäre, wenn die Rechtsordnung über die nun einmal entstandenen Tatsachen einfach durch Nichtbeachtung hinweggegangen wäre. Die Entwirrung des durch jene Unrechtsakte geschaffenen Chaos konnte vielmehr nur durch eine besondere gesetzliche Regelung vorgenommen werden."[384]

Da für den vorliegenden Fall eine solche besondere gesetzliche Regelung durch die Rückerstattungsgesetze fehle, habe die Versicherung mit schuldbefreiender Wirkung an den „formal legitimierten Gläubiger" (die Oberfinanzdirektion Berlin) geleistet. Würde man die schuldbefreiende Wirkung der Zahlung an das Reich nicht anerkennen, so würde nach Auffassung des BGH „neues Unrecht an die Stelle des alten gesetzt".[385]

Hierdurch wird das Unrecht, das der Klägerin angetan wurde, mit der wirtschaftlichen Schlechterstellung der Versicherung gleichgesetzt. Mit dieser Entscheidung wird die vom BGH fast pathetisch vorgetragene Begründung für die Nichtigkeit der 11. Durchführungsverordnung ex tunc[386] faktisch in eine Nichtigkeit ex nunc umgedeutet; denn die Rechtsgeschäfte und Hoheitsakte gelten, als ob das Gesetz gültiges Recht gewesen wäre.[387] Gesetzliches Unrecht bleibt so bloße Deklamation. Eine Wiedergutmachungsfunktion – bzw. im strafrechtli-

383 Ebd. S. 45

384 BGHZ 9, 34 (45).

385 BGHZ 9, 34 (46).

386 Ebd., S. 44.

387 Zu diesem Widerspruch zwischen Nichtigkeit ex tunc und Rechtsverhältnis gestaltender Wirkung BGHZ 16, 350, 356 (356 f.). Aus diesem Urteil des Großen Senats für Zivilsachen wird deutlich, dass es innerhalb des BGH unterschiedliche Auffassungen darüber gab, welche Konsequenzen aus der Festestellung zu ziehen sind, dass die 11. Durchführungsverordnung zum Reichsbürgergesetz von Anfang an nichtig ist.

chen Bereich eine Bestrafungsfunktion – kommt dem Begriff des gesetzlichem Unrechts so nicht zu. Wiedergutmachung im Rahmen des Möglichen, als Teil einer Aufarbeitung von NS-Verbrechen, kann diese Rechtsprechung nicht erreichen.

Eine weitere Beschränkung der Wiedergutmachung ergibt sich aus einer anderen Entscheidung des Bundesgerichtshofs, wonach die Rückerstattungsgesetze eine Rückforderung nach dem allgemeinen bürgerlichen Recht ausschließen.[388] Damit hatten jüdische Kläger, die die Fristen der Rückerstattungsgesetze versäumt hatten, keine Möglichkeit mehr, ihr Vermögen wiederzuerlangen. Den Ausschluss der Rückforderung nach den Vorschriften des Bürgerlichen Gesetzbuchs begründet der BGH mit der „allgemeinen Forderung nach Rechtssicherheit und baldiger Beruhigung des Wirtschaftslebens“.[389] Diese Auffassung wurde in der damaligen Rechtslehre kritisiert. Die vom BGH vertretene Auffassung bedeute, „im Zeichen der Wiedergutmachung weiteres Unrecht“ zu schaffen“.[390]

3. Entzug jüdischen Vermögens als Verbrechen gegen die Menschlichkeit

Zur Frage, ob die Enteignung von Juden nach dem KRG 10 strafbar ist, gibt es soweit ersichtlich nur ein veröffentlichtes Urteil. 1946 befasste sich das OLG Frankfurt mit der Frage, ob die Beschlagnahme jüdischen Vermögens und dessen anschließende Versteigerung durch einen Antiquitätenhändler Verbrechen gegen die Menschlichkeit sind. Nach Ansicht des Gerichts stellt die Beschlagnahme eine Verfolgung aus rassischen Gründen dar, nicht aber die anschließende Versteigerung. Der Antiquitätenhändler sei nicht nach dem KRG 10 strafbar, da erstens „der Hehler im KRG 10 keine Erwähnung findet“[391] und zweitens das Verbrechen gegen die Menschlichkeit mit der Beschlagnahme abgeschlossen sei, so dass der Händler „weder Mittäter noch Gehilfe dieses Verbrechens sein kann“.[392] Die Versteigerung stelle auch kein selbständiges Verbrechen gegen die Menschlichkeit dar, weil

> „in der späteren Verwertung der Gegenstände keine oder doch keine nennenswerte fühlbare Einwirkung auf die von der Beschlagnahme betroffenen Juden liegt. Daß

388 BGHZ 10, 340 (Leitsatz), 8.10.1953; so auch OLG Frankfurt, 25.11.1952, NJW 1953, S. 310 (311).

389 BGHZ 10, 340 (343).

390 Dubro 1953, S. 706; Zimmer 1953, S. 472; Burkhardt 1952, S. 590.

391 OLG Frankfurt, 4.7.1946, DRZ 1946, S. 93.

392 Ebd., S. 94.

eine Einwirkung körperlicher und auch seelischer Art für jedes Verbrechen gegen die Menschlichkeit erforderlich ist, liegt im Wesen des Verbrechens begründet."[393]

Die Versteigerung sei straflose Nachtat, da

„die Verwertung, die sich bei einer widerrechtlichen endgültigen Wegnahme als ein natürlicher, ja mehr oder weniger zwangsläufiger Akt darstellt, der [...] [für die deportierten Juden, C.L.] von nebensächlicher Bedeutung" war.[394]

Diese Entscheidung wird dem KRG 10 nicht gerecht. Durch die Betrachtung jedes Tatkomplexes als Einzeltat wird der Zweck des Gesetzes, jede Beteiligung an Unmenschlichkeitsverbrechen zu bestrafen, verfehlt. Die Tatsache, dass der Antiquitätenhändler das Verbrechen gegen die Menschlichkeit unterstützte, indem er den nationalsozialistischen Machthabern bei der Verwertung des erlangten Gutes behilflich war, wird nicht ausreichend Rechnung getragen. Dass Hehlerei im KRG 10 nicht ausdrücklich erwähnt ist, ist ein oberflächliches Argument, da im KRG 10 überhaupt keine Beteiligungs- und Unterstützungsformen genannt sind.

III. Die Anstaltsmorde

1. Die objektive Rechtswidrigkeit

Für die Strafbarkeit der Anstaltsmorde stellte sich zunächst die Frage, ob diese (objektiv) rechtswidrig waren. Die „Euthanasie"-Täter beriefen sich darauf, dass ihr Handeln wegen des folgenden „Erlasses" von Hitler nicht rechtswidrig gewesen sei:

„Reichsleiter Bouhler und Dr. med. Brandt sind unter Verantwortung beauftragt, die Befugnisse namentlich zu bestimmender Ärzte so zu erweitern, daß nach menschlichem Ermessen unheilbar Kranken bei kritischster Beurteilung ihres Krankheitszustandes der Gnadentod gewährt werden kann.
gez.: Adolf Hitler".[395]

a) Die Rechtsprechung 1946-1948

Die Rechtsprechung der ersten Phase stellte übereinstimmend fest, dass das Handeln der „Euthanasie"-Täter durch den Erlass nicht gerechtfertigt war, weil diesem schon aus formellen Gründen der verbindliche normative Charakter fehl-

393 Ebd.

394 Ebd.

395 Zit. n. Klee 1983, S. 100.

te und/oder weil der Erlass wegen des Verstoßes gegen übergesetzliches Recht gesetzliches Unrecht darstellte.[396]

In fast allen Urteilen der ersten Phase bis 1947 wurde dem Schreiben Hitlers schon aus formellen Gründen die bindende Kraft abgesprochen. Das „Ermächtigungsschreiben"

> „war keine gültige Rechtsnorm. Es trägt weder am Kopf des Schreibens noch bei der Unterschrift einen die staatsrechtliche Stellung des Unterzeichneten bezeichnenden Zusatz, noch die Gegenzeichnung eines Ministers, noch ist es veröffentlicht worden. Die im nationalsozialistischen Schrifttum vertretene These, daß jeder Willensäußerung Hitlers Gesetzeskraft zukomme, ist zu keiner Zeit selbst Gesetz geworden. Bis zuletzt blieben auch während der nationalsozialistischen Herrschaft die Gegenzeichnungen durch den zuständigen Minister und die Verkündung im Reichsgesetzesblatt Brauch."[397]

Der Gedanke des gesetzlichen Unrechts war nach Ansicht dieser Urteile überflüssig:

> „Es bedarf indes einer Erörterung der Frage, ob und in welchem Umfang gesetztem Recht Geltung versagt werden kann oder muß, wenn es mit den Forderungen in Widerspruch tritt, die als Naturrecht bezeichnet werden, in diesem Zusammenhang nicht, denn das Schreiben Hitlers war weder formell noch materiell eine gültige Rechtsnorm."[398]

Demgegenüber urteilte das LG Frankfurt 1946 und 1947, dass die Verbindlichkeit der Ermächtigung durch Hitler nicht schon aus formellen Gründen verneint werde könne. Zu berücksichtigen seien die damalige Rechtsauffassung, wonach jedem Führerbefehl Gesetzeskraft zukam, und dass das Faktische eine ihm innewohnende normierende Kraft habe.[399] Das Gericht folgte der Argumentation der Verteidigung, wonach Hitlers Schreiben formelle Gesetzeskraft zukomme, weil

---

396 Vgl. Benzler 1988, S. 139.

397 OLG Frankfurt, 12.8.1948, Rüter, Bd. I, S. 171; sehr ähnlich KG Berlin, 24.8.1946, Rüter, Bd. I, S. 40; OLG Frankfurt, 20.10.1948, Rüter, Bd. I, S. 371; OLG München, 21.7.1948, Rüter, Bd. III, S. 21; LG Koblenz, 4.10.1948, Rüter, Bd. III, S. 252; LG Frankfurt, 28.1.1948, Rüter, Bd. II, S. 199 f.; LG Frankfurt, 9.2.1948, Rüter, Bd. IV, S. 62.

398 OLG Frankfurt, 8.12.1947, Rüter, Bd. I, S. 170; ebenso OGHSt 1, 321 (324), 5.3.1946; OGH, 23. 7.1949, Rüter, Bd. III, S. 533.

399 LG Frankfurt, 21.12.1946, Rüter, Bd. I, S. 156; LG Frankfurt, 30.1.1947, Rüter, Bd. I, S. 253; Diese Argumentation gibt das LG Frankfurt später auf: 8.12.1947, Rüter, Bd. 1, S. 173 f. Ab 1948 erkennt das LG Frankfurt der Ermächtigung nur aus formellen Gründen die Rechtskraft ab, LG Frankfurt, 28.1.1948, Rüter, Bd. II, S. 199 f.; LG Frankfurt, 9.2.1949, Rüter, Bd. IV, S. 62 f.

„jede Staatsführung, die im Besitz der tatsächlichen politischen Macht ist, in jeder ihr beliebigen Form Recht setzen könne [...]. Rechtlosigkeit und Willkür waren die Kennzeichen fast jeder Neubildung staatlicher Macht. Und doch besteht kein Zweifel, daß auch solche, auf Gesetzlosigkeit und Unrecht geborene staatliche Macht Recht werden und Recht schaffen konnte.“[400]

Die verpflichtende Kraft fehle dem Erlass aber, weil er gesetzliches Unrecht sei. In Übereinstimmung mit Radbruch meint das Gericht, dass einer Norm ausnahmsweise die Geltung abgesprochen werden müsse, wenn sie gegen die Menschenrechte verstößt.

„Dieses sogenannte Gesetz Adolf Hitlers verletzte aber das elementarste aller Naturrechtsgüter, das Recht des Individuums auf Leben [...]. Das Recht auf Leben aber ist ein unentbehrlicher Teil jeder sittlichen Gemeinschaftsordnung. Die sittlich und auch rechtlich verbindliche Kraft der Naturrechtsnorm: ‚Du sollst nicht töten‘ ist deshalb so stark, daß sie niemals von der formellen Rechtskraft eines Gesetzes verdrängt werden kann. Dieser Erlaß Hitlers hat somit kein Recht geschaffen, sondern nur das Unrecht in seiner krassesten Form höchstenfalls zum formell gültigen Rechtssatz erhoben, auf den sich aber wegen seines Unrechtsgehaltes niemand berufen kann. Ein Gesetz mit so elementar unsittlichem Inhalt ist immer und unter allen Umständen wegen dieses Inhalts rechtsungültig. Daraus ergibt sich, daß das angebliche Gesetz rechtsunwirksam ist und niemals materielle Gesetzeskraft erlangt hat. Die Handlungen der Angeklagten sind deshalb objektiv rechtswidrig.“[401]

Andere Gerichte argumentieren „zweigleisig“, das heißt sie erkannten dem Erlass die Rechtskraft aus formellen und aus naturrechtlichen Gründen ab.[402]

b) Die Rechtsprechung ab 1948

Die Urteile der zweiten Phase ab 1948 übernehmen die formelle und die naturrechtliche Argumentation und erklären die Tötungen im Rahmen der „Euthanasie“-Aktion weiterhin für objektiv rechtswidrig.[403] Während in der ersten Phase die Gerichte überwiegend ausschließlich formell argumentierten, sind diese Gerichte jetzt in der Minderheit. Nur noch wenige Gerichte argumentieren aus-

---

400 Die Argumentation der Verteidigung, zit. n. OLG Frankfurt, 8.12.1947, Rüter Bd. I, S. 173.

401 LG Frankfurt, 21.12.1946, Rüter, Bd. I, S. 156; ähnlich LG Frankfurt, 30.1.1947, Rüter, Bd. I, S. 253; LG Frankfurt,: 21.3.1947, Rüter, Bd. I, S. 343; KG Berlin, 24.8.1946, Rüter, Bd. I, S. 40.

402 KG Berlin, ebd.; LG München, 21.7.1948, Rüter, Bd. III, S. 21; LG Koblenz, 29.7.1948, Rüter, Bd. XXII, S. 627.

403 Benzler 1988, S. 143.

schließlich formell.[404] Die überwiegende Zahl der Gerichte argumentiert zweigleisig.[405] Das LG Düsseldorf lässt die Frage der formellen Geltung dahingestellt, da der Erlass gesetzliches Unrecht darstelle.[406]

c) Die Notwendigkeit des Begriffs des gesetzlichen Unrechts

Radbruch, Lange und Arndt sind sich einig, dass es zur Begründung der objektiven Rechtswidrigkeit der Anstaltsmorde des Gedankens des gesetzlichen Unrechts nicht bedurfte.[407] Denn von den beiden Formen des Unrechts, die die „Zweispurigkeit" des nationalsozialistischen Regimes kennzeichneten, einerseits das „Unrecht in Form des Gesetzes" und andererseits das „Unrecht gegen das Gesetz",[408] liege bei den Anstaltsmorden die zweite Form vor, da der Erlass nicht in der Form des Gesetzes ergangen sei. Im Gegensatz zum „Unrecht in Form des Gesetzes", das zu seiner Entkräftung naturrechtlicher Argumente bedürfe, reiche hier der „Positivismus, die bloße Forderung der Gesetzlichkeit".[409] Arndt hebt hervor, dass es eines „Eintauchens in das offene Meer des Naturrechts"[410] nicht bedürfe, weil auch „die normative Kraft des Faktischen" gerade den geheimgehaltenen Hitler-Erlass nicht zum geltenden Recht erheben konnte. Denn die Lehre von der normativen Kraft des Faktischen besage, dass das Faktische erst dann normierend wirke, wenn es „allgemein die Menschen bestimmt, sich ihrerseits danach zu richten". Erst diese Anerkennung durch die Rechtsunterworfenen „wirkt normierend, konstituiert ein Gesetz".[411] Gerade diese für die normierende Kraft des Faktischen notwendige Anerkennung konnte der Hitler-Erlass wegen seiner Geheimhaltung nicht entfalten. Das heißt, überall dort, wo der NS-Staat zu Täuschung und Geheimhaltung, wie bei der „Euthanasie"-Aktion, Zuflucht suchen musste, weil mit der Anerkennung der Machtunterworfenen nicht zu rechnen war, wurde der Wille Hitlers nicht

---

404 LG Hannover, 29.7.1950, Rüter, Bd. VII, S. 129; BGH, 28.11.1952, Rüter, Bd. XI, S. 725; LG Göttingen, 2.12.1953, Rüter, Bd. XI, S. 754.

405 LG Tübingen, 5.7.1949, Rüter, Bd. V, S. 99; OLG Freiburg, 13.10.1949, Rüter, Bd. VI, S. 511 f.; LG Freiburg, 2.5.1950, Rüter, Bd. VI, S. 531; LG Koblenz: 28.7.1950, Rüter, Bd. VII, S. 51; LG München I, 15.3.1951, Rüter, Bd. VIII, S. 271, 289 f.; LG Düsseldorf, 31.5.1951, Rüter, Bd. VIII, S. 457; LG Düsseldorf, 7.2.1953, Rüter, Bd. X, S. 343; LG Köln, 4.12.1953, Rüter, Bd. XII, S. 48.

406 OLG Düsseldorf, 27.1.1950, Rüter, Bd. VI, S. 23.

407 Radbruch 1947 f, Sp. 633; Lange 1947 b, S. 200; Arndt 1947 a, S. 192.

408 Radbruch ebd. mit Bezug auf Ernst Fraenkel, The Dual State, Oxford University Press, 1941.

409 Radbruch ebd., Sp. 633; Lange 1947 b, S. 200.

410 Arndt 1947 a, S. 192.

411 Ebd., S. 190; ebenso OLG Frankfurt, 9.12.1948, Rüter, Bd. I, S. 173 f.

„geltende Rechtsordnung des Staates, sondern blieb [...] national-sozialistische Gewaltherrschaft', d.h. Gesetzwidrigkeit auch und gerade nach dem Maßstab des damaligen positiven Rechts."[412]

Es ist richtig, dass sich die objektive Rechtswidrigkeit der „Euthanasie"-Taten mit der fehlenden formellen Geltung der Hitler-Ermächtigung begründen lässt. Die Kriterien der fehlenden Veröffentlichung im Gesetzesblatt und der fehlenden Gegenzeichnung des Ministers reichen aber nicht aus, um die Grenze legitimer Rechtsetzung aufzuzeigen. Denn diese Kriterien könnten zu der Annahme führen, dass „Recht" entstanden wäre, wenn der Erlass ordnungsgemäß verkündet und gegengezeichnet worden wäre. Das führt zu dem „tragikomischen Satz", dass der NS-Staat alles gekonnt hätte, nur nicht das Reichsgesetzblatt abschaffen.[413] Auch das Abstellen auf die fehlende normative Kraft des Faktischen legt den Schluss nahe, dass „Recht" entstanden wäre, wenn der Nationalsozialismus es auch noch geschafft hätte, die Menschen dazu zu bringen, die Tötung von kranken Menschen als rechtens anzuerkennen. Um die Grenzen legitimer Rechtssetzung zu verdeutlichen und für die Entlegitimierung der NS-Rechtsordnung bedarf es (ergänzend) des Maßstabes des übergesetzlichen Rechts.

2. Unrechtsbewusstsein und übergesetzliches Recht

Fast alle „Euthanasie"-Täter beriefen sich in den Prozessen auf ihr fehlendes Unrechtsbewusstsein. Sie hätten geglaubt, dass ihr Verhalten aufgrund des Hitler-Erlasses erlaubt war.

a) Die erste Phase 1946-1948[414]

aa) Die Rechtsprechung

Die Angeklagten argumentierten, sie hätten in dem Erlass ein verbindliches Gesetz gesehen, dass ihnen die Tötung von kranken Menschen gebot. Deswegen hätte ihnen das Bewusstsein der Rechtswidrigkeit gefehlt, so dass Vorsatz und

412 Arndt 1947 a, S. 192.

413 Arndt 1960, S. 943.

414 Wenn hier 1948 als Ende einer ersten Phase angegeben wird, so ist das nicht so zu verstehen, als hätte es 1948 einen abrupten Bruch gegeben. Die Phasen bezeichnen die langsame Verschiebung von Mehrheitsverhältnissen. Auch in der zweiten Phase argumentierten Gerichte wie in der ersten Phase und in der zweiten Phase gab es Gerichte, die wie in der ersten Phase argumentierten.

Schuld ausgeschlossen seien.[415] Die Gerichte hatten sich daraufhin mit zwei Fragen zu beschäftigen, die in der ersten und zweiten Phase entgegengesetzt beantwortet wurden:

1. Ist es denkbar, dass sich jemand im Irrtum darüber befindet, dass eine dem Tötungsverbot widersprechende positive Norm verbindliche Kraft hat?
2. Wie ist ein solcher Irrtum strafrechtlich zu bewerten? Schließt er den Vorsatz aus? Kann sich jemand mit strafbefreiender Wirkung auf gesetzliches Unrecht berufen?

Die Rechtsprechung der ersten Phase entwickelte drei Argumente, um die Berufung auf den Erlass Hitlers abzuschneiden. Eine Mindermeinung (LG München, OLG München) folgte der Rechtsprechung des Reichsgerichts, wonach das Bewusstsein der Rechtswidrigkeit für eine Strafbarkeit nur zu fordern sei, wenn die Rechtswidrigkeit ausdrücklich in den gesetzlichen Tatbestand aufgenommen worden ist.[416] Das ist bei den Tötungsdelikten nicht der Fall, so dass das Bewusstsein der Rechtswidrigkeit nicht Voraussetzung der Strafbarkeit sei. Haben die Angeklagten an die Rechtmäßigkeit ihres Handelns geglaubt, somit ihr Tun für erlaubt gehalten, so handele es sich um einen unbeachtlichen Strafrechtsirrtum.[417]

Die übrigen Urteile forderten für die Strafbarkeit der „Euthanasie“-Täter das Bewusstsein der Rechtswidrigkeit. Eine erste Gruppe von Urteilen wies das Unrechtsbewusstsein im Einzelfall nach. Dazu wurde zunächst, in Übereinstimmung mit einer naturrechtlichen Rechtsauffassung, die den Kern des Rechts nicht in staatlichen Verboten erblickt, klargestellt, dass weder das Bewusstsein, gegen ein bestimmtes Gesetz zu verstoßen, noch die Kenntnis der Strafbarkeit des Tuns erforderlich sei. Ausreichend ist das Gefühl, Unrecht zu tun, das „Bewusstsein des Unrechts“.[418] Dies wurde in den Strafprozessen dann im Einzelfall nachgewiesen.[419]

---

415 In der Nachkriegszeit wurden Vorsatz und Fahrlässigkeit überwiegend als Schuldformen und das Unrechtsbewusstsein als Teil des Vorsatzes angesehen.

416 RGSt 26, 265, 1.1.1894; RGSt 20, 293 (294), 18.5.1890; RGSt 53, 81 (85), 13.5.1919.

417 LG München, 21.7.1948, Rüter, Bd. III, S. 22; OLG München, 22.12.1948, Rüter, Bd. III, S. 28; vgl. RGSt 58, 247 (259), 24.6.1924; RGSt 63, 215 (218 f.), 8.5.1929; RGSt 53, 81 (85) 13.5.1919.

418 LG Frankfurt, 21.12.1946, Rüter, Bd. I, S. 157; LG Frankfurt, 30.1.1947, Rüter, Bd. I, S. 254; OLG Frankfurt, 8.12.1947, Rüter, Bd. I, S. 176.

419 LG Frankfurt, 21.12.1946, Rüter, Bd. I, S. 157; LG Frankfurt, 28.1.1948, Rüter, Bd. I, S. 202; LG Koblenz, 29.7.1948, Rüter, Bd. XXII, S. 627; LG Düsseldorf, 24.11.1948, Rüter, Bd. III, S. 527.

In einer zweiten Gruppe von Urteilen wurde ein Argument entwickelt, dass sich als Fortführung des Gedankens des gesetzlichen Unrechts auf der Ebene des Unrechtsbewusstseins, als „psychologische Realisierung der Idee eines übergesetzlichen Rechts“[420] bezeichnen lässt. Das Argument besteht aus zwei Teilen: Konnte das Unrechtsbewusstsein dem Angeklagten im Einzelfall nicht nachgewiesen werden, so wurde es dem Angeklagten dennoch wegen der Evidenz des naturrechtlichen Tötungsverbote zugerechnet, da ein Irrtum über das Tötungsverbot bei gesunden Menschen unmöglich sei. Das Bewusstsein der Rechtswidrigkeit wurde quasi fingiert. Hatte ein Angeklagter im Einzelfall wirklich einmal nicht das Bewusstsein der Rechtswidrigkeit und war er von der Rechtmäßigkeit seines Handelns überzeugt, so könne – so die Argumentation – auch dies wegen der Evidenz des Tötungsverbots nicht entlastend wirken. Ein Irrtum über naturrechtliche Grundsätze ist strafrechtlich unbeachtliche Rechtsblindheit. Das OLG Frankfurt und das LG Frankfurt formulierten diese Argumentation unter Berufung auf Radbruch prägnant:

> „Wie jedes Recht nicht anders definiert werden kann, als eine Ordnung und Satzung, die ihrem Sinn nach bestimmt ist, der Gerechtigkeit zu dienen (G. Radbruch, Gesetzliches Unrecht und übergesetzliches Recht, SJZ 1946, S. 107) [...], so kann auch einem Angeklagten nicht gestattet werden, sich darauf zu berufen, daß er an das Vorhandensein eines Rechtssatzes geglaubt habe, wenn dieser Rechtssatz gegen naturrechtlich evidente Sätze verstößt [...]. Darum aber handelt es sich hier.“[421]
>
> „Selbst aber wenn die Angeklagten ein solches Unrechtsbewußtsein nicht gehabt hätten, könnten sie sich hierauf nicht berufen, weil der Unrechtsgehalt des sogenannten Gesetzes auch für den einfachsten Menschen erkennbar war und ein Nichterkennen nur auf einer Auffassung beruhen könnte, die jeder herkömmlichen Anschauung von Recht und Unrecht in krasser Form zuwiderläuft und deshalb unberücksichtigt bleiben muß.“[422]
>
> „Darf und muß schon bei jedem Menschen ein gewisser Grundstock von rechtlichen Vorstellungen vorausgesetzt werden [...], so kann Rechtsblindheit eines Arztes, dessen Beruf das Heilen, nicht das Töten ist, gegenüber der Heiligkeit und Unverletzlichkeit des menschlichen Lebens auch und gerade des Schwächsten, Ärmsten und Wehrlosen, kein Entschuldigungsgrund sein.“[423]

Dieses Argument, wodurch die Berufung auf gesetzliches Unrecht nie strafbefreiende Wirkung hat, gleichgültig, ob der Angeklagte an das Vorliegen eines

420 Radbruch 1947 c, S. 22.

421 OLG Frankfurt, 8.12.1947, Rüter, Bd. I, S. 176.

422 LG Frankfurt: 21.12.1946, Rüter, Bd. I, S. 157.

423 OLG Frankfurt, 2.8.1947, Rüter, Bd. I, S. 176; OLG Frankfurt, 16.04.1948, Rüter, Bd. I, S. 270; OLG Frankfurt, 21.03.1947, Rüter, Bd. I, S. 352; OLG Frankfurt, 20.10.1948, Rüter, Bd. I, S. 371; LG Frankfurt, 28.1.1948, Rüter, Bd. II, S. 202; LG Freiburg, 16.11.1948, Rüter, Bd. VI, S. 518.

verbindlichen Gesetzes geglaubt hat oder nicht, findet sich auch noch in einigen Urteilen nach 1948.[424] Dies zeigt, dass die angegebenen Phasen keinen abrupten Bruch bedeuteten, sondern Aussagen über Mehrheitsverhältnisse sind. Hinsichtlich der Frage des Unrechtsbewusstseins gab es eine relativ lange Umschwungphase.

bb) Die Rechtslehre

Die Argumentation der Rechtsprechung findet Unterstützung in der Rechtslehre. Radbruch meint, dass zum Vorsatz das Bewusstsein der Rechtswidrigkeit nicht zu fordern sei. Nur von einer „imperativen Rechtsauffassung" aus, die „die Urform des Rechts in Befehlen, in Geboten oder Verboten erblickt", sei man genötigt, Vorsatz als bewussten Ungehorsam aufzufassen und damit das Unrechtsbewusstsein für die Strafbarkeit zu fordern. Das gelte nicht von einem naturrechtlichen Rechtsbegriff aus. Eine an der Urform des Rechts orientierte Schuldlehre sei nicht genötigt, das Bewusstsein der Rechtswidrigkeit zu fordern.[425] Damit befindet sich Radbruch im Wesentlichen in Einklang mit der Rechtsprechung des Reichsgerichts. Denn dieser Rechtsprechung liegt mit der Auffassung, wonach das Unrechtsbewusstsein nur zu fordern ist, wenn die Rechtswidrigkeit in den Tatbestand des Strafgesetzes aufgenommen ist, eine solche nichtimperative Rechtsauffassung zugrunde. Das Reichsgericht geht davon aus, dass der Gesetzgeber die Widerrechtlichkeit nur dann in den Tatbestand aufgenommen habe, wenn sich das Strafgesetz nicht als Kodifizierung naturrechtlicher Verbote darstelle, wenn das Strafgesetz den „Dunstkreis der 10 Gebote" verlasse. Ist das Gesetz nur die Festschreibung ohnehin vorhandener Verbotsvorstellungen, so sei die Rechtswidrigkeit des Verstoßes klar und das Bewusstsein der Rechtswidrigkeit regelmäßig vorhanden. Das Unrechtsbewusstsein müsse somit nicht gesondert geprüft und im Einzelfall festgestellt werden.

> „Nach der derzeitigen Gesetzgebung und Rechtsprechung besteht die strafrechtliche Schuld des Täters darin, daß er – im Besitz des freien Willens – vorsätzlich oder fahrlässig eine Handlung oder Unterlassung begangen hat, deren tatsächliches Ergebnis von dem im Strafgesetz verkörperten allgemeinen Rechtsbewußtsein als eine Rechtsverletzung angesehen wird, die durch Bestrafung zu schützen ist. Vorsätzliches Verschulden des Täters ist mit dem Bewusstsein der Verwirklichung aller äußeren Tatumstände gegeben, durch die der strafrechtliche Tatbestand begründet wird. Daß der Täter sich dabei bewußt ist, gegen die durch das Strafgesetz geschützte Rechtsordnung zu verstoßen, wird regelmäßig nicht erfordert, vielmehr wird das Bewusstsein der Rechtswidrigkeit nur dann zur Annahme einer strafrechtlichen

---

424 LG Frankfurt, 9.2.1949, Rüter, Bd. IV, S. 63 f.; LG Koblenz, 28.7.1950, Rüter, Bd. VII, S. 51; LG München, 15.3.1951, Rüter, Bd. VIII, S. 291.

425 Radbruch 1947 f, Sp. 634.

Schuld vorhanden sein, wenn das Gesetz die Widerrechtlichkeit des Handelns in die Begriffsbestimmung der Straftat aufgenommen hat. Das Bewusstsein, sich nach dem Strafgesetze schuldig zu machen, braucht der Täter in keinem Falle zu haben, um schuldig erkannt werden zu können. Auch der in Strafrechtsirrtum Befangene verwirklicht vorsätzlich oder fahrlässig den jeweiligen strafrechtlichen Tatbestand; sein Verschulden besteht trotz des Irrtums in der vorsätzlichen oder fahrlässigen Verursachung der Rechtsverletzung."[426]

Eine dem Rechtsgefühl und der gesetzgeberischen und naturrechtlichen Wertung entgegenstehende Wertung des Täters ist damit unbeachtlicher Strafrechtsirrtum.

Die Voraussetzung der Irrtumslehre des Reichsgerichts, dass ein Irrtum über das Strafgesetz die Strafbarkeit nicht ausschließe, weil jedermann die den Strafgesetzen zugrundeliegenden Verbote kenne oder kennen müsse, sahen Rechtslehre und Rechtsprechung mit dem zunehmenden Umfang des „Nebenstrafrechts", das sich vom „Dunstkreis der 10 Gebote" entferne, schwinden.[427] Deswegen forderte eine ab 1945 im Vordringen befindliche Meinung das Bewusstsein der Rechtswidrigkeit als Voraussetzung der Strafbarkeit. In der Rechtslehre bis etwa 1948 blieb dabei aber der von Radbruch und dem Reichsgericht formulierte Grundgedanke erhalten, wenn betont wurde, daß die *Möglichkeit* des Unrechtsbewusstseins, das Für-Möglich-Halten des Unrechts ausreiche und dieses beim Verstoß gegen evidentes Naturrecht regelmäßig vorliege.

„Wir stimmen Radbruchs Auffassung zu, jedoch mit der Maßgabe, daß die Möglichkeit des Bewußtseins der – materiell gefaßten – Rechtswidrigkeit gefordert werden muß."[428]

„Diese Möglichkeit bestand aber immer dann, wenn man gegen naturrechtlich evidente Sätze verstieß, wie hier."[429]

Dass die Möglichkeit des Unrechtsbewusstseins dem Nachweis des tatsächlich vorhandenen Unrechtsbewusstseins beim Verstoß gegen evidentes Naturrecht gleichgesetzt werden darf, leitet Bauer direkt aus Radbruchs Lehre vom gesetzlichen Unrecht und übergesetzlichen Recht her:

„Ganz allgemein stellt sich aber die Frage, ob nicht die Bejahung eines durch keinen Gesetzgeber antastbaren Kernbereichs des Rechts – eines Minimums an Menschenrechten, wie das Recht auf Leben, auf physische Freiheit und Gleichheit aller ohne Ansehen der Person – notwendigerweise auch die Bejahung eines Kernbereichs von Rechts- und Unrechtsbewußtsein bei einem jeden nach sich ziehen muß."[430]

---

426 RGSt 53, 81 (84 f.), 24. 3./22.5.1919.

427 Hartung 1949, S. 342 f.; BGHSt 2, 194 (202) 18.03.1952.

428 Lange 1948 a, Sp. 310.

429 Ders. 1947, S. 201; ders. 1948 a, Sp. 310; ders. 1948 d, S. 159; Hartung 1949, S. 343.

430 Bauer 1968, S. 305; ähnlich Hartung 1949, S. 343.

Daraus ergebe sich, dass eine dem Naturrecht entgegenstehende Wertung des Täters als Rechtsblindheit unbeachtlich bleiben muss:

> „Wenn die Berufung auf die Rechtsblindheit hier durchgreift, wird die Idee des Rechts und der Freiheit selbst mit gebundenen Händen ihren Verrätern ausgeliefert.“[431]

cc) Die Rechtsprechung des Obersten Gerichtshofes für die Britische Zone

Mit den Aussagen zum Unrechtsbewusstsein in den „Euthanasie“-Urteilen und der Rechtslehre der ersten Phase stimmt die Rechtsprechung des OGH zum Unrechtsbewusstsein überein. Auch nach Auffassung des OHG ist der Nachweis des tatsächlich vorhandenen Unrechtsbewusstseins nicht erforderlich. Ausreichend sei die Möglichkeit des Unrechtsbewusstseins, die (individuelle) Fähigkeit, das Unrecht zu erkennen:

> „Jedoch ist nicht erforderlich, daß der Täter das Bewußtsein der Rechtswidrigkeit hat. Es genügt, daß er es nach dem Maß seiner Einsicht, Reife, Lebenserfahrung und nach seinen geistigen Gaben *haben könnte.* Von jedem Staatsbürger ist zu verlangen, daß er seine Handlungen in dieser Weise abwägt und sich besserer Einsicht nicht aus Eigennutz oder Gedankenlosigkeit verschließt.“[432]
>
> „Verläßt er [der Täter, C.L.] sich blind auf die Nazipropaganda und wird er sich infolgedessen des Unrechts nicht bewusst, so entlastet ihn das nicht. Nur dann, wenn er sich nach seinen besonderen persönlichen Verhältnissen des Unrechts nicht bewußt werden *konnte*, ist er für die verursachte Unmenschlichkeit nicht verantwortlich.“[433]

Mit dieser Rechtsprechung schneidet der OGH jede Berufung auf die NS-Ideologie,[434] auf den Glauben an die Rechtmäßigkeit des NS-Staates[435] und auf gesetzliches Unrecht ab.

b) Die zweite Phase ab 1948/49

aa) Die Verbotsirrtumslehre des Bundesgerichtshofs

1952 fällte der Große Strafsenat des BGH eine Grundsatzentscheidung zum Unrechtsbewusstsein.[436] Infolge dieser Entscheidung wird in Rechtsprechung und Rechtlehre vermehrt die Auffassung vertreten, dass sich ein Täter im Verbots-

---

431 Lange 1950, S. 618.

432 OGHSt 1, 67 (69), 17.8.1948, Hervorheb. im Urteil; ähnlich OGHSt 1, 167 (Leitsatz 2 und S. 170), 16.11.1948.

433 OGHSt 1, 167 (170), 16.11.1948, Hervorheb. im Urteil.

434 OGHSt 1, 6 (Leitsatz), 25.5.1948.

435 OGHSt 1, 19 (22), 22.6.1948.

436 BGHSt 2, 194 (196), 18.3.1952.

irrtum befindet, wenn er die Tat durch eine Gegennorm gerechtfertigt sieht, sei es, dass er eine Gegennorm irrig annimmt, also an das Vorliegen einer rechtfertigenden Norm glaubt, oder dass er die Grenzen der Gegennorm verkennt. Damit konnte ein Verbotsirrtum grundsätzlich auch dann vorliegen, wenn der Täter nicht erkennt, dass die Gegennorm seine Tat nicht zu rechtfertigen vermag, weil sie gegen das Naturrecht verstößt und somit gesetzliches Unrecht darstellt. Der Verbotsirrtum schließt die Schuld allerdings nur dann aus, wenn er unvermeidbar war. Das ist der Fall, wenn der Täter sich weder durch „Anspannung des Gewissens“, dessen „Maß sich nach den Umständen des Falles und dem Lebens- und Berufskreis des Einzelnen“ richte, noch durch Erkundigungen von der Unrechtmäßigkeit des Tuns überzeugen konnte.[437]

Hierdurch ergeben sich zwei Unterschiede zu der unter Buchstabe a dargestellten Auffassung: Erstens ist nicht mehr die aus der Evidenz des Naturrechts folgende Möglichkeit des Unrechtsbewusstseins ausreichend und zweitens ist es erforderlich, in jedem Einzelfall die Unvermeidbarkeit bzw. Vermeidbarkeit des Irrtums nachzuweisen. Bei der Prüfung der Vermeidbarkeit spielt die Schwere der Rechtsverletzung keine entscheidende Rolle mehr. Maßstab für die Vermeidbarkeit des Irrtums sind die Fähigkeiten, die Erziehung und die Lebensumstände des einzelnen Täters. Damit werden ideologische Verblendung durch den Nationalsozialismus, der blinde Glaube an die Rechtmäßigkeit des NS-Staates und seiner Gesetze zum Exkulpationsgrund, da sie die Fähigkeit des Einzelnen zum Erkennen des Unrechts einschränken. Besonders im Unrechts-Staat – so legt der BGH nahe – sei ein unvermeidbarer Irrtum über die rechtfertigende Wirkung eines dem Tötungsverbot widersprechenden Gesetzes nicht unwahrscheinlich. In der Auseinandersetzung mit der Irrtumslehre des Reichsgerichts heißt es bezogen auf die Zeit des Nationalsozialismus:

> „Für die große Menge der im Reichsstrafgesetzbuch unter Strafe gestellten Verbrechen mochte die Meinung, daß ein unverschuldeter Irrtum über das Verbot nicht wohl denkbar sei, in den politisch und sozial ausgeglichenen Zeiten der zweiten Hälfte des 19. Jahrhunderts einige Berechtigung haben. In Zeiten dagegen, in denen das Gefüge des staatlichen und sozialen Lebens in seinen Grundfesten erschüttert oder geradezu umgestaltet wird, trifft dies nicht zu [...]. Was Recht und was Unrecht ist, ist nicht mehr selbstverständlich. Damit eröffnet sich die Möglichkeit des Verbotsirrtums, und zwar auch des unverschuldeten.“[438]

Relativiert wird diese NS-Verbrechen exkulpierende Tendenz der Irrtumslehre durch zwei Äußerungen des BGH, die Gedanken der ersten Phase aufnehmen.

437 Ebd., S. 201; ähnlich BGHSt 4, 1 (Leitsatz 2), 23.12.1952; BGHSt 4, 237 (242 f.), 23.4.1953.

438 BGHSt 2, 194 (202 f.), 18.3.1952.

Die „Rechtsblindheit“ des Überzeugungstäters wird als eine „Spielart“ des verschuldeten bzw. vermeidbaren Verbotsirrtums bezeichnet:

> „Die Schuld des Überzeugungstäters liegt darin, daß er bewußt an der Stelle der Wertordnung der Gemeinschaft seine eigene setzt und von dieser her im Einzelfalle falsch wertet. Der abgestumpfte Gewohnheitsverbrecher hat durch strafbare Lebensführung die Ansprechbarkeit durch sittliche Werte und damit die Fähigkeit eingebüßt, durch Gewissensanspannung zur Unrechtskenntnis zu gelangen. Seine Schuld ist Lebensführungsschuld.“[439]

Zweitens habe die Schwere der Rechtsverletzung – so wird in einer Entscheidung ausgeführt, die allerdings kurz vor der genannten Grundsatzentscheidung des BGH erging – Unrechtsbewusstsein indizierende Wirkung. Die

> „[…] Gröblichkeit und Offensichtlichkeit der Verletzung wird regelmäßig auch ein sicheres Anzeichen dafür sein, ob diejenigen, die die Maßnahme anordnen, durchführen oder förderten, im Bewußtsein der Widerrechtlichkeit handelten.“[440]

bb) Die Rechtslehre

Die Rechtslehre der zweiten Phase hat, soweit es sich aus veröffentlichten Meinungsäußerungen ergibt, diese zuletzt genannten Einschränkungen des BGH nicht aufgenommen. Schon 1948 meinte Welzel zu der Frage, „wieweit dem Täter gesetzliches Unrecht als solches erkennbar war“, in bewusster Wendung gegen die Rechtsprechung und Rechtslehre der ersten Phase:

> „Der Ernst des Schuldvorwurfes erlaubt nicht die Fiktion eines ‚evidenten‘ Naturrechts, mit dem man heute, wie früher schon oft, das Problem lösen zu können glaubte.“[441]

Wenn „evidentes Naturrecht“ nur eine Fiktion ist, dann kann es eine Zurechnung von Unrechtsbewusstsein aus naturrechtlichen Gründen nicht geben. Fehlt eine objektive verbindliche (Natur-) Rechtsordnung, kann von dem einzelnen Täter nicht mehr verlangt werden, als dass er mit seinem individuellen, wenn auch „irrenden Gewissen“ in Einklang handelt.

> „Wenn jemand sich bewußt ist, nach Gewissen gehandelt zu haben, so kann von ihm, was Schuld oder Unschuld betrifft, nicht mehr verlangt werden.“[442]

Damit sind der Maßstab für die Vermeidbarkeit des Irrtums nur das individuelle Gewissen und die individuellen Fähigkeiten, nicht die Schwere der Rechtsverletzung. Damit entfällt der Schuldvorwurf auch bei Rechtsblindheit:

---

439 Ebd., S. 208 f.

440 BGHSt 2, 234 (239) 29.1.1952.

441 Welzel 1949 b, S. 6; ähnlich Welzel 1949 a, S. 375; Klefisch 1950, S. 264.

442 Ebd., S. 16.

„Mit dem Schlagwort der ‚Rechtsblindheit‘, die den tatsächlich vorliegenden Rechtsirrtum nicht entschuldigen soll, hat man eine These aufgestellt, die dem natürlichen Denken und Empfinden nicht gerecht wird. Wer rechtsblind ist, vermag das Recht nicht zu sehen, ebenso wie der natürlich Blinde seine Umgebung nicht sieht. Gerade deshalb kann man dem Rechtsblinden sein Handeln nicht zum Vorwurf machen.“[443]

Diese Gedanken überträgt Welzel 1949 auf die Anstaltsmorde. Nach einem historischen Exkurs, mit dem er darlegt, dass die Tötung kranker Menschen schon lange vor der NS-Zeit diskutiert wurde, hält er fest:

„In der Frage der Zulässigkeit oder Unzulässigkeit der Vernichtung lebensunwerten Lebens kann von einer solchen naturrechtlichen Evidenz nicht die Rede sein.“[444]

Deswegen – so Welzels Zusammenfassung – hätten es sich die Gerichte der ersten Phase zu leicht gemacht, wenn sie meinten, die Angeklagten könnten sich nicht auf einen Irrtum über das naturrechtlich evidente Tötungsverbot berufen.[445]

cc) Die Rechtsprechung 1951-1967[446]

Hinsichtlich der Feststellung des Unrechtsbewusstseins lässt sich ein Umschwung in der Rechtsprechung zu den Anstaltmorden erst 1951, also später als in der Rechtslehre, feststellen. Die Urteile zwischen 1948 bis 1951 behandeln vielfach die Frage des Unrechtsbewusstseins nicht, da die Strafbarkeit schon wegen (vermeintlicher) Rettungsabsicht[447] verneint wird.[448] Die „Euthanasie“-Urteile ab 1951 behandeln die Frage des Unrechtsbewusstseins wie von Welzel und vom BGH vorgezeichnet. Die wesentliche Differenz zur Rechtsprechung der ersten Phase besteht darin, dass das Unrechtsbewusstsein dem Täter nicht mehr wegen der Evidenz des Tötungsverbots zugerechnet wird, sondern im Einzelfall nachgewiesen werden musste. Dabei reichte für den Nachweis nicht mehr das Gefühl, Unrecht zu tun:

---

443 Klefisch 1949, S. 328.

444 Welzel 1949 a, S. 376.

445 Ebd., S. 375.

446 Benzler markiert den Beginn der zweiten Phase mit 1947/48. Diese Differenz ergibt sich wohl daraus, dass Benzler mehrere Kriterien für die Phaseneinteilung heranzieht (Benzler 1987, S. 54), hier jedoch allein der Wandel betreffend das Unrechtsbewusstsein betrachtet wird.

447 Zur Rettungsabsicht und Pflichtenkollision vgl. unten.

448 LG Koblenz, 4.10.1948, Rüter, Bd. II, S. 260 f.; OLG Koblenz, 12.5.1949, Rüter, Bd. III, S. 270 f.; OLG Düsseldorf, 27.1.1950, Rüter, Bd. IV, S. 29 ff., 33, 60 ff.; LG Hannover, 24.7.1950, Rüter, Bd. VII, S. 130 ff.

„Daß die Angeklagten durchweg die Tötungen nicht billigten, weil sie in ihnen Verstöße gegen das 5. Gebot sahen, ist für die Erörterung des Problems nicht ergiebig. Aus dieser inneren Not kann nämlich für die hier entscheidende Frage nichts hergeleitet werden."[449]

Gefordert wird der Nachweis, dass die Angeklagten den Hitler-Erlass für Unrecht hielten:

„Die Tatsache allein, daß einem Staatsbürger durch ein Gesetz etwas aufgetragen wird, das mit seiner religiösen Überzeugung nicht in Einklang steht, besagt noch nichts darüber, daß er wegen dieser Zweifel die staatliche Norm für unverbindlich und illegitim (im nichtrechtspositivistischen Sinne) halten muß."[450]

Während hier für das Unrechtsbewusstsein wenigstens noch für ausreichend gehalten wird, dass die Angeklagten den Erlass nach überpositivem Recht für Unrecht hielten, wurde in anderen Entscheidungen dieser letzte Rest eines übergesetzlichen Rechts verneint, wenn verlangt wurde, dass die Angeklagten konkret gewusst haben mussten, dass keine rechtmäßige Norm vorlag:

„Hinzu kommt der Glaube der Angeklagten an die Gesetzmäßigkeit. Es ist einzuräumen, daß weder Wesse [vorgesetzter Arzt, C.L.] noch die Angeklagten darüber unterrichtet waren, wie ein Gesetz zustande kommt."[451]

Das bedeutet, dass die Angeklagten nur geltend zu machen brauchten, an die Existenz eines verbindlichen Gesetzes geglaubt zu haben, um straflos zu sein. Damit wird der Glaube an gesetzliches Unrecht zum Exkulpationsgrund.

Die Unvermeidbarkeit des Irrtums über die rechtfertigende Wirkung des Unrechts-Erlasses begründeten die Gerichte mit zwei Argumenten: Vor allem Angeklagte, die in weisungsabhängigen Positionen am Anstaltsmord beteiligt waren (Pfleger, Krankenschwestern), wurden als zu dumm und autoritätsgläubig dargestellt, um sich über die Grenzen der rechtfertigenden Wirkung einer Unrechtsnorm und damit über die Rechtswidrigkeit der Tat Klarheit zu verschaffen:

„Den Angeklagten [ist] kein Vorwurf daraus zu machen, daß sie sich auf die Auskünfte der Ärzte über ein die Tötung anordnendes Gesetz einfach verlassen haben, ohne eigene Nachforschungen anzustellen."[452]

Denn es handele sich bei den Angeklagten um Menschen,

„die aufgrund ihrer Ausbildung und Tätigkeit ein grenzenloses Vertrauen zu ihren Ärzten gewonnen hatten und auch wegen ihrer geistigen Unbeweglichkeit nur mit einem unterdurchschnittlichen Kritikvermögen ausgestattet sind."[453]

---

449 LG München I, 12.3. 1965, Rüter, Bd. XX, S. 713.

450 LG München I, 12.3.1965, Rüter, Bd. XX, S. 712.

451 LG Düsseldorf, 15.3.1951, Rüter, Bd. VIII, S. 458 f.; LG Düsseldorf, 2.12.1953, Rüter, Bd. XI, S. 757.

452 LG München I, 12.3.1965, Rüter, Bd. XX, S. 712

Zudem konnten die Angeklagten nach Auffassung der Gerichte unvermeidbar über die Nicht-Verbindlichkeit des Erlasses irren, weil das Lebensrecht von behinderten Menschen kein Naturrecht sei, das in die Herzen der Menschen eingeschrieben sei:

> „Ob die Vernichtung lebensunwerten Lebens absolut und a priori als unsittlich und gegen eine höhere Rechtsordnung verstoßend anzusehen ist, kann schon zweifelhaft sein. Insbesondere bestehen gegen den Ausgangspunkt des [...] Urteils des OLG Frankfurt am Main [...][454] erhebliche Bedenken, daß es sich hierbei um einen Verstoß gegen naturrechtlich evidente Sätze handele."[455]

Die Frage der Tötung von behinderten Menschen sei schon lange diskutiert worden.[456] Deswegen könne man von einem Kernbereich rechtlicher Vorstellungen, die einen Irrtum über die Rechtsverbindlichkeit eines dem Tötungsverbot widersprechenden Gesetzes als unmöglich bzw. vermeidbar erscheinen lassen, nicht sprechen. Weil die Angeklagten diese Diskussion kannten, brauchten sie

> „keineswegs der Ansicht zu sein, daß eine solche Freigabe dem Naturrecht oder dem allgemeinen Sittengesetz oder wie man das ungeschriebene höhere Recht sonst nennen will, widersprechen."[457]

Folglich handelten die Angeklagten in einem unverschuldeten, unvermeidbaren Verbotsirrtum.[458]

c) *Die dritte Phase ab 1967*

Ungefähr 1967 kommt es bei der Frage des Unrechtsbewusstseins zu einem nochmaligen Umschwung[459] in den Urteilen. Wie in der ersten Phase wird für den Nachweis des Unrechtsbewusstseins für ausreichend gehalten, dass der An-

---

453 LG München I, 12.3.1965, Rüter, Bd. XX, S. 712; ähnlich LG Göttingen, 31.5.1951, Rüter, Bd. VIII, G. 458; LG Göttingen, 2.12.1953, Rüter, Bd. XI, S. 757; LG Düsseldorf, 7.2.1953, Rüter, Bd. X, S. 345.

454 Gemeint ist das Urteil des OLG Frankfurt, 8.12.1947, Rüter, Bd. I, S. 166 ff.

455 LG Göttingen, 2.12.1953, Rüter, Bd. XI, S. 758.

456 Zu Recht kritisiert Benzler die Gleichsetzung dieser Diskussion mit den NS-Anstaltsmorden, Benzler 1988, S. 153.

457 LG Göttingen, 2.12.1953, Rüter, Bd. XI, S. 762.

458 Ebd., S. 763 f.; ähnlich LG Göttingen, 31.5.1951, Rüter, Bd. VIII, S. 459.

459 Anders Benzler 1987, S. 74, die eine einheitliche zweite Phase bis 1974 annimmt. Der Unterscheid dürfte damit zu erklären sein, dass hier nur die Frage des Unrechtsbewusssteins betrachtet wird, Benzler aber die Gesamtargumentation in den Urteilen betrachtet.
Auch in dieser Phase sind die Urteile nicht einheitlich. Vgl. zur Fortdauer der Argumente der zweiten Phase LG Frankfurt, 6.6.1972, Ks 1/66, S. 67 („Borm"-Entscheidung).

geklagte gefühlt hatte, dass Unrecht begangen wurde. Dieses Gefühl müsse bei einem normalen Menschen regelmäßig wegen des Ausmaßes des Verstoßes gegen das naturrechtliche, überstaatliche Tötungsverbot angenommen werden;

> „denn kein normal empfindender Mensch kann Massentötungen für richtig und für eine billigenswerte Sache halten.“ [460]

Der Verbotsirrtum wurde jetzt vermehrt wieder als vermeidbar angesehen. Von den Angeklagten wurde verlangt, dass sie ihr Gewissen hinsichtlich der Rechtmäßigkeit der „Euthanasie“-Aktion – weil es um Menschenleben ging – in nicht unerheblicher Weise anzustrengen hatten. Sie hätten dann erkennen können, dass der Hitler-Befehl normatives Unrecht war:

> „Der dem Angeklagten somit im Ganzen zuzubilligende Verbotsirrtum war jedoch vermeidbar. Die ihm angesonnenen Taten waren ungeheuerlich. Bei gehöriger Gewissensanspannung hätte er erkennen können, daß die Ermordung unschuldiger Menschen auch nicht durch [...] einen Befehl zu rechtfertigen war. Der Angeklagte [...] hat eine Möglichkeit, sich gegen das Unrecht zu entscheiden, nicht genutzt, indem er seine Bedenken gegen die Verbrechensausführung ohne nachhaltige Gegenvorstellung alsbald und in nicht entschuldbarer Weise zurückstellte.“[461]

Diese Rechtsprechung, die aus der Schwere der Rechtsverletzung folgert, dass der Angeklagte bei gehöriger Gewissensanspannung den Irrtum hätte vermeiden können, nimmt die Rechtsprechung der ersten Phase, die aus der Verletzung evidenten Naturrechts die (ausreichende) Möglichkeit des Unrechtsbewusstseins ableitet, wieder auf.

3. Die Strafbarkeit nach dem Kontrollratsgesetz Nr. 10

a) Die Anwendung des Kontrollratsgesetzes Nr. 10

„Euthanasie“-Verbrechen wurde nur in wenigen Fällen nach dem KRG 10 strafrechtlich beurteilt. Zwischen 1946 und Mitte 1948 fanden Verfahren zu „Euthanasie“-Verbrechen nur vor Gerichten der amerikanischen Zone, die zur Aburteilung von NS-Verbrechen nach dem KRG 10 nicht allgemein ermächtigt waren, und in Berlin statt. Erst danach folgten einige Verfahren in der französischen und der britischen Zone, in denen die Strafbarkeit (auch) nach dem KRG 10 geprüft wurde.[462] Von 1948 bis 1951 wurden 6 Angeklagte nach dem KRG 10

---

460 LG Frankfurt, 27.5.1970, Rüter, Bd. XXXIV, Lfd. Nr. 733.

461 LG Hannover, 20.12.1968, Rüter, Bd. 31, Lfd. Nr. 696; ähnlich LG Stuttgart, 15.9.1967, Rüter , Bd. XXVI, Lfd. Nr. 658; LG Frankfurt, 20.12.1968, Rüter, Bd. XXXI, Lfd. Nr. 697.

462 LG Koblenz, 4.10.48 und OLG Koblenz 12.5.49, Rüter, Bd. III. Lfd. Nr. 088; OLG Koblenz 14.7.49, LG Koblenz 28.7.50 und OLG Koblenz 5.4.51, Rüter, Bd. VII, Lfd.

rechtskräftig verurteilt (1948: 1; 1949: 3; 1950: 2) und 19 rechtskräftig freigesprochen (1948: 2; 1949: 6; 1950: 5; 1951: 6). Die Gerichte waren sich einig, dass das KRG 10 trotz des Rückwirkungsverbots anzuwenden sei, weil Gerechtigkeit und Rechtssicherheit die Bestrafung der Verbrechen verlange.[463] Bis auf das LG Tübingen und das OLG Tübingen, die ausschließlich das KRG 10 als lex specialis anwendeten,[464] urteilten die Gerichte nach dem KRG 10 und nach deutschem Strafrecht, wobei zwischen den Delikten Idealkonkurrenz angenommen wurde.[465] Das KRG 10 ermöglichte den Gerichten, das Vorbringen der Angeklagten, es habe eine rechtfertigende Gegennorm (Hitler-Erlass) gegeben und sie hätten deswegen weder objektiv rechtswidrig noch schuldhaft gehandelt, kurz abzuschneiden:

> „Im übrigen ergibt sich bereits aus dem Wortlaut des Art. II 4 b KRG Nr. 10, daß staatliche Gesetze, Verordnungen und Erlasse, die gegen die Menschlichkeit verstoßen, unverbindlich sind und die Beteiligten nicht von ihrer Verantwortung befreien."[466]
>
> „Die Angeklagten hatten bei Begehung der Tat auch das Bewußtsein der Rechtswidrigkeit. Sie berufen sich zwar darauf, sie hätten an das Vorhandensein eines gültigen Gesetzes geglaubt und hätten sich verpflichtet gefühlt, diesem zu folgen [...]. Es kann dahingestellt bleiben, ob und inwieweit dieses Vorbringen richtig ist, da es jedenfalls die strafrechtliche Verantwortlichkeit der Angeklagten nicht auszuschließen vermag. In Art. II 4 b des KRG Nr. 10 ist ausdrücklich bestimmt, daß die Tatsache, daß jemand unter dem Befehl seiner Regierung oder seines Vorgesetzten handelt, ihn von der Verantwortlichkeit für ein Verbrechen nicht befreit."[467]

Nr. 225; LG Koblenz, 29.7.48, Rüter, Bd. XXII, Lfd. Nr. 609; LG Tübingen, 5.7.49 und OLG Tübingen, 14.3.50, Rüter, Bd. V, Lfd. Nr. 155; LG Freiburg, 16.11.48, OLG Freiburg, 13.10.49 und LG Freiburg, 2.5.50, Rüter, Bd. VI, Lfd. Nr. 211; LG Düsseldorf, 24.11.48 und OGH, 23.7.49, Rüter, Bd. III, Lfd. Nr. 102; LG Düsseldorf, 27.1.50, Rüter, Bd. VI, Lfd. Nr. 191; LG Hannover, 29.7.50, Rüter, Bd. VII, Lfd. Nr. 226; LG Düsseldorf, 31.5.51, Rüter, Bd. VIII. Lfd. Nr. 282; OGH, 5.3.49 und BGH, 28.11.52 und LG Dortmund, 2.12.53, Rüter, Bd. XI, Lfd. Nr. 380.

463 Z.B. LG Koblenz, 4.10.1948, Rüter, Bd. III, S. 260; LG Düsseldorf, 24.11.1948, Rüter, Bd. II, S. 490; LG Tübingen, 5.7.1949, Rüter, Bd. V, S. 100.

464 LG Tübingen, ebd., S. 100 ff.; OLG Tübingen, 14.3.1950, Rüter, Bd. V, S. 121 ff.

465 Z.B. LG Koblenz, 4.10.1948, Rüter, Bd. III, S. 260; LG Freiburg: 16.11.1948, Rüter, Bd. VI, S. 509; OLG Freiburg, 13.10.1949, Rüter, Bd. VI, S. 536; OGH, 5.3.1949, Rüter, Bd. II, S. 717; OGH, 23.7.1949, Rüter, Bd. III, S. 549.

466 LG Tübingen, 5.7.1949, Rüter, Bd. V, S. 99; ähnlich LG Koblenz, 4.10.1948, Rüter, Bd. III, S. 260.

467 LG Tübingen, 5.7.1949, Rüter, Bd. V, S. 102.

Dennoch wurde bei den meisten Angeklagten eine Strafbarkeit nach dem KRG 10 im Ergebnis verneint, weil sie – so die im Folgenden nachgezeichnete Argumentation – nur mitgemacht hätten, um Schlimmeres zu verhüten.

b) Pflichtenkollision als Schuldausschließungsgrund

aa) Die Rechtsprechung der Landes- und Oberlandesgerichte

Die Rechtfertigungs- und Entschuldigungsgründe des deutschen Strafrechts gelten nach Ansicht der Gerichte auch für die Verbrechen gegen die Menschlichkeit. Aufgegriffen wurde der 1947/48 von der Rechtslehre entwickelte Gedanke der Pflichtenkollision. Danach handelt ein („Euthanasie"-)Täter, der sich „bei der Wahl zwischen zwei Übeln, dem kleineren, wenn er selbst aktiv mitwirkt, und dem größeren, wenn er untätig bleibt", für das kleinere Übel entscheidet, ohne Schuld.[468] Die Gerichte verneinten die Strafbarkeit auch nach dem KRG 10, wenn der Angeklagte in diesem Konflikt eine subjektiv richtige Gewissensentscheidung getroffen hat. Dabei wurde nicht gefragt, ob dies mit der gesetzlichen Wertung des KRG 10 – Verbrechen gegen die Menschlichkeit dürfen nicht, auch nicht im Einzelfall und auch nicht mit subjektiv vertretbaren Motiven begangen werden – übereinstimmte. Entschuldigt sei der Täter, wenn er

> „in einem anzuerkennenden sittlichen Konflikt nach anzuerkennenden sittlichen Erwägungen zu einer vertretbaren sittlichen Entscheidung gekommen sei. Es kommt also nicht darauf an, ob der von ihm eingeschlagene Weg mit der einhelligen Sittenanschauung in Einklang stand. Ein solches weitgehendes Erfordernis könnte überdies nur aufgestellt werden, wenn es eine irdische Instanz gäbe, die in allgemein anerkannter Verbindlichkeit über den sittlichen Wert menschlichen Handelns zu entscheiden berufen und in der Lage wäre. Tatsächlich hat diese Entscheidung nur von Fall zu Fall das Gewissen des Handelnden zu treffen [...]. So ist also ein letzter verbindlicher irdischer Spruch über den sittlichen Wert der Handlung eines Menschen außerhalb seines Gewissens ausgeschlossen."[469]

---

468 V. Weber 1948, S. 41; ders. 1947, S. 233 ff.; Hartung 1950, S. 152 ff.; Welzel 1949 a, S. 375; Schmidt 1949, S. 564 ff.; Klefisch 1950, S. 258 ff. nimmt sogar an, dass die Tat in diesem Fall gerechtfertigt sei.

469 LG Düsseldorf, 27.1.1950, Rüter, Bd. VI, S. 66 f.; LG Konstanz, 4.10.1948, Rüter, Bd. II, S. 261 ff.; LG Düsseldorf, 24.11.1948, Rüter, Bd. II, S. 491 ff.; LG Tübingen, 5.7.1949, Rüter, Bd. V, S. 103; LG Koblenz, 28.3.1950, Rüter, Bd. VII, S. 63; LG Hannover, 29.7.1950, Rüter, Bd. VII, S. 131; ebenso v. Weber 1947 b, S. 250: „Die Lösung derartiger Konflikte kann nur vom absoluten her im Gewissen gefunden werden."

bb) Die Kritik an dieser Rechtsprechung

Diese Rechtsprechung negiert das KRG 10. Indem die (rechtliche) Schuld der Angeklagten verneint und in außerrechtliche Bereiche des eigenen Gewissens und der moralischen Schuld vor einer nicht irdischen Instanz abgedrängt wird, wird der mit dem KRG 10 intendierte unverbrüchliche rechtliche Schutz des menschlichen Lebens und der Menschenwürde aufgehoben. Der mit dem KRG 10 beabsichtigte absolute Rechtsgüterschutz erlaubt keine Durchbrechung des Tötungsverbots, auch nicht, um andere Leben zu retten. Deswegen wird das Vorbringen „mitgemacht, um Schlimmeres zu verhüten“ 1947 noch mit scharfen Worten zurückgewiesen:

> „Die Angeklagte W. hat von der Liste der ohnehin zu Tötenden die noch Arbeitsfähigen ausgesondert, die Gesamtzahl der zu Tötenden also verringert. Indessen hat sie damit nicht in der Tendenz der Erhaltung von Rechtsgütern gehandelt.“[470]
>
> „Auf einen einfachen Nenner gebracht bedeutet dies soviel wie: Man sollte mich nicht der Tötung von 5 Männern schuldig sprechen, weil es zu dieser Zeit andere Leute gab, die 25 töten wollten. Man kann diesem Vorbringen nicht die Ehre antun, es eine Verteidigung zu nennen.“[471]

In Einklang mit der Wertung des KRG 10 betont der OGH, dass überhaupt keine Pflichtenkollision vorgelegen habe:

> „Die einzige hier vorliegende Rechtspflicht war vielmehr die jedes Staatsbürgers, sich von der Beteiligung an Straftaten fernzuhalten.“[472]

Weil die Vermeidung von Verbrechen gegen die Menschlichkeit die einzige Rechtspflicht war, könne – so der OGH –

> „die Entscheidung allein nach bestem Können [...] nicht genügen, weil das Wertmaß der anerkannten Rechtsgüter damit nicht mehr beim Gesetz als dem Gemeinschaftswillen, sondern bei dem Zufallskönnen, der Einsicht- und Verantwortungsfähigkeit des zufälligen Notstandstäters läge.“[473]

Entschuldigt sein könne nur, wer „sich des allgemeinen Maßstabes zutreffend bedient, nämlich dem gesetzlichen“, nicht wer „sich nach bestem Können entscheidet und danach verhält.“[474] Letzteres hieße, die Strafbarkeit der Menschen-

470 Lange 1947, S. 201.

471 Plädoyer des Hauptverteidigers für Kriegsverbrechen im Nürnberger Juristenprozess, zit. nach Steiniger, Leszczynski 1969, S. 87.

472 OGH, 23.7.1949, Rüter, Bd. III, S. 535; ähnlich OGH, 5.3.1949, Rüter, Bd. XI, S. 716.

473 OGH, 5.3.1949, Rüter, Bd. XI, S. 716.

474 Ebd.

rechtsverletzungen „von der sittlichen Motivation des Täters abhängig machen“.[475]

c) *Pflichtenkollision und Tatbestandsausschluss*

Doch auch der OGH meint, dass der Konflikt, in dem die Angeklagten sich subjektiv befunden hätten „strafrechtlich nicht unbeachtet bleiben“ dürfe.[476] Bei der Berücksichtigung des Konflikts geht der OGH über die untergerichtliche Rechtsprechung hinaus. Nach Ansicht des OGH entfällt, wenn der Angeklagte nur „mitmachte, um Schlimmeres zu verhüten“, nicht „nur“ die Schuld, sondern bereits der Tatbestand des KRG 10.[477] In diesem Falle fehle nämlich der für den objektiven Tatbestand des KRG 10 erforderliche Zusammenhang zur NS-Gewalt- und Willkürherrschaft. Denn ein solcher Täter

> „handelte insoweit gerade gegen die verbrecherische Planung. Von ihm ließe sich bei gerechter Betrachtung nicht sagen, daß sein Handeln, das der nationalsozialistischen Willkürherrschaft entgegenwirkt, mit dieser zusammenhänge. Ein allein auf Verhinderung oder doch möglichste Einschränkung [...] gerichtetes Handeln schließt den Zusammenhang vielmehr aus.“[478]

Damit entfalle auch der für den subjektiven Tatbestand zu fordernde Angriffsvorsatz:

> „Der äußere Tatbestand des KRG 10 II 1 c wäre hiernach in einem solchen Ausnahmefall nicht erfüllt. Dasselbe gilt auch für die innere Tatseite. Hängt das Verhalten eines solchen Täters, wie dargelegt, nicht in tatbestandsmäßiger Weise mit der nationalsozialistischen Gewaltherrschaft zusammen, so kann er sich dessen auch nicht bewußt sein und seinen unvermeidbar [sic, C.L.] geleisteten Tatbeitrag auch nicht als Begriff gegen die Opfer erkennen und wollen.“[479]

Diese Sätze scheinen mit der sonstigen Rechtsprechung des OGH nur schwer vereinbar. Während der OGH sonst betonte, dass der Zusammenhang zur Ge-

---

475 OGH, 23.7.1949, Rüter, Bd. III, S. 537.

476 OGH, 5.3.1949, Rüter, Bd. XI, S. 718.

477 Anders bei der Bewertung der Tat nach deutschem Strafrecht. Hier kommt dem Angeklagten ein persönlicher Strafausschließungsgrund zugute (OGH, 23.7.1949, Rüter, Bd. III, S. 537; OGH, 5.3.1949, Rüter, Bd. XI, S. 718). Die Bejahung des persönlichen Strafausschließungsgrund durch den OGH wird von Rechtsprechung und Rechtslehre als nicht weitgehend genug abgelehnt: Schmidt 1949, S. 596 f.; Welzel 1949 a, S. 375 f.; Klefisch 1950, S. 78; LG Düsseldorf, 27.7.1950, Rüter, Bd. VI, S. 62 ff.; LG Hannover, 29.7.1950, Rüter, Bd. VII, S. 133. Dem OGH zustimmend Peters 1949.

478 OGH, 5.3.1949, Rüter, Bd. XI, S. 721.

479 Ebd. Ab 1950 übernehmen die Landes- und Oberlandesgerichte diese Rechtsprechung des OGH. Zum Beispiel LG Hannover, 27.1.1950, Rüter, Bd. VI, S. 29 f.; OLG Koblenz, 28.7.1950, Rüter, Bd. VII S. 64.

walt- und Willkürherrschaft des Unrechts-Staates bereits dann gegeben sei, wenn die Tat sich einreihe in das menschenverachtende Wirken des NS-Staates,[480] wird hier eine die NS-Herrschaft zielgerichtet unterstützende Handlung und Motivation verlangt. Der OGH wird damit nicht dem Umstand gerecht, dass jedes Mitmachen, gleichgültig, ob mit fördernder oder „boykottierender" Absicht, den Unrechts-Staat tendenziell stützte und damit im Zusammenhang mit diesem stand. Nicht nachvollziehbar ist es, einen Angriffsvorsatz zu verneinen. Die Hoffnung, Menschen zu retten, oder das tatsächliche Retten von einigen Menschen kann nicht den Angriff(svorsatz) auf die Menschen negieren, die der „Euthanasie"-Täter tatsächlich tötete oder der Tötungsmaschinerie auslieferte.

IV. Die Anzeigeverbrechen

1. Die Strafbarkeit nach dem Kontrollratsgesetz Nr. 10

Ähnlich umfassend wie die Frage, ob das KRG 10 das Rückwirkungsverbot verletzt, wurde diskutiert, ob Denunzianten, die ein nach nationalsozialistischen Gesetzen wie der sogenannten Kriegssonderstrafrechtsverordnung[481] oder der sogenannten Rundfunkverordnung[482] strafbares Verhalten anzeigten, nach dem KRG 10 bestraft werden können. Die Hauptdiskussionspunkte legte das OLG Kiel im Juli 1948 dem OGH zur Entscheidung vor:

- Sind Denunziationen überhaupt rechtswidrig, da „wahre Anzeigen bis zum KRG 10 noch nie strafbar waren"?
- Sind Denunziationen als Einzeltaten nach dem KRG 10 strafbar oder erfasst das KRG 10 nur Kollektivverbrechen?
- Ist es erforderlich, dass der Denunziant die Anzeige aus politischen, rassischen oder religiösen Gründen oder aus unmenschlicher Gesinnung erstattet hat?
- Musste der Denunziant die Folgen seiner Anzeige im Einzelnen in seinen Vorsatz aufgenommen haben?
- Musste der Denunziant das Bewusstsein haben, Unrecht zu tun?[483]

---

480 Zum Beispiel OGHSt 1, 167 (168), 16.11.1948, Urteil zu einem Anzeigeverbrechen. Weitere Nachweise C. II.

481 Verordnung über das Sonderstrafrecht im Kriege und bei besonderem Einsatz vom 17.8.1938, RGBl. 1939 I S. 1455.

482 Verordnung über außerordentliche Rundfunkmaßnahmen vom 1.9.1939, RGBl. I S. 1639.

483 OLG Kiel, 7.7.1949, Rüter, Bd. II, S. 406 f.

Der OGH antwortete mit einer deutlichen Rüge in Bezug auf die Abfassung des Vorlagebeschlusses und verweist dann auf seine bisherige Rechtsprechung, ohne die vorgelegten Fragen direkt zu beantworten.[484] Das zeigt, dass der OGH Schwierigkeiten hatte, die Strafbarkeit von Denunzianten nach dem KRG 10 durchzusetzen.

a) Der objektive Tatbestand

Bereits 1947 wurde in der Rechtsprechung und der Rechtslehre die Auffassung vertreten, dass das KRG 10 nicht Einzelverbrechen, sondern nur die Teilnahme an Massenverbrechen bestrafen wolle.[485] Zudem sei Voraussetzung der Strafbarkeit nach dem KRG 10 der systematische Missbrauch der politischen Macht[486] und der Wille des Täters, die NS-Herrschaft zu unterstützen.[487] Dagegen betonten der OGH und einige Untergerichte, dass es darauf nicht ankomme, sondern allein darauf, ob die Tat objektiv im Zusammenhang mit der NS-Gewalt- und Willkürherrschaft stehe. Dieser Zusammenhang sei bei Denunziationen dadurch gegeben, dass der Angezeigte „der Verfolgungsmaschinerie", den Kräften der Willkür ausgeliefert wurde.[488]

b) Der subjektive Tatbestand

Schon 1947 forderten einige Gerichte, dass der Denunziant aus politischen, rassischen oder religiösen Gründen oder aus unmenschlicher, verwerflicher Gesinnung gehandelt haben müsse.[489] Dies führte dazu, dass der Überzeugungstäter, der von der Rechtmäßigkeit der nationalsozialistischen Ziele und Gesetze überzeugt war, exkulpiert war.

> „Nicht jeder Denunziant als solcher ist strafbar. Eine auf schuldloser Verkennung staatsbürgerlicher oder amtlicher Pflichten und auf innerster, wenn auch verfehlter Überzeugung beruhende Denunziation seitens einer dadurch irregeleiteten Person wird nicht als schuldhafte Handlung zu beurteilen sein [...]. Der Senat hat deshalb den strafrechtlichen Schwerpunkt des Delikts der Denunziation in subjektiver Hin-

---

484 OGHSt 1, 122 (123), 26.10.1948.

485 LG Konstanz, 2.9.1947, MDR 1947, S. 305 (306); OLG Kiel, 7.7.1948, Rüter, Bd. II, S. 406 f.; v. Weber 1949, S. 264 r. Sp.; Kraus 1948, S. 75.

486 OLG Düsseldorf, 24.11.1947, MDR 1948, S. 123 (124); Güde 1947, S. 115.

487 OLG Oldenburg, zit. n. OGHSt 1, 167 (168), 16.11.1948.

488 OGHSt 1, 6 (7), 25.5.1948; OGHSt 1, 67 (68), 17.8.1948; OGHSt 1, 122 (123 f.), 26.10.1948; OGHSt 1, 167 (168), 16.11.1948; LG Freiburg, 9.12.1947, Rüter, Bd. I, S. 690; OLG Hamm, 29.11.1947, MDR 1948, S. 94; Feldmann 1948, S. 34 f.

489 LG Konstanz, 2.9.1947, MDR 1947, S. 305; OLG Hamm, 29.11.1947, MDR 1948, S. 94; OLG Freiburg, 21.11.1947, DRZ 1948, S. 259.

sicht in der Gesinnung des Denunzianten erblickt und für die Strafbarkeit erfordert, daß die Denunziation einer verwerflichen, niedrigen Gesinnung entsprungen sein muß."[490]

Da es gerade Zweck des KRG 10 sei, den gegenüber dem übergesetzlichen Recht Blinden zu bestrafen, wird diese Forderung vom OGH[491] und einigen Oberlandesgerichten[492] zurückgewiesen:

> „Entscheidend ist jedoch die Überlegung, daß dem nationalsozialistischen Überzeugungstäter, der einen anderen denunzierte, regelmäßig ein Handeln aus unmenschlicher oder verwerflicher und niedriger Gesinnung nicht nachgewiesen werden könnte und deshalb zahlreiche nationalsozialistische Überzeugungstäter straffrei ausgingen, also gerade diejenigen, die nach Sinn und Zweck des Gesetzes vor allem getroffen und zur Verantwortung gezogen werden sollen."[493]

Ausreichend für den subjektiven Tatbestand sei, dass der Denunziant den Angezeigten mit Wissen und Wollen den willkürlich handelnden Organen des NS-Staates auslieferte, sich des darin liegenden Angriffs auf das Opfer bewusst war[494] und damit in Kauf nahm, dass der Angeklagte willkürlich behandelt wurde.[495]

Ab Mitte 1948 wird von Rechtsprechung und Rechtslehre zunehmend die inhumane Gesinnung zur Voraussetzung der Strafbarkeit erklärt:[496]

> „[…] der Oberste Gerichtshof verlangt, das Opfer müsse in seiner Menschenwürde zutiefst getroffen sein. Würde ist Ausdruck einer Gesinnung. Sie wird nur durch eine verwerfliche Gesinnung [...] verletzt."[497]

Diese „Vergeistigung" der Verletzung menschenrechtlicher Kerngarantien verlegt die Strafbarkeit des Verbrechens gegen die Menschlichkeit von der objektiven Rechtsverletzung in das Innere des Täters. Damit unterliegt die Strafbarkeit des Denunzianten dem restaurativen Bewusstsein der Zeit: Die Verdrängung

---

490 OLG Hamm, 29.11.1947, MDR 1948, S. 94.

491 OGHSt 1, 11 (17) 20.5.1948; OGHSt 1, 49 (50), 27.7.19481; OGHSt 1, 60 (62) 17.8.1948.

492 OLG Düsseldorf, 14.11.1947, MDR 1948, S. 123 (124); OLG Dresden, 12.9.1947, NJ 1947, S. 195 f.; OLG Braunschweig, 29.11.1947, Nds. Rpfl. 1948, S. 48 (52).

493 OGHSt 1, 60 (62), 17.8.1948; ebenso Lange 1948 a, Sp. 306; ders. 1948 c, Sp. 658.

494 OGHSt 1, 11 (16), 26.5.1948; OGHSt 1, 60 (61), 17.8.1948; LG Berlin, 22.12.1947, Rüter, Bd. II, S. 182; OLG Freiburg, 11.12.1947, Rüter, Bd. II, S. 369.

495 OGHSt, 1, 91 (94), 28.9.1948.

496 Feldmann 1948, S. 36 ff.; OLG Celle, 15.9.1948, Nds. Rpfl. 1948, S. 218; LG Hannover, 1.7.1948, Rüter, Bd. VI, S. 252 f.; LG Hildesheim, 13.12.1949, Rüter, Bd. V, S. 664 ff.; LG Hamburg, 28.8.1950, Rüter, Bd. VII, S. 300 f.

497 OLG Celle, 15.8.1948, Nds. Rpfl. 1948, S. 218.

eigener Schuld, die Auffassung, nur eine kleine Clique sei für die nationalsozialistischen Gräuel verantwortlich gewesen,[498] während der Durchschnittsdeutsche doch nur ein „verführter Christ" sei, findet direkt Eingang in die Rechtsprechung zum KRG 10:

> „Der Angeklagte von W. steht und stand stets auf dem Boden eines gläubigen Christentums [...]. Nach den Feststellungen zur Persönlichkeit beider Angeklagten haben sie in ihrem Denken und Handeln in einem mehr oder weniger offenen Gegensatz zu wesentlichen Grundzügen des Nationalsozialismus [...] gestanden und von ihrer Stelle aus gemeinsam versucht, auf dem Boden der damaligen politischen Wirklichkeit des von ihnen für Recht und richtig Erkannte durchzusetzen und so ihrem Volk und Staat zu dienen. [...] Es ist nicht als erwiesen anzusehen, daß der Angeklagte von W. den M. aus politischen Gründen verfolgt hat."[499]

Damit ist das KRG 10, das mit seiner Strafdrohung den Schutz elementarer Rechtsgüter bezweckt, unabhängig davon, ob die Menschenrechte aus einer bestimmten Gesinnung heraus verletzt wurden oder nicht, negiert.

2. Die objektive Rechtswidrigkeit

Wie bei der „Euthanasie"-Fallgruppe stellt sich die Frage, ob die zur NS-Zeit bestehenden Gesetze die Rechtswidrigkeit der Denunziation ausschließen. Die Verteidigung brachte in einer Reihe von Prozessen vor, dass nur damals strafbares Verhalten angezeigt wurde. Die Denunzianten hätten nur von dem jedem Staatsbürger zustehenden Recht Gebrauch gemacht, strafbares Verhalten anzuzeigen. Das könne nicht rechtswidrig sein. Außerdem sei die „Überantwortung eines anderen an ein Gericht zur Verurteilung" kein Verbrechen.[500]

a) Die erste Phase 1946/47[501]

aa) Rechtswidrigkeit wegen gesetzlichen Unrechts

Diese Argumentation wurde in einer ersten Phase in den Jahren 1946/47 mit der Kategorie des gesetzlichen Unrechts und durch den Hinweis auf die (Un-) Rechtspraxis des NS-Staates entkräftet. Rechtswidrig sei die Anzeige, wenn

> „die Gesetze, deren Übertretung angezeigt wurde, offensichtliches, unerträgliches Unrecht darstellen. Unabhängig davon aber auch dann, wenn die Anwendung der

498 Pollock 1955, S. 308 ff.; Mitscherlich 1967, S. 27.

499 LG Hamburg, 28.8.1950, Rüter, Bd. VII, S. 300 f., 318; ähnlich: LG Essen, 3.3.1953, Rüter, Bd. X, S. 594; LG Hannover, 1.7.1948, Rüter, Bd. VI, S. 257.

500 Vorbringen der Angeklagten in dem Prozess vor dem LG Siegen, 9.9.1947, Rüter, Bd. I, S. 668.

501 Die Argumentation der ersten Phase findet sich vereinzelt noch 1948.

Gesetze keine Pflege des Rechts ist: Sei es, daß die Justiz überhaupt nicht das Ziel hat, Recht zu sprechen, sondern an rechtsfremden Zwecken orientiert ist, sei es, daß sie auch beim besten Willen nicht in der Lage ist, Recht zu sprechen.“[502]

Die Anzeige eines Verhaltens, das nur aufgrund gesetzlichen Unrechts strafbar ist, ist Unrecht:

„Rechtlich zu mißbilligen ist demnach eine Denunziation, die den Angezeigten einer mit überstaatlichen Grundnormen nicht zu vereinbarenden Behandlung aussetzt. Zwangsläufig löst eine Denunziation den Effekt einer solchen Behandlung aus, wenn bereits das Gesetz, dessen Verletzung angezeigt wird, im Widerspruch mit den überstaatlichen Normen steht. Es handelt sich um die Fälle, in denen das Gesetz an ein Verhalten Nachteile knüpft, obschon nach richtigem Recht dieses Verhalten nicht mit Rechtsnachteilen belegt werden dürfte. Eine Anzeige, die die Verletzung eines unrichtigen Gesetzes zum Inhalt hat, ist unbedenklich rechtlich zu mißbilligen.“[503]

bb) Rechtswidrigkeit wegen der Auslieferung an den Willkürstaat

Eine zweite, von Lange schon 1945 in einem Rechtsgutachten zur Strafbarkeit von Denunzianten[504] und vom OGH vertretene Auffassung musste sich mit der Frage nach der Geltung des NS-Gesetzes, dessen Verletzung angezeigt wurde, nicht beschäftigen. Wiederholt wies der OGH darauf hin, dass es für die Frage, ob das Verhalten des Denunzianten strafbar ist, nicht entscheidend darauf ankomme, ob das NS-Gesetz, dessen Verletzung angezeigt wurde, unmenschlich ist.[505] Die Rechtswidrigkeit der Denunziation ergebe sich daraus, dass der Angezeigte den Kräften der Willkür und dadurch mit hoher Wahrscheinlichkeit einer dem übergesetzlichen Recht widersprechenden Behandlung ausgeliefert wurde:

„Wenn auch nicht feststeht, was mit der S. nach ihrer ‚Abholung' durch die Kriminalpolizei geschehen ist, so ist doch unter Zugrundelegung gerichtsbekannter allgemeiner Erfahrungen als feststehend anzusehen, daß sehr nachdrücklich gegen sie eingeschritten worden sein muß [...]. Bei der Beurteilung einer erstatteten Anzeige

502 Lange 1948 b, S. 187.

503 Feldmann 1948, S. 49 f.

504 Lange 1945, S. 3 f.

505 OGHSt 1, 91 (94), 28.9.1948; OGHSt 1, 141 (Leitsatz), 2.11.1948; OGHSt 1, 234 (Leitsatz und S. 236), 21.12.1948; zustimmend Jagusch 1949, Sp. 622. Scheinbar anders OGHSt 1, 167 (168 f.), 16.11.1948. Dort prüft der OGH auch, ob die sog.enannte Rundfunkverordnung gesetzliches Unrecht war. Auch im Urteil OGHSt 1, 67 (69) prüft der OGH, ob die sogenannte Kriegssonderstrafrechtverordnung und das sogenannte Heimtückegesetz unmenschliche Gesetze sind. Allerdings ist die Frage nach dem Unrechtscharakter der Gesetze im Ergebnis nicht entscheidend. Entscheidend ist, wie in den anderen Urteilen des OGH, dass der Angezeigte dem Willkürstaat ausgeliefert wird. Der NS-Staat habe das Gesetz in sein Willkürsystem eingebaut.

als unmenschlich ist die naheliegende Möglichkeit terroristischer Behandlung des Angezeigten, auch wenn diese nicht ausdrücklich festgestellt werden kann, als ein ins Gewicht fallendes Moment zu beachten."[506]

Gerechtfertigt sei diese Auslieferung an den Willkürstaat nicht, denn eine Anzeige*pflicht* habe nicht bestanden. Eine solche bestehe nur, wenn mit der Anzeige „objektiv im Dienste des Rechts und der Rechtspflege" gehandelt wird. Doch das sei im NS-Staat, in dem die Justiz weder an Gesetzmäßigkeit, noch an Rechtssicherheit und Gerechtigkeit orientiert war, nicht der Fall gewesen.[507]

Nach Auffassung des OGH reicht für die Rechtswidrigkeit nicht die Möglichkeit oder Wahrscheinlichkeit einer willkürlichen Behandlung. Die unmenschliche Behandlung müsse eingetreten sein.[508] Das war bei Anzeigeverbrechen nach Auffassung des OHG der Fall, wenn das damalige Recht durch die NS-Richter willkürlich und brutal angewendet wurde, entweder weil eine Strafe verhängt wurde, die in erheblichem Missverhältnis zum Unrechtsgehalt der Tat stand,[509] oder wenn die Denunziation zu einem Urteil führte, obwohl die Tat sich gar nicht unter ein NS-Gesetz subsumieren ließ,[510] wenn also das damalige Recht gebeugt wurde. In diesen Fällen war die Denunziation als Verbrechen gegen die Menschlichkeit[511] oder als mittelbare Täterschaft oder Beihilfe[512] an einem Justizverbrechen zu bestrafen.

---

506 OLG Dresden, 12.09.1947, NJ 1947, S. 195 f.; ähnlich OLG Hamburg, 12.11.1947, MDR 1948, S. 125 f.; OLG Hamm, 17.9.1947, SJZ 1948, Sp. 332 (334); so auch Radbruch 1946 b, Sp. 105 r. Sp.

507 Lange 1945, S. 3 f.; ders. 1948 b, S. 186; Radbruch 1946 b, S. 105 r. Sp.

508 OGHSt 1, 105 (108) 19.10.1948; OGHSt 1, 11 (15), 20.5.1948.

509 OGHSt 1, 141 (Leitsatz), 2.11.1948; OGHSt 1, 122 (125), 26.10.1948; OGHSt 1, 234 (236), 21.12.1948.

510 OGHSt 1, 67 (68), 17.8.1948.

511 LG Freiburg, 12.9.1947, MDR 1948, S. 126; LG Siegen, 9.9.1947, Rüter, Bd. I, S. 663 ff.; OLG Düsseldorf, 14.11.1947, MDR 1948, S. 123 (124).

512 Dabei fällt auf: In einer ersten Phase wurden die Denunzianten, deren Anzeigen zu einer gerichtlichen Verurteilung geführt hatten, wegen *Beihilfe* verurteilt, LG Erfurt-Nordhausen, 7.5.1946 in: 221/1334 fol. 136, S. 5 (Bundesarchiv); KG Berlin, 17.5. 1947, DRZ 1947, S. 308 (310); OLG Düsseldorf, 14.11.1947, MDR 1948, S. 123 (124). So auch Welzel 1947 b, Sp. 648 f. und wohl auch Lange 1948 b, S. 189. Da Beihilfe eine rechtswidrige Haupttat voraussetzt, impliziert das, dass die Richter durch ihr Urteil objektiv Unrecht begangen hatten. Dieses Verdikt wurde von der Rechtsprechung in der zweiten Phase umgangen. Die Denunzianten wurden wegen *mittelbarer Täterschaft* verurteilt. Der Richter wurde als rechtmäßig handelndes Werkzeug angesehen: LG Aurich, 21.4.1948, Rüter, Bd. II, S. 438; OLG Bamberg, 27.7.1949, NJW 1950, S. 35; LG Würzburg, 5.12.1953, Rüter, Bd. XII, S. 72 ff.; so schon Lange 1945, S. 4; Radbruch 1946 b, Sp. 108; Maurach 1948, S. 62 Fn. 27. Es drängt sich der Eindruck auf, dass die Konstruktion der mittelbaren Täterschaft bei Denunzianten auch dazu diente, die Rich-

In diesem Sinne urteilte das Schwurgericht Erfurt-Nordhausen in dem sogenannten Puttfarcken-Göttig-Urteil 1946. Das Gericht argumentierte: Da die Äußerung des angezeigten Herrn Göttig „Hitler ist ein Massenmörder! Er ist am Kriege schuld." auch nach damaligem Recht nicht strafbar war, war das Todesurteil gegen Göttig ein „reiner Justizmord". Puttfarcken, der Denunziant, hatte zu diesem Justizmord Beihilfe geleistet, da er „durch seine Anzeige Göttig diesem Gericht und damit diesem Justizmord" auslieferte.[513]

Die Rechtsprechung des OGH, wonach die unmenschliche Behandlung eingetreten sein musste, ist aus zwei Gründen nicht unproblematisch. Fraglich ist, ob es für die Begründung der Rechtswidrigkeit der Denunziation im Unrechts-Staat nicht ausreichen müsste, dass die unmenschliche Behandlung mit hoher Wahrscheinlichkeit eintritt, da sonst die Zufälligkeit des Eintritts unmenschlicher Folgen über die Rechtswidrigkeit einer Denunziation entscheidet.

> „Da der Eintritt des von ihm erstrebten Enderfolges in der Regel von seinem Willen mehr oder weniger unabhängig ist, [würde es] dem gesunden Rechtsempfinden widersprechen [...], die Strafbarkeit von dessen zufälligem Eintritt abhängig zu machen. Dabei verkennt der Senat keineswegs, daß es sich bei der Denunziation um ein Erfolgsdelikt handelt. Weder der Wortlaut noch der Sinn des KRG 10 zwingen aber dazu, den Tatbestand erst mit dem Eintritt des vom Täter erstrebten Enderfolges als erfüllt anzusehen."[514]

Zweitens bejaht diese Rechtsprechung des OGH – obwohl der Unrechts-Charakter der NS-Gesetze nach Auffassung des OGH dahingestellt bleiben kann – indirekt die Geltung der Gesetze. Wie wollte der OGH sonst eine Entscheidung darüber treffen können, ob die Strafe in angemessenem Verhältnis zum Unrechtsgehalt der Tat stand, wenn er nicht vorher entschieden hat, dass die Tat überhaupt strafbares Unrecht darstellt, dass also das NS-Gesetz das angezeigte Verhalten in „recht"mäßiger Weise mit irgendeiner Strafe belegt?

Deswegen muss die objektive Rechtswidrigkeit der Denunziation unter Heranziehung des Begriffs des gesetzlichen Unrechts, eingebettet in eine materielle Analyse des Unrechts-Staats, zweistufig geprüft werden. Rechtswidrig ist die Denunziation, wenn sie erstens ein Verhalten zur Anzeige bringt, das gar nicht strafbar ist, da gesetzliches Unrecht vorliegt, und zweitens, wenn der Denunzierte einem Unrechtssystem ausgeliefert wird, in dem die naheliegende

---

ter zu entlasten; denn der Denunziant, dessen Anzeige nicht zu einer gerichtlichen Verurteilung führte, sondern „nur" zu Gestapo-Haft, wurde weiterhin wegen Beihilfe verurteilt, z.B. LG Hamburg, 11.11.1952, Rüter, Bd. X, S. 161; LG Kassel, 16.11.1954, Rüter, Bd. XII, S. 838.

513 LG Erfurt-Nordhausen, 7.5.1946 in: 221/1334 fol. 136, S. 5 (Bundesarchiv).

514 OLG Hamm, 17.9.1947, SJZ 1948, Sp. 332 (334); ähnlich: OLG Dresden, 12.9.1947, NJ 1947, S.195; Lange 1948 c, Sp. 658 f.

Möglichkeit bestand, dass mit ihm nach Belieben unter Verletzung menschenrechtlicher Kerngarantien verfahren wird.

b) Die zweite Phase ab Ende 1947

Beide Prüfungsschritte finden sich in den meisten Urteilen der zweiten Phase nicht. Nicht geprüft wird, ob die Denunziation rechtswidrig ist, weil gesetzliches Unrecht vorliegt. Die Denunziation wird vielmehr schon deswegen als rechtmäßig angesehen, weil die angezeigte Äußerung „immerhin gegen ein Gesetz der damaligen Zeit verstoßen hatte.“[515] Damit ist die entlastende Berufung auf das damalige Recht anerkannt. Die Rechtmäßigkeit der Denunziation wird mit einer Reihe von Argumenten bejaht. In einer Entscheidung wurde ausgeführt, dass die Äußerung „Wäre der Führer am 20. Juli 1944 umgekommen, dann hätten wir jetzt Frieden“ defätistisch gewesen sei. Da der NS-Staat wie jeder andere Staat in Kriegszeiten den Defätismus bekämpfen müsse, sei die Anzeige rechtmäßig.[516] In einer zweiten Entscheidung – der Angeklagte hatte die Anzeige auf Weisung seines Kreisleiters erstattet – wurde erklärt:

> „Es ist schon zweifelhaft, ob dieses Verhalten noch als ‚Verfolgen' im Sinne des Kontrollratsgesetz Nr. 10 bezeichnet werden kann, da der Angeschuldigte als Parteigenosse die Weisungen seines Kreisleiters zu befolgen hatte und nichts von ihm verlangt wurde, was damals ungesetzlich war.“[517]

In einer dritten Entscheidung wurde eine Dienstanweisung an Polizeibeamte, wonach Anzeigen an die Gestapo weiterzuleiten waren, als Rechtfertigungsgrund anerkannt:

> „Eine Handlung, die eine Amts- und Dienstpflicht gebietet, ist natürlich nicht rechtswidrig. [...] Ein Polizeibeamter, der entsprechend seiner allgemeinen Dienstpflicht 1941 eine ihm dienstlich erstattete Anzeige weitergab, hat nicht rechtswidrig gehandelt. Art. II 4 b des KRG Nr. 10 gilt nur für spezielle Vorgesetztenbefehle, nicht für ganz generelle Dienstanweisungen an Polizeibeamte, die den Inhalt ihrer Berufsausübung regeln.“[518]

Nach einer in der Rechtslehre vertretenen Auffassung ist die Denunziation gerechtfertigt, weil den Denunzianten (auch im Unrechts-Staat) ein Anzeigerecht zur Seite stand:

---

515 LG Essen, 9.03.1953, Rüter, Bd. X, S. 596.

516 Vom OLG Braunschweig, 25.11.1947, NJW 47/48, S. 309 ff. wiedergegebene Auffassung der Vorinstanz.

517 OLG Kiel, 3.10.1947, MDR 1947, S. 307.

518 LG Freiburg, 9.12.1947, Rüter, Bd. II, S. 695 f.

„Die Anzeige von wahren Tatsachen, aus denen sich nach dem geltenden Recht der Tatbestand einer strafbaren Handlung ergibt, war zu allen Zeiten erlaubt und ist es auch heute noch.“[519]

Maurach und Welzel verneinen die Rechtswidrigkeit der Denunziation mit dem Gedanken der den damaligen Gesetzen entsprechenden „Sozialadäquanz“ des Verhaltens:

„Wer aber einen nach geltendem Recht Schuldigen zur Anzeige bringt, hält sich mit seiner Handlung innerhalb der (den Tatbestand ausschließenden) Sozialadäquanz.“[520]

Die Rechtswidrigkeit ergebe sich auch nicht aus der naheliegenden Möglichkeit einer überstaatlichem Recht widersprechenden Behandlung. Rechtswidrig sei die Denunziation vielmehr nur, wenn auf die Anzeige ein rechtswidriges Urteil folgte, ein Urteil, das nicht der „wahren Rechtslage“ entsprach.[521] Der „wahren Rechtslage“ widersprach ein Urteil nicht, wenn es dem übergesetzlichen Recht entgegenstand, sondern nur, wenn das damalige positive Recht gebeugt wurde, wenn

„ein Urteil gegen T. unter Verletzung des damals geschriebenen Rechtes als krimineller Totschlag“[522]

erging.

3. Die subjektive Rechtswidrigkeit

a) *Folgenvoraussicht*

Die Überlegungen bei der „Euthanasie“-Fallgruppe zum Verhältnis von Unrechtsbewusstsein und der Verletzung evidenten Naturrechts werden bei den Anzeigeverbrechen ebenfalls relevant.[523] Es stellen sich folgende Fragen:

1. Ist es für den Nachweis des Vorsatzes ausreichend, wenn der Denunziant mit der Möglichkeit rechnete, dass dem Angezeigten irgendeine Behandlung widerfuhr, die nicht im Einklang mit dem überpositiven Recht steht?

---

519 V. Hodenberg 1947, S. 120 f.; Feldmann 1948, S. 52.

520 Maurach 1948, S. 63 Fn. 27; ähnlich Welzel 1947 a, S. 36

521 BGH, 6.11.1952, Rüter, Bd. XI, S. 393; BGH, 8.7.1952, Rüter, Bd. XII, S. 83; LG Offenburg, 24.6.1949, Rüter, Bd. V, S. 62; LG Hamburg, 15.12.1953, Rüter, Bd. XII, S. 213.

522 LG Hamburg, 8.5.1964, Rüter, Bd. XX, S. 158, OLG Hamburg, 15.12.1953, Rüter, Bd. XII, S. 213.

523 Der OGH spricht von „Verantwortlichkeit“, da das KRG 10 die Unterscheidung von Vorsatz und Fahrlässigkeit nicht kenne, OGHSt 1, 19 (22), 22.06.1948.

2. Kann das „Mit-Dieser-Möglichkeit-Rechnen“ aus dem Wissen des Denunzianten, den Angezeigten dem Willkürstaat zu überantworten, abgeleitet werden?
3. Oder muss der Vorsatz des Denunzianten sich auf die konkret eingetretenen Folgen erstrecken, sodass der Angeklagte mit dem Einwand zu hören ist, er habe diese Folge nicht gewollt, er habe an die Rechtmäßigkeit des NS-Staates geglaubt und eine rechtsstaatliche Aburteilung nach damals gültigem Recht erwartet?

aa) Die Rechtsprechung des Obersten Gerichtshofes für die Britische Zone

Der OGH bejahte die ersten beiden und verneinte folglich die dritte Frage. Der OGH führte aus:

> „Das Angriffsverhalten muss vorsätzlich im Sinne der deutschen Schuldlehre sein. Keine Bestrafung ohne Schuld. Kenntnis der Folgen im einzelnen und Bewußtsein der Rechtswidrigkeit sind nicht erforderlich. Dagegen muss der Täter die *Möglichkeit* haben, das Unrecht seines Verhaltens zu erkennen […].“[524]

Dass der Denunziant regelmäßig mit der Möglichkeit der Verletzung menschenrechtlicher Kerngarantie rechnete oder, was nach Ansicht des OGH ausreichend ist, rechnen musste, ergibt sich aus der Evidenz übergesetzlichen Rechts und aus dem die Menschenrechte verachtenden Charakter des Willkürstaates:

> „Weil der Angriff im Zusammenhang steht mit einem Terror- und Willkürsystem, kann der Täter wissen, daß die Folgen für das Opfer je nach Willkür und Verquickung der Umstände sehr schwer sein, Menschenrechte und Menschenwürde aufs tiefste verletzen können. Wenn der Täter dies nicht bedenkt, also Art und Schwere der Folge sich nicht klar macht, so entlastet ihn das nicht. Er hätte es bedenken müssen.“[525]

Es ist, so der OGH, also nicht erforderlich, dass der Denunziant die konkret eingetretenen Folgen in seinen (Eventual-)Vorsatz aufnimmt.[526] Ausreichend sei, dass er bei Anspannung seines Gewissens und seiner Vorstellungskraft diese Folgen hätte voraussehen können; Rechts- und Tatblindheit entschuldigen nicht. Die Begründung ist einleuchtend: Da die Voraussicht der konkreten Folgen im Willkürstaat kaum möglich sei, würde die Forderung, der Denunziant müsse sie in seinen Vorsatz aufgenommen haben, zum Freispruch des Denunzianten führen. Damit könnten sich fast alle Täter

---

524 OGHSt 1, 167 (Leitsatz 2), 16.11.1948, Hervorhebung im Urteil; ähnlich OGHSt 1, 19 (Leitsatz 3), 22.6.1946; OGHSt 1, 60 (61 f.), 17.8.1948.

525 OGHSt 1, 167 (170), 16.11.1948.

526 Ebd., S. 170; OGHSt 1, 19 (Leitsatz 3), 22.6.1948; OGHSt 1, 60 (61 f.), 17.8.1948; OGHSt. 1, 385 (389 f.), 20.4.1949.

„[…] in kaum zu widerlegender Weise darauf berufen […] sie hätten die möglichen Folgen nicht bedacht, der Nazipropaganda geglaubt und die Nazigesetze für Recht gehalten. Das würde im Ergebnis zur Sabotierung des Gesetzes führen.“[527]

bb) Die Rechtsprechung der übrigen Gerichte und die Rechtslehre

Der OGH konnte sich mit dieser Auffassung weder in der Rechtsprechung noch in der Rechtslehre durchsetzen. Nur wenige sehr frühe Urteile äußerten sich ähnlich wie der OGH. Das Schwurgericht Erfurt-Nordhausen führte in dem sogenannten Puttfarcken-Göttig-Urteil 1946 aus, dass der Denunziant Puttfarcken, da er – wie jeder Mensch damals – wusste, dass er Göttig „nicht einem geordneten Gerichtsverfahren […], sondern einem vollkommen wilden Verfahren aussetzte“[528], jeden Erfolg, auch den Tod Göttigs, in seinen Vorsatz aufgenommen habe:

„Er hat natürlich nicht im voraus genau wissen können, wie das Ergebnis im besonderen Falle werden würde, er hat aber den Ausgang (und wenn es eben ein Justizmord war!) im voraus gebilligt [...].“

„Wenn Puttfarcken erklärt, daß er damals höchstens mit einer Freiheitsstrafe für Göttig von 2-4 Jahren gerechnet hätte [...], oder wenn er dann selbst über das Urteil erschrocken gewesen ist, so widerspricht das der hier gegebenen Darstellung seines Vorsatzes nicht. Puttfarcken wird ja gar nicht unterstellt, daß er bestimmt mit einem Todesurteil gerechnet hätte, sondern nur, daß er gewußt hat, daß er damals den Ausgang bedenkenlos in Kauf genommen hat.“[529]

Das LG Offenburg äußerte sich 1946 ähnlich:

„Es ist durchaus glaubhaft, daß der Angeklagte K. dies [den Tod, C.L.] nicht beabsichtigte. Aber er mußte damit rechnen [...]. Er mußte diesen Erfolg voraussetzen und hat ihn stillschweigend gebilligt.“[530]

Ab 1947 war sich die Rechtslehre dagegen weitgehend einig, dass der Vorsatz des Denunzianten sich auf den konkreten Erfolg erstrecken müsse.[531] Begründet wurde dies damit, dass die Tatbestände des KRG 10, ebenso wie Mord, Totschlag und Freiheitsberaubung (§§ 211, 212, 239 StGB), Erfolgsdelikte und keine Gefährdungsdelikte seien.[532] Das bedeute, dass der Tatvorsatz sich vor allem auch auf die Herbeiführung des konkreten Erfolgs erstrecken müsse. Beim Er-

---

527 OGHSt 1, 167 (171), 16.11.1948.

528 LG Erfurt-Nordhausen, 7.5.1946, in: Z 21/1334, fol. 136, S. 4 (Bundesarchiv).

529 Ebd., S. 5.

530 LG Offenburg, 4.6.1946, Rüter, Bd. I, S. 67.

531 Güde 1947, S. 115; Lange 1948 b, S. 190; v. Weber MDR 1949, S. 264 f.; ders. NJW 1950 a, S. 36; Klefisch MDR 1949, S. 328; Niese 1950, Sp. 34; Bockelmann 1950, S. 27 ff.; anders, soweit ersichtlich, nur Jagusch 1949, Sp. 623.

532 So auch OGHSt 1, 19 (21) 19.10.1948.

folgsdelikt sei ein „fiktiver Vorsatz“ wegen unbeachtlicher Tatblindheit oder Rechtsblindheit nicht ausreichend. Mit dem Satz „Der Täter hätte die unmenschlichen Folgen voraussehen können“, werde nur Fahrlässigkeit, nicht aber der erforderliche Erfolgsvorsatz nachgewiesen.[533] Der Erfolgsvorsatz wurde in der Regel verneint, weil – so wurde angenommen – der durchschnittliche Denunziant wegen mangelnder Kenntnis der Praxis des Unrechts-Staates mit dem konkreten Erfolg nicht gerechnet habe. Die Voraussicht der Folgen setzte subjektiv „ein Durchschauen des Machtapparates als in seiner Substanz rechtswidrig und böse voraus“. Das sei in der Regel „nur bei dem auf der Innenseite des Machtapparates Tätigen gegeben“, also „gegebenenfalls bei den Gestapo- oder SD-Angehörigen oder auch bei dem V-Mann dieser Organisationen.“[534]

Die Rechtsprechung folgte der Rechtswissenschaft ab Ende 1947 nahezu geschlossen. Auch sie verlangte nun, dass der Denunziant die konkrete Folge in seinen Vorsatz aufgenommen hatte.[535] Dadurch blieb derjenige straffrei, der

> „den guten Glauben an die Rechtmäßigkeit des nationalsozialistischen Staates hatte, in diesem Glauben die politische Anzeige erstattete und nur eine Verfolgung in rechtsstaatlichen Grenzen erstrebte.“[536]

Ihre Vollendung findet diese exkulpierende Rechtssprechung – das Zentral-Justizamt der britischen Zone berichtete im Mai 1948, dass 60 % der Denunzianten von dem Vorwurf der Strafbarkeit nach dem KRG 10 freigesprochen wurden –[537] in der sich ab 1952 unter der Führung des BGH durchsetzenden Auffassung, dass es für den Nachweis des Erfolgsvorsatzes nicht ausreiche, dass der Denunziant den Tod oder die Freiheitsberaubung in seinen Vorsatz aufgenommen hatte, sondern dass er gewusst haben musste, dass das der Anzeige folgende Urteil der „wahren Rechtslage“ widersprechen würde:

> „Da der Tatbestand der Tötung durch die Vollstreckung eines gerichtlichen Urteils verwirklicht worden ist, [...] können die Angeklagten wegen vorsätzlicher Tötung nur dann zur Verantwortung gezogen werden, wenn sie wußten, daß das Urteil im

---

533 Niese 1950, Sp. 34 ff.; Güde 1947, S. 115; Klefisch MDR 1949, S. 326 ff.; Storz 1969, S. 33.

534 Güde 1947, S. 115 f.; ähnlich Klefisch, MDR 1949, S. 328.

535 OLG Düsseldorf, 14.11.1947, MDR 1948, S. 123; LG Siegen, 9.9.1947, Rüter, Bd. I, S. 669; OLG Braunschweig, 25.11.1947, MDR 1948, S. 125; OLG Celle, 15.9.1948, Nds.Rpfl. 1948, S. 218; OLG Offenburg, 29.3.1949, Rüter, Bd. II, S. 446; LG Essen, 9.3.1953, Rüter, Bd. X, S. 594; LG Hamburg, 8.5.1965, Rüter, Bd. XX, S. 158.

536 OLG Braunschweig, 25.11.1947, MDR 1948, S. 125.

537 Berichte deutscher Gerichte in Strafsachen wegen Verbrechen gegen die Menschlichkeit (KRG 10) Bd. 1: 1946-1949 in: Z 21/791 (Bundesarchiv); im Vergleich dazu: Freispruch wegen politischer Verfolgung 33%; bei Judenverfolgungen 37%.

> Widerspruch zur wahren Rechtslage stand oder mindestens damit rechneten und auch für diesen Fall ihren Tatbeitrag wollten."[538]

Das heißt, dass es für die Strafbarkeit nicht ausreichte, dass der Denunziant gewusst und billigend in Kauf genommen hat, dass durch das Urteil Unrecht geschieht, dass das Urteil mit überpositivem Recht in Widerspruch stehen würde, sondern er musste gewusst und gewollt haben, dass der Richter das damalige positive Recht beugen würde. Der BGH ließ dabei allerdings wiederholt anklingen, dass ein solcher (bedingter) Vorsatz des Denunzianten nicht ausgeschlossen sei, da die Terrorjustiz des NS-Staates weithin bekannt gewesen sei:

> „Es ist allgemein kundig, daß der Volksgerichtshof – vor allem nach Verkündung des ‚totalen Krieges' – das Strafrecht bedenkenlos als Mittel zur Vernichtung und Einschüchterung bloßer Gesinnungsgegner des Nationalsozialismus mißbraucht hat."[539]

Dennoch sprachen die Landes- und Oberlandesgerichte die Angeklagten meistens frei, weil diese an die Rechtmäßigkeit des staatlichen Handelns geglaubt hätten und glauben durften:

> „Es erschien deshalb die Einlassung des Angeklagten, es sei für ihn nach seiner damaligen Auffassung unvorstellbar gewesen, daß ein oberstes deutsches Gericht ein Todesurteil gegen seinen Bruder fällen könnte, nicht ohne weiteres unglaubwürdig. Jahrhundertelang galt von deutschen Gerichten, daß sie nach den Grundsätzen des Rechts und der Gerechtigkeit ihre Urteile sprachen. Daß ein Gericht sich bewußt für verbrecherische Ziele mißbrauchen lassen könnte, galt als unvorstellbar und ausgeschlossen. Das wurde erst anders in der NS-Zeit, insbesondere in den letzten Kriegsjahren und bei bestimmten Gerichten. Die Kenntnis dieser Entwicklung kann aber nicht ohne weiteres jedem Deutschen zugeschrieben werden. Weiten Kreisen der deutschen Bevölkerung waren diese Rechtsbrüche, insbesondere auch die Praktiken des Volksgerichtshofes ebenso unbekannt geblieben, wie die KZ-Greuel und die Judenmorde."[540]

b) Das Unrechtbewusstsein

Viele Angeklagten machten geltend, dass sie sich eines Unrechts nicht bewusst gewesen wären, da sie nur nach damaligem – für gültig gehaltenem – Recht strafbares Verhalten angezeigt hätten und sie nach positivem Recht auch zu die-

538 BGH, 4.12.1952, Rüter, Bd. X, S. 600; BGH, 8.7.1952, Rüter, Bd. XII, S. 87 = NJW 1952, S. 1024 (1025); OLG Kassel, 16.11.1954, Rüter, Bd. XII, S. 818; LG Hamburg, 8.5.1964, Rüter, Bd.XX, S. 158.

539 BGH, 13.5.1958, Rüter, Bd. XV, S. 457; ähnlich: BGHSt 3, 110 (127 f.).

540 LG Duisburg, 15.9.1953, Rüter, Bd. XI, S. 389; ähnlich LG Hamburg, 8.5.1964, Rüter, Bd. XX, S. 158 f.

ser Anzeige berechtigt und verpflichtet gewesen seien.[541] Der OGH bewertete diesen Einwand konsequent: Da nach Auffassung des OGH die Rechtswidrigkeit der Denunziation sich nicht daraus ergibt, dass das der Anzeige zugrunde liegende NS-Gesetz gesetzliches Unrecht ist, sondern daraus, dass der Angezeigte unmenschlich behandelt wurde, komme es auf die Frage, ob die Angeklagten das damalige Recht als gesetzliches Unrecht erkannt hatten, nicht an:

> „Die Annahme, die Rundfunk-VO sei gültig, entlastet nicht, weil nicht diese Verordnung, sondern die unmenschliche Behandlung durch die nazistischen Gewalthaber Ursprung des Unrechts war."[542]

Für das Unrechtsbewusstsein entscheidend sei allein, ob der Denunziant eine willkürliche Behandlung als Unrecht erkannt habe oder bei Anspannung seines Gewissens als Unrecht hätte erkennen können. Dieses Unrechtsbewusstsein sei indiziert, wenn der Denunziant mit der Möglichkeit einer willkürlichen Behandlung gerechnet habe; denn dass eine willkürliche Behandlung rechtens sei, könne niemand annehmen.

> „Wer das aber tut [jemanden mit Eventualvorsatz einer willkürlichen Behandlung aussetzt, C.L.], war bei gehöriger Überlegung weiter auch imstande, das Rechts- und Pflichtwidrige seines Tuns zu erkennen. Auch der einfachste Mensch weiß und empfindet, daß Willkür, gehe sie auch vom Staate aus, niemals rechtens ist."[543]

Sollte ein Denunziant dennoch wegen der positiven Gesetze im Irrtum über die Rechtswidrigkeit einer willkürlichen Behandlung gewesen sein, so wurde in den Urteilen bis ca. Ende 1947 auf die Unbeachtlichkeit eines solchen Irrtums verwiesen. Rechtsblindheit gegenüber der Verletzung menschenrechtlicher Kerngarantien entschuldigt nicht:

> „Derjenige, der die unmenschlichen Methoden des Naziregimes [...] kennt und in dieser Kenntnis den von ihm Verfolgten diesen Methoden ausliefert, kann sich nicht darauf berufen, daß er das Vorgehen für gesetzlich und die staatlichen oder Parteiorgane für verpflichtet zum Einschreiten gehalten habe. Der Senat hat schon in seiner Entscheidung vom 24.08.1946[544] die Auffassung vertreten, niemand könne sich zur Begründung dafür, daß ihm das Bewußtsein der Rechtswidrigkeit gefehlt habe, auf

---

541 Vorbringen der Angeklagten OLG Hamm, 2.2.1948, Rüter, Bd. I, S. 674; LG Siegen: 9.9.1947, Rüter, Bd. 1, S. 668; auch v. Hodenberg 1947, Sp. 121.

542 OGHSt 29/48, 30.11.1948, zit. n. Rechtsprechung deutscher Gerichte, Bd. 2 (1946-1949), hg. vom ZJA für die Britische Zone (Sonderveröffentlichung) 1949, S. 171, Nr. 181.

543 OGHSt 1, 105 (107), 19.10.1948; ähnlich Lange 1948 b, S. 190; LG Aurich, 21.4.1948, Rüter, Bd. II, S. 439; LG Freiburg, 12.9.1947, MDR 1948, S. 126 (126 f.).

544 Es wird auf die Entscheidung OGH, Rüter, Bd. I, S. 33 ff. verwiesen.

> eine Einstellung berufen, die im Gegensatz zum allgemein anerkannten Sittengesetz steht."[545]

Die meisten Urteile der zweiten Phase ab etwa 1947/48 verneinten den Vorsatz des Angeklagten, ein rechtswidriges Urteil herbeizuführen, und prüften folglich das Unrechtsbewusstsein nicht mehr. Wurde der Vorsatz von einem Gericht doch einmal als gegeben angesehen, dann war das Unrechtsbewusstsein dadurch indiziert:

> „Handelten die Angeklagten in dem Bewußtsein, durch ihr Verhalten ein rechtswidriges Urteil herbeizuführen, dann ist kein Umstand ersichtlich, der die Annahme rechtfertigen könnte, sie könnten ihr Verhalten trotzdem für rechtlich erlaubt gehalten haben."[546]

Das so bejahte Unrechtsbewusstsein bestand darin, dass der Denunziant wusste, dass die Herbeiführung eines Urteils, das der positiven Rechtslage widersprach, Unrecht war. Von einer Zurechnung des Unrechtbewusstseins aus naturrechtlichen Gründen, weil jeder Mensch wusste oder wissen musste, dass die Auslieferung eines Menschen an eine willkürliche Behandlung Unrecht ist, war nicht mehr die Rede.

V. Die Justizverbrechen

1. Das Richterprivileg

Die Verurteilung von Denunzianten setzt – wie in Abschnitt IV gezeigt – die Prüfung voraus, ob das ergangene Urteil gegen den Angezeigten objektiv rechtswidrig war. Dabei wurde nicht selten festgestellt, dass die NS-Richter Strafe willkürlich zugemessen oder den Sachverhalt fehlerhaft unter das NS-Gesetz subsumiert, also das Recht gebeugt hatten. In Urteilen zur Strafbarkeit von Denunzianten fand der BGH deutliche Worte zur NS-Rechtsprechung: „Rechtliche Möglichkeiten und selbst gerichtliche Verfahren" seien „zum Zwecke der Einschüchterung und Knebelung jeder von der Staatsführung abgelehnten Gesinnung mißbraucht" worden. Es seien Urteile gefällt worden, „die offensichtlich nicht mehr der Rechtsverwirklichung, sondern bewußt oder unbewußt dem politischen Terror dienten".[547] Wenn diese Bewertung ernst genommen worden wä-

---

545 KG Berlin, 17.5.1947, DRZ 1947, S. 308 (310); ähnlich LG Aurich: 21.4.1948, Rüter, Bd. II, S. 439; OLG Braunschweig, 25.11.1947, NJW 1947/48, S. 309; LG Siegen, 9.9.1947, Rüter, Bd. I, S. 692 ff.; LG Freiburg, 12.9.1947, MDR 1948, S. 127.

546 BGH, 8.7.1952, NJW 1952, S. 1024 (1025).

547 BGHSt 3, 110 (127), 8.7.1952; ähnlich BGH, 28.6.1956, Rüter, Bd. XII, S. 853.

re, wäre die Verurteilung von NS-Richtern, die in dieser Weise „Recht“ sprachen, wohl unumgänglich gewesen.[548]

Diese Konsequenz verhinderte das sogenannte Richterprivileg. Danach kann ein Richter nur dann wegen Totschlags oder Freiheitsberaubung verurteilt werden, wenn er sich gleichzeitig nach § 336 StGB strafbar macht, also vorsätzlich das Recht beugt. Diese Auffassung wurde auch von Radbruch in dem Aufsatz „Gesetzliches Unrecht und übergesetzliches Recht“ vertreten:

> „Die Strafbarkeit der Richter wegen Tötung setzt die gleichzeitige Feststellung einer von ihnen begangenen Rechtsbeugung (§§ 336, 344 StGB) voraus. Denn das Urteil des unabhängigen Richters darf Gegenstand einer Bestrafung nur dann sein, wenn er gerade den Grundsatz, dem jene Unabhängigkeit zu dienen bestimmt war, die Unterworfenheit unter das Gesetz, d.h. unter das Recht, verletzt hätte.“[549]

Das hatte zur Folge, dass Richter nur wegen vorsätzlicher, nicht wegen fahrlässiger Tatbegehung (z.B. fahrlässige Tötung) bestraft werden konnten, da § 336 StGB nur vorsätzlich verwirklicht werden kann. Nur wenige Gerichte verurteilten NS-Richter zwischen 1948 und 1950 wegen fahrlässiger Tötung, ohne § 336 StGB zu prüfen.[550] Im Übrigen übernahmen Rechtsprechung und Rechtslehre das sogenannte Richterprivileg nahezu geschlossen.[551]

Bestätigt wurde das Richterprivileg durch die Rechtsprechung des BGH. In einer Grundsatzentscheidung begründete der BGH die Begrenzung der Strafbarkeit der Richter damit, dass die durch § 336 StGB beabsichtigte Sicherung der richterlichen Unabhängigkeit nur unvollständig erreicht wäre, wenn (NS-) Richter bei falschen Urteilssprüchen wegen fahrlässiger (oder bedingt vorsätzli-

---

548 Radbruch meint, dass aus einer Verurteilung eines Denunzianten wegen Beihilfe zum Mord wohl folge, dass die Richter des Mordes schuldig seien, Radbruch 1946 b, S. 106 r. Sp. Gleichzeitig sagt Radbruch aber auch, dass die Strafbarkeit der Richter wegen Tötung die gleichzeitige Feststellung einer von ihnen begangene Rechtsbeugung voraussetze, Radbruch 1946 b, S. 108.

549 Radbruch 1946 b, Sp. 108; ders. 1947 b, S. 5.

550 LG Weiden, 19.2.1948, Rüter, Bd. II, S. 277 f.; OLG Nürnberg, 2.11.1948, Rüter, Bd. II, S. 328; AG Aschaffenburg, 6.12.1948, Rüter, Bd. III, S. 625 ff.; LG Würzburg, 4.10.1949, Rüter, Bd. V, 405 ff.; LG Würzburg, 3.12.1949, Rüter, Bd. V, S. 639 f.; LG Würzburg, 19.5.1950, Rüter, Bd. VI, S. 587 ff.; LG Würzburg, 10.8.1950, Rüter, Bd. VII, S. 173; BayObLG, 15.3.1950, Rüter, Bd. V, S. 410; BayObLG, 25.10.1950, Rüter, Bd. VI, S. 591.

551 Z.B. LG Hamburg, 4.6.1948, zit. n. Friedrich 1983, S. 146 f.; LG Düsseldorf, 5.3.1949, zit. n. Friedrich 1983, S. 116; OLG Bamberg, 1.4.1949, Rüter, Bd. VII, S. 178 f. SJZ 1949, Sp. 491 ff.; LG Hamburg, 17.4.1953, Rüter, Bd. X, S. 659; LG Ansbach, 19.10.1955, Rüter, Bd. XIII, S. 379; v. Weber NJW 1950 b, S. 272 ff.; Seebode 1969 b, S. 206; Bemmann 1968, S. 308; Welzel 1967, S. 523.

cher[552]) Tötung oder Körperverletzung zur Rechenschaft gezogen würden.[553] Die exkulpierende Wirkung des Richterprivilegs spiegelt sich in folgenden Zahlen: Ab Anfang 1948[554] wurden 48 NS-Juristen[555] in 15 Verfahren wegen der Beteiligung an Justizverbrechen angeklagt. Von 1948 bis 1950, in der Zeit, in der das Richterprivileg noch nicht durch alle Gerichte anerkannt war, wurden 10 Personen verurteilt und 13 freigesprochen. Von 1951 bis 1976 wurden nur noch 3 Juristen verurteilt und 18 freigesprochen. Ein Verfahren wurde eingestellt; 3 Angeklagte verstarben während der Prozesse.[556]

Die Begründung, dass das Richterprivileg zur Sicherung der richterlichen Unabhängigkeit erforderlich sei, ist nicht unumstritten. Es wird argumentiert, dass § 336 StGB nicht den Richter in seiner Unabhängigkeit schützen solle,

> „sondern gerade umgekehrt den *Rechtssuchenden* vor dem Richter, genauer: vor richterlichem Machtmißbrauch. Das ‚Ziel', dem § 336 dient, ist die Sicherstellung der richterlichen *Verantwortlichkeit, nicht* der Verantwortungsfreiheit. Die Strafbestimmung ist eine schwerwiegende Ausnahme vom Grundsatz der richterliche Unabhängigkeit."[557]

Hinzu kommt: Wenn § 336 StGB der Sicherung der richterlichen Unabhängigkeit dient, dann vermag die Vorschrift den NS-Richter, dessen Unabhängigkeit im NS-Staat weitgehend beseitigt war, nicht vor Sanktion zu bewahren.[558]

---

552 Zum bedingten Vorsatz vgl. unten.

553 BGHSt 10, 294 (298), 7.12.1956. Vgl. auch BGH, 29.5.1952, MDR 1952, S. 693 (695).

554 Bis 1988, Zeitpunkt der Anfertigung der Diplomarbeit.

555 Überwiegend Richter, einige Staatsanwälte.

556 Ausgewertet wurden die bei Rüter bis zum Jahr 1988 (Zeitpunkt der Anfertigung der Diplomarbeit) und bei Friedrich 1983, S. 498 f. aufgeführten Urteile gegen NS-Richter. Die zahlenmäßige Auswertung ist durch Verfahrenabtrennungen in Verfahren gegen mehrere Angeklagte und unterschiedliche Rechtsmittel von Angeklagten in einem Prozess kompliziert.

557 Spendel 1984, S. 59; ders. 1988 Rn. 79; ähnlich Bauer 1968, S. 306; Bemmann 1968, S. 309 ff.

558 Bauer 1968, S. 306; Seebode 1969 b, S. 206; OGH, 7.12.1948, Rüter, Bd. V, S. 257. Dagegen wird zweierlei vorgebracht: Erstens: § 336 StGB gilt auch für abhängige Richter, BGH 16.2.1960, NJW 1960, S. 974 (Leitsatz). Zweitens: Die NS-Richter waren unabhängig im Sinne von § 1 des Gerichtsverfassungsgesetzes, Simon 1988, S. 13 ff.. Gegen den zweiten Einwand wiederum Kirchheimer 1941, Ausgabe 1972, S. 132 ff.; v. Brünneck 1983, S. 108 ff.

2. Kein Richterprivileg bei der Verletzung übergesetzlichen Rechts

Hier interessiert vor allem die Frage, ob die Haftungsbegrenzung des Richters durch das Richterprivileg mit der Lehre vom gesetzlichen Unrecht und übergesetzlichen Recht vereinbar ist.

a) Die Rechtsprechung des Obersten Gerichtshofes für die Britisches Zone

Der OGH war der Ansicht, dass ein Richter, wie alle anderen NS-Täter, wegen eines Verbrechens gegen die Menschlichkeit strafbar sei, wenn er menschenrechtliche Kerngarantien verletzte, unabhängig davon, ob er gleichzeitig eine Rechtsbeugung nach § 336 StGB beging oder nicht.[559] Denn das KRG 10, das den unbedingten Schutz der Menschenrechte beabsichtige, erlaube keine Begrenzung der Strafbarkeit bei Menschenrechtsverletzungen. Das KRG 10 verlange von jedem, dass er sich beim Konflikt zwischen positivem Gesetz und überstaatlichem Recht für das zweite entscheide:

> „Das Kontrollratsgesetz Nr. 10 fordert dabei von *jedem*, daß er sich für die Grundsätze der Menschlichkeit entschied, wenn ihm ein staatliches Gesetz oder seine Handhabung die Möglichkeit bot, sie zu verletzen. Es ist kein Grund ersichtlich, weshalb allein der Spruchrichter davon ausgenommen sein soll. Die ihm vom Staat übertragene Pflicht zum Dienst am Recht entbindet ihn nicht von der nach KRG 10 alle treffenden Verpflichtung, auch dabei jedenfalls jene Grundsätze der Menschlichkeit zu wahren."[560]

Diese Auffassung stieß bei Rechtsprechung und Rechtslehre auf Widerstand.[561] Soweit ersichtlich wurden nur in zwei Verfahren an Justizverbrechen beteiligte Personen nach dem KRG 10 verurteilt. Das LG Hamburg[562] verurteilte einen Richter nach dem KRG 10, der ein Todesurteil wegen Fahnenflucht ausgesprochen hatte, und eine weitere Person, die dieses Urteil bestätigt und die Vollstreckung angeordnet hatte. Das LG Wuppertal verurteilte einen Richter nach dem KRG 10.[563] Andere Gerichte erklärten, dass Richter nach dem KRG 10 über-

559 OGHSt 1, 217 (Leitsatz 2), 7.12.1948; OGHSt 2, 269 (Leitsatz 2, 273), 15.11.1949.

560 OGHSt 2, 269 (272), 15.11.1949.

561 Z. B. LG Düsseldorf, 5.3.1948, zit. n.Friedrich 1983, S. 116 ff. mit direkter Kritik am OGH; LG Hamburg, 4.6.1948, zit. n. Friedrich 1983, S. 147; v. Weber 1950 b, S. 273.

562 LG Hamburg, 4.8.1949, vgl. Friedrich 1983, S. 156. Der Richter war bereits durch LG Hamburg, 4.6.1948 wegen Verbrechen gegen die Menschlichkeit verteilt worden (vgl. Friedrich, 1983, S. 146). Das Urteil vom 4.8.1949 wurde nicht rechtskräftig. Nach Revision zum BGH und Zurückverweisung an das LG Hamburg wurden die Angeklagten 1953 freigesprochen (vgl. Friedrich 1983, S. 498, Urteile zu Fall Nr. 5).

563 LG Wuppertal, 13.12.1950, vgl. Friedrich 1983, S. 126. Das Urteil wurde nicht rechtskräftig, vgl. Friedrich 1983, S. 498, Urteile zu Fall Nr. 4.

haupt nicht strafbar seien und lehnten die Anwendung des KRG 10 auf die Tätigkeit des Richters ab.[564]

> „Die Unabhängigkeit des Richters und die Unantastbarkeit seiner Person hinsichtlich ordnungsgemäßer Richtersprüche ist eines der wesentlichen Fundamente eines Rechtsstaates. Deshalb ist im deutschen Recht für den Spruchrichter auch nur die vorsätzliche Rechtsbeugung gemäß § 336 als einzig mögliches Delikt [...] vorgesehen. Es geht nun nach Auffassung des erkennenden Schwurgerichts nicht an, auf dem Umwege über das Kontrollratsgesetz Nr. 10 ein weiteres für den Spruchrichter mögliches Delikt, nämlich die in der Durchführung des Spruches (‚in der Tatsache der ergangenen und vollstreckten Todesurteile') erblickte angebliche Unmenschlichkeit, zu konstruieren, wie es z.B. der Oberste Gerichtshof für die britische Zone in seinem Urteil vom 7. Dezember 1948 in dem bekannten Petersen-Prozeß will [...]. Aber selbst in diesem so weitgefaßten Gesetz ist in keiner Weise von einer strafbaren Tätigkeit des Spruchrichters die Rede. Dieses Gesetz, das im ganzen schon eine Ausnahme von der Regel darstellt, kann nun nicht zu seiner weiten Fassung auch noch ausdehnend ausgelegt werden [...], zumal nicht da, wo es sich um eine so grundlegende Frage wie die strafrechtliche Haftbarkeit des Spruchrichters handelt. Vielmehr müßte es in diesem Gesetz, das nun als selbständiger Tatbestand in das deutsche Strafrecht aufgenommen ist, ausdrücklich hervorgehoben worden sein, wenn es eine derartige wichtige Regelung des gesamtdeutschen Rechts hätte ändern wollen. […] [Das] Schwurgericht [lehnt deswegen, C. L.] die Anwendung des Kontrollratsgesetzes Nr. 10 auf die Tätigkeit des Spruchrichters ab."[565]

Auch der BGH stellte sich gegen den OGH. Obwohl die Ablehnung des Richterprivilegs durch den OGH nicht nur für das KRG 10 gilt, sondern sich aus einem Begriff von Recht ergibt, der die Wahrung menschenrechtlicher Kerngarantien intendiert, erklärte der BGH:

> „Die Entscheidungen des Obersten Gerichtshofes für die Britische Zone (OGHSt 1, 217, 224, 227 f.; 2, 269) stehen der hier entwickelten Rechtsansicht [dass Richter nur unter der Voraussetzung des § 336 strafbar sind, C.L.] schon deshalb nicht entgegen, weil sie zum KRG Nr. 10, also zum außerdeutschen Strafrecht ergangen sind."[566]

b) *Kein Richterprivileg bei „Scheinverfahren"*

Die Rechtsprechung entwickelte eine Einschränkung des Richterprivilegs. Das Haftungsprivileg komme dem Richter nur zugute,

---

564 LG Düsseldorf, 5.3.1953, zit. n. Friedrich 1983, S. 118.

565 LG Düsseldorf, 5.3.1949, zit. n. Friedrich 1983, S. 116 ff.; sehr ähnlich: LG Hamburg, 4.6. 1948, vgl. Friedrich 1983, S. 147.

566 BGH, 7.12.1956, Rüter, Bd. XIII, S. 382 (384).

„solange der Richter bestrebt ist, in einem ordnungsgemäßen Verfahren das sachliche Recht zu verwirklichen“.[567]

Wurde hingegen ein „bloßes Scheinverfahren“ durchgeführt, ein Verfahren, bei dem – so führt der BGH in dem ersten Flossenbürg-Urteil aus –[568] „nur das ‚gerichtliche Gesicht‘ gewahrt ist, das also nur äußerlich und zum Schein die für ein gerichtliches Verfahren geltenden Vorschriften beachtet und dessen Ergebnisse für den Richterspruch ohne Bedeutung sind“,[569] entfällt das Richterprivileg. Die Richter sind in diesem Fall bei gefällten Todesurteilen als Mörder oder Totschläger oder wegen fahrlässiger Tötung zu bestrafen.[570] Ein solches Scheinverfahren liege auch dann vor, wenn ein NS-Richter bei der Durchführung der Verfahren gegen „allgemein verbindliche rechtliche Grundsätze verstieß, die unabhängig von staatlicher Anerkennung gelten“, wenn die „keine Ausnahme duldenden Mindestanforderungen“[571] missachtet wurden:

„Seine Mitwirkung bei den Geschehnissen, die mit dem Tode der sechs Männer endeten, muß aber als Beihilfe zu einer rechtswidrigen Tötung, also als Beihilfe zum Mord oder Totschlag (§§ 211, 212, 49 StGB) beurteilt werden, sobald feststeht, daß die Art und Weise, wie ihnen das Leben genommen wurde […], gegen allgemein verbindliche rechtliche Grundsätze verstieß, die unabhängig von staatlicher Anerkennung gelten, und der Angeklagte das wußte, als er seinen Beitrag leistete. Der Vorwurf an den Angeklagten geht dahin, daß durch die Art des Verfahrens, diese keine Ausnahme duldenden Mindestanforderungen mißachtet wurden, gleichviel ob die Handlungen, die den zur Verantwortung Gezogenen zum Vorwurf gemacht wurden, von der damals herrschenden Auffassung aus als todeswürdige Taten angesehen wurden.“[572]

Damit ist das übergesetzliche Recht, das auch zum Ausdruck kommt in den sogenannten Justizgrundrechten und in den an ein faires Verfahren zu stellenden Anforderungen, wie der Bestellung eines Verteidigers und der Achtung des Angeklagten als Menschen, bei der strafrechtlichen Beurteilung von NS-Gerichtsurteilen anerkannt.

Wie bei der Rechtsprechung des OGH führt die Verletzung menschenrechtlicher Kerngarantien zum Ausschluss des Richterprivilegs. Die Radbruchsche Formel, die fast wörtlich zitiert wird, wird hier wirksam:

---

567 BGH, 29.5.1952, MDR 1952, S. 693 (695); BGH, 9.6.1953, OLG Bamberg, 1.4.1949, Rüter, Bd. VII S. 176 (182); BayObLG, 25.10.1950, Rüter, Bd. VI, S. 591 (592).

568 Das erste Flossenbürg-Urteil ist das erste Urteil des BGH zu Justizverbrechen.

569 BGH, 12.2.1952, Rüter, Bd. XIII, S. 325 (331).

570 BGH, ebd., S. 331; OLG Bamberg, 1.4.1949, Rüter, Bd. VII, S. 176 (182).

571 BGH, 12.2.1952, Rüter, Bd. XIII, S. 331.

572 BGH, 12.2.1952, Rüter, Bd. XIII, S. 331; BayObLG, 25.10.1950, Rüter, Bd. VI, S. 592.

„Die Machthaber des nationalsozialistischen Staates haben, wie offenkundig ist und auch damals schon den Einsichtigen klar war, zahlreiche Vorschriften erlassen und Anordnungen getroffen, die mit dem Anspruch auftraten, ‚Recht' zu setzen und dem ‚Recht' zu entsprechen, die aber trotzdem der Rechtsnatur ermangelten, weil sie jene rechtlichen Grundsätze verletzten, die unabhängig von jeder staatlichen Anerkennung gelten und stärker sind, als ihnen entgegengesetzte obrigkeitliche Akte [...]. Obrigkeitliche Anordnungen, die die Gerechtigkeit nicht einmal anstreben, den Gedanken der Gerechtigkeit bewußt verleugnen und allen Kulturvölkern gemeinsame Rechtsüberzeugungen von Wert und Würde der menschlichen Persönlichkeit gröblich mißachten, schaffen [...] kein materielles Recht und ein ihnen entsprechendes Verhalten bleibt Unrecht."[573]

Auf die Revision der Angeklagten[574] fällte der BGH zwei weitere Urteile zum Flossenbürger Standgerichtsverfahren,[575] die dem ersten Urteil entgegenstehen.[576] Durch die Verletzung der Justizgrundrechte entfällt jetzt nicht mehr das Richterprivileg, sondern die Durchführung eines Scheinverfahrens ist nur noch eine Form der Rechtsbeugung.

„Der Angeklagte Dr. T. hat sich in den Fällen der Flossenbürger Verfahren der Beihilfe zum Mord schuldig gemacht, wenn er – gleichgültig aus welchen Gründen – bewußt Scheinverfahren gegen die fünf Widerstandskämpfer durchgeführt hat – in diesem Falle wäre er zugleich der Rechtsbeugung nach § 336 StGB schuldig."[577]

Damit werden die Mörder und Totschläger (1. Urteil) zu Richtern und Gerichtsherren aufgewertet, die in einem – wenn auch fehlerhaften – Gerichtsverfahren das Recht beugten.[578] Ebenso deutlich ist die Wende hinsichtlich der Frage nach dem Verhältnis von damaligen Gesetzen und übergesetzlichem Recht. Ausgangspunkt der Beurteilung habe nicht die Rechtslage nach 1945, nicht das übergesetzliche Recht zu sein, denn „eine solche rückschauende Wertung würde dem Angeklagten nicht gerecht werden".[579] Maßgeblich sei die „Gesetzeslage und die sonstigen Gegebenheiten zur Tatzeit"

„mit der Unerbittlichkeit der damals geltenden Gesetze, denen er [der Richter, C.L.] unterworfen war und gegen die die in Flossenbürg vor das Standgericht gestellten

573 BGH, ebd., S. 332.

574 Gegen die Urteile LG München, 5.12.1952, vgl. Friedrich 1983, S. 209 f., und LG Augsburg, 15.10.1955, Rüter, Bd. XIII, S. 287 ff.

575 BGH, 30.11.1954, Rüter, Bd. XII, S. 336 ff.; BGH, 19.3.1956, Rüter, Bd. XIII, S. 344 ff.

576 Diesen Unterschied hat der BGH wohl erkannt, denn er führt aus, dass zur Frage der Bindung an das erste Urteil nicht Stellung genommen werden bräuchte, ebd. S. 355.

577 Ebd., S. 343; so besonders deutlich BGH, 7.12.1956, Rüter, Bd. XIII, S. 382 (385).

578 Nach Ansicht des BGH war sogar der Volksgerichtshof ein „Kollegialgericht", BGH NJW 1968, S. 1339 (1340), 8.5.1968.

579 Drittes Flossenbürg-Urteil, BGH 19.3.1953, Rüter, Bd. XIII, S. 344 (352).

> Widerstandskämpfer sich aufgelehnt hatten. Ausgangspunkt dabei ist das Recht des Staates auf Selbstbehauptung. In einem Kampf um Sein oder Nichtsein sind [...] bei den Völkern von jeher strenge Gesetze zum Staatsschutz erlassen worden. Auch dem nationalsozialistischen Staate kann man nicht ohne weiteres das Recht absprechen, daß er solche Gesetze erlassen hat."[580]

Das hat zur Konsequenz, dass die Widerstandskämpfer, die sich gegen das Gesetz „auflehnten", kein „Recht" zum Widerstand gehabt hatten.[581] Im „Recht" waren die Richter, die die damaligen Unrechts-Gesetze vollzogen:

> „Soviel darf aber gesagt werden: Einem Richter, der damals einen Widerstandskämpfer wegen seiner Tätigkeit in der Widerstandsbewegung abzuurteilen hatte und ihn in einem einwandfreien Verfahren für überführt erachtete, kann heute in strafrechtlicher Hinsicht kein Vorwurf gemacht werden, wenn er angesichts seiner Unterworfenheit unter die damaligen Gesetze nicht der Frage nachging, ob dem Widerstandskämpfer etwa der Rechtfertigungsgrund des übergesetzlichen Notstands unter diesem Gesichtspunkt eines höheren, den Strafanordnungen des staatlichen Gesetzes vorausliegenden Widerstandsrechts zur Seite stehe, sondern glaubte, ihn des Hoch- und Landesverrats bzw. des Kriegsverrats (§ 57 MStGB) schuldig erkennen und deswegen zum Tode verurteilen zu müssen."[582]

3. Rechtsbeugung durch die Anwendung gesetzlichen Unrechts

Gezeigt wurde, dass vom Standpunkt des übergesetzlichen Rechts eine Begrenzung der Strafbarkeit für NS-Richter mit Hilfe des Richterprivilegs nicht begründet werden kann. Doch auch wenn man das Richterprivileg bei NS-Richtern grundsätzlich für anwendbar hält, kann der Begriff des gesetzlichen Unrechts wirksam werden, wenn davon ausgegangen wird, dass der Richter, der gesetzliches Unrecht anwendete, objektiv eine Rechtsbeugung beging.

a) Der Begriff „Recht" in § 336 StGB und der Schutzzweck des § 336 StGB

Rechtsbeugung durch Anwendung gesetzlichen Unrechts ist nur denkbar, wenn „Recht" in § 336 StGB auch übergesetzliches Recht meint und nicht nur das positive Gesetz.[583] Dafür werden im Zusammenhang mit der Diskussion über die Strafbarkeit von NS-Richtern folgende Argumente vorgebracht: Nach dem

---

580 Ebd., S. 352.

581 Eine weitere, sicherlich ergiebige Fallgruppe wäre die Bewertung des Widerstands gegen die nationalsozialistische Herrschaft mit Hilfe der Lehre vom gesetzlichen Unrecht. Hier sei nur auf den sogenannten Garbe-Fall verwiesen: OLG Kiel, 26.3.1947, SJZ 1947, Sp. 323 ff. m. Anm. Arndt, SJZ 1947, S. 330 ff.

582 BGH, 19.6.1956, Rüter, Bd. XIII, S. 344 (352).

583 Schmidt 1948, S. 70 ff.; Maurach 1952, S. 557; Seebode 1969 a, S. 45 ff.; Spendel 1968, S. 313; ders., 1988, Rn. 49 ff.

Wortlaut des § 336 StGB müsse das Recht „zugunsten oder zum Nachteil einer Partei“ gebeugt werden. Das heißt, nicht der Gesetzesverstoß als solcher soll geahndet werden, sondern das objektive Unrecht, das in dem dadurch bewirkten (rechtlichen) Nachteil liegt. Weiter wird zur Begründung, dass „Recht“ im Sinne des § 336 StGB auch das übergesetzliche Recht und nicht nur das positive Gesetz meint, hervorgehoben, dass der Richter zur Anwendung eines Unrechts-Gesetzes verpflichtet wäre, wenn „Recht“ nur das positive Gesetz meine. Dann würde sich „der Rechtsstaat [...] selbst aufheben.“[584] Für die Auslegung, dass in § 336 StGB auch das übergesetzliche Recht gemeint ist, spricht auch Artikel 20 Abs. 3 des Grundgesetzes, wonach der Richter an Gesetz *und Recht* gebunden ist.

Nach anderer Ansicht ist mit „Recht“ in § 336 StGB nur der positive Normenbestand eines Staates gemeint, weil das geschützte Rechtsgut des § 336 StGB, wie jedes Amtsverbrechen, die Treuepflicht des Amtsträgers gegenüber dem Staat sei. Weil das Gerichtsurteil Staatsakt ist, müsse der Staat verlangen, dass das Urteil in Übereinstimmung mit seinen positiven Gesetzen ergeht.[585]

b) Die Rechtslehre

Aus dieser Differenz folgt eine unterschiedliche Beantwortung der Frage, ob in der Anwendung eines Unrechts-Gesetzes objektiv eine Rechtsbeugung liege. Nach der Meinung, die den Zweck des § 336 StGB in der Sicherung des Gehorsams des Richters gegenüber dem staatlichen Gesetz sieht, hat der NS-Richter das Recht durch die Anwendung von gesetzlichem Unrecht nicht gebeugt, denn er tat, was das Gesetz von ihm verlangte. Die NS-Richter seien nicht strafbar, weil die Strafbarkeit voraussetze, dass der Richter

> „das Recht verletzt hat; das vorliegende geschriebene staatliche Recht wies den Richter aber an, gerade das zu tun, was er getan hat.“[586]

Coing nennt 1947 vier, in der Rechtslehre später wieder aufgegriffene Gründe, warum dem NS-Richter der Gehorsam gegenüber dem Gesetz zugute gehalten werden müsse:

- Das Naturrecht selber fordere keine Bestrafung desjenigen, der seine Gebote missachtet.[587]
- Strafbegründung durch Naturrecht verstoße gegen das Rückwirkungsverbot.[588]

---

584 Seebode 1969 a, S. 46 ff.

585 Evers 1955, S. 188; Schultz 1952, S. 695; ders. 1956, S. 135; Schlösser 1960, S. 945.

586 Figge 1947, Sp. 181; ähnlich: Coing 1947, Sp. 64; Schultz 1952, S. 695.

587 Coing 1947, Sp. 63; ähnlich: Schlösser 1960, S. 944.

- Ein materielles Prüfungsrecht des Richters sei im NS-Staat nicht anerkannt gewesen. Die positivistische Rechtstheorie hätte den Juristen keine Waffe an die Hand gegeben, um sich zu wehren.[589]
- Zudem sei zu berücksichtigen, dass es überhaupt „nicht möglich ist, eine bestimmte Staatsform als absolut gerecht zu deduzieren".[590]

Dagegen folgerte Radbruch aus seiner Lehre vom übergesetzlichen Recht und gesetzlichen Unrecht, dass der Jurist gesetzlichem Unrecht gegenüber nicht zum Gehorsam verpflichtet sei. Wenn Juristen es dennoch anwandten, liege objektiv Rechtbeugung vor:

> „Wenn anhand der von uns entwickelten Grundsätze festgestellt werden kann, daß das angewandte Gesetz kein Recht war […], liegt objektiv Rechtsbeugung vor."[591]

Damit ist die Berufung auf das Unrechts-Gesetz abgeschnitten. Nicht wenige Juristen folgten Radbruch und sahen in der Anwendung gesetzlichen Unrechts objektiv eine Rechtsbeugung, da „die richterliche Tätigkeit in der Anwendung richtigen Rechts besteht".[592]

c) *Das Urteil im Nürnberger Juristenprozess*

Die Verteidiger im Nürnberger Juristenprozess trugen vor, dass eine Strafbarkeit ausgeschlossen sei, weil die Angeklagten nur aufgrund und im Rahmen der damaligen Gesetze gehandelt hätten.[593] Das Nürnberger Urteil setzte dagegen, dass vom Standpunkt eines überstaatlichen Rechts diesem entgegenstehende Gesetze keine Rechtfertigung bedeuten könnten. Der Kern der Anklage bestehe gerade darin, die damaligen Gesetze als gesetzliches Unrecht zu entlarven und damit jede Berufung auf sie auszuschließen:

> „Der Kern der Anklage in diesem Fall besteht ja gerade darin, daß die Gesetze, die Hitler-Erlasse, das drakonische, korrupte und verderbte nationalsozialistische Rechtssystem also solche in sich selbst Kriegsverbrechen und Verbrechen gegen die

588 Coing 1947, Sp. 62 f.; ebenso Maurach 1952, S. 567; Schultz 1952, S. 695; Evers 1956, S. 135 f.; Grünwald 1964, S. 5 f. Gegen den Vorwurf der Verletzung des Rückwirkungsverbots vgl. D. II.

589 Coing 1947, Sp. 64; ebenso Schultz 1952, S. 695.

590 Coing 1947, Sp. 64.

591 Radbruch 1946 b, S. 108 1. Sp.

592 Maurach 1958, S. 179 (anders noch Maurach 1952, S. 568); Welzel 1947 a; S. 253; Peters 1947, S. 344; Kraus 1948, S. 124; v. Weber 1950 b, S. 273; Seebode 1969 a, S. 30 ff.; Spendel 1988, Rn. 50.

593 Vgl. Ostendorf, ter Veen 1985, S. 28.

Menschlichkeit darstellen und daß eine Teilnahme an dem Erlaß und der Durchführung dieser Gesetze verbrecherische Mittäterschaft bedeutet."[594]

Daraus zog das Gericht allerdings nicht die Konsequenz, dass die angeklagten Richter, Laienrichter und Staatsanwälte[595] – wie der amerikanische Hauptankläger Taylor gefordert hatte –[596] allein wegen der „Rechts"anwendung zu verurteilen seien. Das Gericht gliederte den Prozessstoff in sieben Gruppen gesetzgeberischer und rechtsprechender Akte[597]:

1. Verurteilungen als „Gewohnheitsverbrecher",
2. Bestimmungen gegen Plünderer („Volksschädlinge") und Taten unter dem Schutz der Verdunkelung,
3. Kriegs- und Wirtschaftsverbrechen (Rationierung, Hortung u.a.),
4. Delikte wegen Wehrkraftzersetzung und politischer Meinungsäußerung,
5. Landes- und Hochverratsverbrechen,
6. Gesetze und Verordnungen gegen Polen und Juden (Polenstrafrechtsverordnung, Blutschutzgesetze),
7. Verbrechen unter dem Nacht- und Nebelerlaß (Verschleppung von Widerständlern aus den besetzen Gebieten).

Nach der Urteilbegründung im Nürnberger Juristenurteil ist die bloße Anwendung der Gesetze, die zu Verurteilungen in den ersten vier Gruppen führten, durch den Richter kein Verbrechen gegen die Menschlichkeit. Erst ihre brutale und willkürliche Handhabung durch den Richter sei strafbar:

„All die Gesetze, die wir anführten, konnten in diskriminierender Art angewandt werden und wurden es auch, und in vielen Fällen haben der Justizminister und die Gerichte sie in willkürlicher und brutaler Weise angewandt, die das Menschengewissen empört und die hier strafbar ist. Nun halten wir dafür, daß wir angesichts der besonderen Sachlage dieses Prozesses keinen Angeklagten allein deswegen ohne weiteres verurteilen können, weil Gesetze der ersten vier Gruppen erlassen oder an-

---

594 Urteilsbegründung, Allgemeiner Teil, zit. n. Ostendorf, ter Veen, S. 139.

595 Lautz (Oberreichsanwalt beim Volksgerichtshof), Barnickel (Reichsanwalt am Volksgerichtshof), Cuhorst, Rothaug, Oschey (Vorsitzende Richter an Sondergerichten), Nebelung (Präsident des 4. Senats beim Volksgerichtshof) und Petersen (Laienrichter beim Volksgerichtshof). Freigesprochen wurden Cuhorst, Barnickel, Nebelung. Verurteilt wurden Oschey, Rothaug und Lautz.

596 Steiniger, Leszczynski 1969, S. 65 f., S. 90.

597 Vgl. Ostendorf, ter Veen 1985, S. 29. In der Urteilsbegründung, Allgemeiner Teil, werden zum Teil etwas abweichende Formulierungen gebraucht, vgl. Ostendorf, ter Veen 1985, S. 170.

gewandt wurden. Ein anderer Sachverhalt liegt vor, wenn wir die Fälle betrachten, die unter die Gruppen 5, 6, 7 fallen."[598]

Doch im Ergebnis wurde in Nürnberg auch niemand wegen der bloßen Anwendung der Gesetze in den Gruppen 5, 6 oder 7 verurteilt. Rothaug wurde nicht verurteilt, weil er das „Blutschutzgesetz"[599] oder die „Polen-Strafrechtsverordnung"[600] überhaupt anwendete, sondern weil er die Gesetze in Prozessen anwandte, die „bar der Grundbestandteile der Rechtsstaatlichkeit waren".[601]

d) Die Urteile deutscher Gerichte

Nur in wenigen (veröffentlichten) Urteilen wurde wenigstens die Möglichkeit erörtert, ob Rechtsbeugung durch die Anwendung gesetzlichen Unrechts begangen werden könne.[602] Die Strafbarkeit wegen der Anwendung eines Unrechts-Gesetzes wurde in allen Fällen mit folgender Argumentationskette verneint: Erstens wurde das Vorliegen gesetzlichen Unrechts zum Beispiel bei der „Verdunkelungsverordnung",[603] bei der „Standgerichtsverordnung",[604] bei der Kriegssonderstrafrechtsverordnung[605] und beim „Heimtückegesetz"[606] verneint. Diese

---

598 Urteilsbegründung, Allgemeiner Teil, zit. n. Ostendorf, ter Veen 1985, S. 172.

599 Gesetz zum Schutze des deutschen Blutes und der deutschen Ehre vom 15.9.1935 RGBI. 1935 I S. 1146. Diese Bewertung passt nicht zu der Bewertung der Alliierten Gesetzgebung. Durch das Gesetz Nr. 1 der Militärregierung Deutschlands und das Kontrollratsgesetz Nr. 1 wurde dieses Gesetz als Gesetz politischer Natur und als Ausnahmegesetz, auf welchem das Nazi-Regime beruhte, aufgehoben (vgl. C. I.).

600 Verordnung über die Strafrechtspflege gegen Polen und Juden in den eingegliederten Gebieten vom 4.12.1941, RGBl. 1941 I S. 759. Diese Bewertung passt nicht zu der Bewertung der alliierten Gesetzgebung. Durch das Kontrollratsgesetz Nr. 11 wurde diese Verordnung aufgehoben (vgl. C. I).

601 Das Urteil gegen Rothaug, zit. n. Steiniger, Leszczynski 1969, S. 263 ff., bes. S. 272.

602 LG Weiden, 19.2.1948, Rüter, Bd. III, S. 235 (275 f.); LG Aschaffenburg, 6.12.1948, Rüter, Bd. III, S. 625 (644, 649); OLG Bamberg, 27.7.1949, NJW 1950, S. 35 f.; LG Kiel, 25.9.1958, Rüter, Bd. VII, S. 496; LG Kassel, 28.6.1950, zit. n. Moritz, Noam 1978 a, S. 308 (310) (Holländer-Fall); LG Nürnberg-Fürth, 5.12.1968, zit. n. Friedrich 1983, S. 279 („Katzenberger-Fall").

603 Achte Verordnung zur Durchführung des Luftschutzgesetzes, RGBl. I 1939, S. 965. Gesetzliches Unrecht verneinend: LG Nürnberg-Fürth, 5.4.1968, zit. nach Friedrich 1983, S. 279.

604 Vom 15.2.1945, RGBl. I S. 30. Gesetzliches Unrecht verneinend: LG Aschaffenburg, 6.12.1948. Rüter Bd. VII, S. 649.

605 Vom 17.8.1938, RGB1 1939 I S. 1455. Gesetzliches Unrecht verneinend: LG Weiden, 19.2.1948, Rüter, Bd. II, S. 235 (275 f.); OLG Bamberg, 27.7.1949, NJW 1950, S. 35; LG Aschaffenburg, 6.12.1948, Rüter, Bd. III, S. 625 (649).

Bewertung passt nicht zu der Bewertung dieser Normen durch die Alliierte Gesetzgebung. Durch das Gesetz Nr. 1 der Militärregierung Deutschlands und das Kontrollratsgesetz Nr. 1 wurde das „Heimtückegesetz“ als Gesetz politischer Natur bzw. als Ausnahmegesetz, auf welchem das Nazi-Regime beruhte, aufgehoben. Die Kriegssonderstrafrechtverordnung war durch das Kontrollratgesetz Nr. 11 aufgehoben worden. (vgl. C. I.)

Aber auch wenn ein Gericht wie beim „Blutschutzgesetz“[607] gesetzliches Unrecht bejahte, wurde dem Richter aus der Anwendung des Gesetzes kein strafrechtlicher Vorwurf gemacht. Denn die Richter seien seinerzeit weder berechtigt noch verpflichtet gewesen, die Gesetze wegen Verstoßes gegen die Grundgebote der Gerechtigkeit und Menschlichkeit außer Acht zu lassen.[608]

> „Die Gesetze, die damals galten, waren verbindlich für die Gerichte, ihre Anwendung kann für sich noch keine Rechtsbeugung darstellen. Holländer ist einmal der Rassenschande in vier Fällen für schuldig befunden worden. Die Anwendung des Blutschutzgesetzes ist damals ohne Zweifel zu Recht erfolgt.“[609]

Der BGH und viele andere Gerichte stellten die Frage, ob „Recht“ in § 336 StGB auch übergesetzliches Recht meint und ob deswegen bereits die Anwendung gesetzlichen Unrechts Rechtsbeugung ist, nicht oder ließen die Frage unentschieden. Der strafrechtliche Vorwurf wurde allein in der Beugung des damals geltenden Rechts gesehen.

> „Die Zweifelsfrage, ob unter Beugung des ‚Rechts‘ im Sinne des § 336 auch die Anwendung ‚unsittlichen‘ Gesetzesrechts zu verstehen ist [...], kann unentschieden bleiben [...]. Nicht die Anwendung ungültigen Rechts, sondern die mißbräuchliche Anwendung gültiger Verfahrens- oder sachrechtlicher Gesetze zu rechtsfremden Zwecken wird dem Richter in solchen Fällen vorgeworfen.“[610]

„Alternative Begehungsmöglichkeiten der Rechtsbeugung“ seien „Sachverhaltsverfälschung, unrichtige Anwendung gesetzlicher Vorschriften und Ermessensmissbrauch bei der Strafzumessung“,[611] nicht aber die Anwendung gesetzli-

---

606 Gesetz gegen heimtückische Angriffe auf Partei und Staat und zum Schutz der Polizeiuniformen vom 20.12.1934, RGBl. 1934 I, S. 1269. Gesetzliches Unrecht verneinend: OLG Bamberg, 27.7.1949, NA 1950, S. 35 f.

607 Gesetz zum Schutze des deutschen Blutes und der deutschen Ehre vom 15.9.1935, RGBl I S. 1146

608 LG Nürnberg-Fürth, 4.5.1968, zit. nach Friedrich 1983, S. 279; LG Weiden, 19.12.1948, Rüter, Bd. III, S. 235 (281).

609 LG Kassel, 28.06.1950, zit. n. Moritz, Noam 1978, S. 308 (310).

610 BGH, 7.12.1956, Rüter, Bd. XIII, S. 382 (385) = BGHSt 10, 294 (300 f.); ebenso BGH, 8.7.1952, NJW 1952, S. 1024 (1025) = BGHSt 3, 110 (116).

611 BGH, 21.7.1970, NJW 1970, S. 571 (Leitsatz), kritisch dazu Spendel 1971, S. 538; ebenso BGH, 29.5.1952, Rüter, Bd. X, S. 507 ff.; LG Hamburg, 27.2.1953, Rüter,

chen Unrechts. Selten stellten die Gerichte nach 1945 fest, dass die NS-Richter den Sachverhalt verfälscht hätten.[612] Nicht untypisch ist die Äußerung des LG Nürnberg-Fürth:

> „Der Verdacht einer Fälschung des Sachverhalts bei der damaligen Urteilsabfassung liegt fern. Dr. Rothaug legte festgestelltermaßen großen Wert auf saubere Arbeit am Sachverhalt."[613]

Häufig wurde geprüft, ob NS-Richter bei der Strafzumessung den ungeschriebenen Grundsatz des grausamen und übermäßig harten Strafens verletzt haben,[614] ob sie das damalige Recht gebeugt haben, indem sie bei der Auslegung der Gesetze „bindend festgelegte Grundsätze" missachteten,[615] oder ob sie die NS-Gesetze „im Interesse der damaligen Staatsführung in rechtlich nicht vertretbarer Weise ausdehnend ausgelegt" haben.[616]

Diese Argumentation lässt die Geltung des NS-Gesetzes unbeschadet bzw. erhebt das NS-Gesetz erst zu geltendem Recht, da seine extensive „Auslegung" als *Rechts*beugung bestraft wurde. Andererseits ist es wichtig, *neben* der Rechtsbeugung durch Anwendung gesetzlichen Unrechts auch zu fragen, ob die NS-Richter das damalige positive Recht gebeugt haben. Nur so lässt sich die Selbstlegitimation der NS-Juristen nach 1945 mit dem Satz „Nicht die Justiz, sondern ganz allein der Gesetzgeber hatte die Fahne des Rechts verlassen",[617] entkräften. Nur so kann gezeigt werden, dass die „exzeßhafte Anwendung"[618] der NS-Gesetze, der Übererfüllungseifer der NS-Richter und „der ihnen interpretierend zuarbeitenden Rechtswissenschaft ein wesentlicher Faktor für die Aufrechterhaltung der nationalsozialistischen Herrschaftsbeziehungen"[619] war.

Bd. X, S. 449 (483 ff.); SchwurG Berlin, 27.10.1966, DRiZ 1967, S. 390 (392 f.); Leverenz 1960, S. 171.

612 LG Aschaffenburg, 6.12.1948, Rüter, Bd. III, S. 625 (646 ff.); ähnlich: LG Würzburg, 29.11.1952, Rüter, Bd. X, S. 205 (209); BGH, 29.5.1952, Rüter, Bd. X, S. 504 (508).

613 LG Nürnberg-Fürth, 4.5.1968, zit. n. Friedrich 1983, S. 280 („Katzenberger-Fall").

614 BGH, 29.5.1952, MDR 1952, S. 693 (694); ähnlich: BGHSt 9, 110 (118 f.), 8.7.1952; BGHSt 10, 294 (301), 7.12.1956; LG Hamburg, 27.2.1953, Rüter, Bd. X, S. 449 (484 f.); LG Ansbach, 23.7.1960, Rüter, Bd. XVI, S. 495 (552); LG Nürnberg-Fürth, 5.4.1968, zit. n. Friedrich 1983, S. 291; SchwurG Berlin, 27.10.1966, DRiZ 1967, S. 390 (393).

615 BGHSt 9, 302 (308), 28.6.1956.

616 BGHSt 4, 66 (68), 6.11.1952; BGHSt 3, 110 (116), 8.7.1952; LG Nürnberg-Fürth, 5.4.1968, zit. n. Friedrich 1983, S. 283 ff.

617 Schmidt 1947, S. 231.

618 Perels 1984, S. 365

619 Ebd.

4. Die Verantwortlichkeit des rechtsblinden Richters: Rechtsbeugungsvorsatz und Rechtsblindheit

Die Strafbarkeit des NS-Richters, der objektiv eine Rechtsbeugung beging, setzt voraus, dass er sich bewusst war, das Recht zu beugen. Das diesbezügliche Vorbringen der Richters, sie hätten nicht erkannt, dass sie das Recht gebeugt hätten, insbesondere nicht, dass das angewendete Gesetz gesetzliches Unrecht sei, wurde nach 1945 unterschiedlich bewertet.

a) Die frühe Rechtslehre: Rechtsblindheit oder positivistische Verblendung

Radbruch hatte allgemein zum Unrechtsbewusstsein geäußert, dass ein Irrtum über naturrechtliche Grundsätze als Rechtsblindheit nicht zu entschuldigen vermag.[620] Bei den Richtern machte Radbruch hiervon eine Ausnahme. Die NS-Juristen seien durch die positivistische Geltungslehre so verblendet und wehrlos gewesen, dass sie für die Anwendung gesetzlichen Unrechts strafrechtlich nicht zur Rechenschaft gezogen werden könnten.

> „Rechtsbeugung aber fordert das Bewußtsein der Rechtswidrigkeit. Positivistisch erzogene Richter mußten jedoch annehmen, zur Anwendung des Gesetzes, mochte dieses Gesetz auch noch so verwerflichen Inhalts sein, unbedingt verpflichtet zu sein, konnten also gesetzliches Unrecht ohne Unrechtsbewußtsein verwirklichen. Der jahrzehntelang unbestritten herrschende Positivismus kann nicht zum Schaden der Richter, die sich durch die herrschende Lehrmeinung leiten ließen, plötzlich verleugnet werden.“[621]

Deswegen könne dem Richter

> „eben wegen seiner positivistischen Rechtserziehung solches Unrecht nicht zur persönlichen Schuld angerechnet werden.“[622]

Diese Argumentation wurde 1947 von Figge, Coing und von Hodenberg übernommen. Dem NS-Richter fehle das Bewusstsein, das Recht zu beugen, weil er nur getan habe, was das Gesetz verlangte. Der Richter konnte auch guten Glau-

---

620 Radbruch 1947 f, Sp. 634.

621 Radbruch 1947 b, S. 5. In dem Aufsatz „Gesetzliches Unrecht und übergesetzliches Recht“ hatte Radbruch lediglich eine Frage formuliert: “Aber konnten Richter, die von dem herrschenden Positivismus soweit verbildet waren, daß sie ein anderes als das gesetzte Recht nicht kannten, bei der Anwendung positiver Gesetze den Vorsatz der Rechtsbeugung haben?“, Radbruch 1946b, Sp. 108.

622 Radbruch 1947 a, Ausgabe 1962, S. 2. Zur Kritik dieser „Wehrlosigkeitsthese“ Walther 1988, S. 263 ff. mit weiteren Nachweisen. Als Erklärung, warum Radbruch bei den Richtern eine Ausnahme machte, bietet Müller 1979, S. 326 ff. Radbruchs ausgeprägtes „caritatives Bedürfnis“, die Solidarität mit den Kollegen an.

bens gewesen sein, „einer Humanität zu dienen, zumal er von den unmenschlichen Taten keine Kenntnis hatte".[623]

Dagegen betonten Lange und Buchwald in Übereinstimmung mit dem OGH, dass die Richter nicht anders zu behandeln seien als andere NS-Täter. Die Möglichkeit des Unrechtsbewusstseins müsse auch hier ausreichen. Diese Möglichkeit sei immer dann gegeben, wenn der Richter ein Gesetz angewendet habe, das gegen evidente naturrechtliche Sätze verstoße. Habe ein Richter dennoch nicht erkannt, dass er das Recht gebeugt habe, so habe er in vorwerfbarer Weise pflichtwidrig die Augen vor dem richtigen Recht verschlossen. Rechtsblindheit sei auch und gerade beim Richter kein Entschuldigungsgrund.[624]

b) Die Rechtsprechung

Das Argument, dass Rechtsblindheit gerade einen Richter nicht zu entschuldigen vermag, wurde in der Rechtsprechung ab 1948 nahezu einstimmig durch eine doppelte juristische Konstruktion abgewehrt.

aa) Der Irrtum über die Beugung des Rechts ist Tatbestandsirrtum

Da die „Beugung des Rechts" Tatbestandsmerkmal ist,[625] ist nach Ansicht der Gerichte ein Irrtum über die unrichtige Rechtsanwendung immer – gleichgültig, ob es sich um einen Irrtum über die Beugung positiven Rechts oder über die Geltung des angewandten Gesetzes handelt – Tatbestandsirrtum, der den Vorsatz ausschließe:

> „Der Vorsatz muß sich beim Tatbestand des § 336 StGB gerade auf die Unrichtigkeit der Entscheidung, im gegebenen Falle also auf die Nichtgeltung einer angewandten Gesetzesbestimmung, beziehen [...]; ein Irrtum des Richters über die Geltung der von ihm angewandten Gesetze ist daher i.S.d. an § 59 StGB anknüpfenden herrschenden Irrtumslehre nicht etwa ein unerheblicher Rechtsirrtum, sondern Irrtum über das Vorhandensein eines Tatbestandsmerkmals."[626]

Beim Tatbestandsirrtum könnten die Grundsätze über die Vermeidbarkeit des Verbotsirrtums oder die Zurechnung von Unrechtsbewusstsein aus naturrechtlichen Gründen keine Anwendung finden:

---

623 Figge 1947, Sp. 181; Coing 1947, Sp. 64; v. Hodenberg 1947, Sp. 122.

624 Lange 1947, S. 201, mit ausdrücklicher Kritik an Radbruch; Buchwald 1946 (Ausgabe 1947), S. 12; Schlussplädoyer des Hauptanklägers im Nürnberger Juristenurteil, zit. n. Steiniger, Leszczynski 1969, S. 67, 80; OGH, 7.12.1948, Rüter, Bd. V, S. 257 (262).

625 LG Hamburg, 27.2.1953, Rüter, Bd. X, S. 449 (487); BGH, 7.12.1956, Rüter, Bd. XIII, S. 382 (384).

626 LG Weiden, 19.2.1948, Rüter, Bd. II, S. 235 (291); ähnlich: LG Hamburg, ebd., S. 487 ff.; BGH, ebd., S. 384; BGHSt 3, 110 (123), 29.5.1952.

„Rechtsbeugung selbst kann nur mit Wissen und Wollen begangen werden [...]. Das Gericht hat nicht zu prüfen, ob die Richter damals bei gehöriger Anspannung ihres Gewissens Fehler ihrer Entscheidung hätten erkennen und vermeiden können oder nicht.“[627]

Ließ sich der Rechtsbeugungsvorsatz im Einzelfall nicht nachweisen, so blieben die Richter straffrei, da fahrlässige Rechtsbeugung nicht strafbar ist. Den Vorsatz der Rechtsbeugung verneinten die Gerichte ab 1948 immer dann, wenn die Angeklagten geltend machten, so verblendet gewesen zu sein, dass sie das Unrecht ihrer Entscheidung, insbesondere die Ungültigkeit des angewendeten Gesetzes nicht erkannten:

„Die Frage, ob die von dem Angeklagten angewandten Gesetze rechtsgültig waren, ist für den vorliegenden Fall insofern ohne praktische Bedeutung, als dem Angeklagten der gute Glaube in dieser Richtung keineswegs widerlegt werden kann.“[628]

Rechtsblindheit, basierend auf politischer Verblendung, wurde zum zentralen Exkulpationsgrund:

„Die Angeklagten waren beide Parteimitglieder seit 1933. Sie waren überzeugte, ja sogar fanatische Nationalsozialisten. Sie waren verblendet, ließen sich leiten und sind bedingungslos der Propaganda, die von der Partei ausgestreut wurde, gefolgt [...]. [Deswegen] konnte ein vorsätzliches Handeln gegen das Recht nicht festgestellt werden.“[629]

Der Freispruch wegen Rechtsblindheit galt nur für NS-Richter. Während diese nicht zwischen Recht und Unrecht unterscheiden können mussten, verlangte der BGH von einem Richter aus der DDR in einem Urteil von 1960, dass er nicht über die verbindlichen Grundsätze der Strafzumessung irrt:

„Der Angekl. hat nun allerdings geltend gemacht, er habe die Strafe für angemessen gehalten. [...] Das schließt jedoch bei der im übrigen gegebenen Sachlage den Vorsatz der Rechtsbeugung nicht ohne weiteres aus. Der Angekl. ist Volljurist, von dem erwartet werden kann, daß er ein Gefühl dafür hat, ob eine Strafe in unerträglichem Mißverhältnis zur Schwere der Tat und zur Schuld des Täters steht.“[630]

Das LG Berlin durchbrach 1967 in einem Urteil gegen den beisitzenden Richter am Volksgerichtshof Rehse diese Exkulpationslinie. Es verurteilte Rehse wegen Mord und Mordversuch in sieben Fällen und gleichzeitig begangener vorsätzlicher Rechtsbeugung, weil Rehse mit der Verhängung der Todesstrafe bewusst

627 LG Ansbach, 19.10.1950, Rüter, Bd. XIII, S. 361 (373); ähnlich: LG Hamburg, ebd., S. 491.

628 LG Aschaffenburg, 6.12.1948, Rüter, Bd. III, S. 625 (649); ähnlich: OLG München, 25.6.1963, zit. nach Friedrich 1983, S. 455.

629 LG Kassel, 28.6.1950, zit. n. Moritz, Noam 1978, S. 308 (315).

630 BGH, 16.2.1960, NJW 1960, S. 974 (975).

gegen das Verbot grausamen und übermäßig harten Strafens verstoßen habe. Das Gericht erklärte, der Annahme des Tötungs- und Rechtsbeugungsvorsatzes

> „steht nicht entgegen, daß der Angekl. möglicherweise aus Rechtsblindheit die Verhängung der Todesstrafen für erforderlich gehalten hat, weil er meinte, im Interesse des Reiches zu handeln. Diese Rechtsblindheit vermag jedoch weder den Vorsatz der Rechtsbeugung, noch den der rechtswidrigen Tötung auszuräumen. Er wusste, was er tat, und erkannte die Folgen seines Handelns. Wenn er in seiner Verblendung annahm, so handeln zu müssen, so ist das ein reiner Verbotsirrtum, der den Vorsatz nicht beseitigt. Der Angekl. ist ein qualifizierter Volljurist, von dem erwartet werden konnte, daß er sich ein Gefühl für gerechtes Strafen bewahrt hatte. Bei gehöriger Anspannung seines Gewissens hätte er das Unrechtmäßige seines Tuns erkennen können und müssen. Daß er diese ihm gebotene und zumutbare Prüfung entweder überhaupt nicht vorgenommen hat oder zu einem fehlerhaften Ergebnis gelangt ist, vermag ihn nicht zu entlasten. Unabhängig davon ist das Schwurgericht aber auch der Auffassung, daß die vom Bundesgerichtshof geprägten Grundsätze über die beschränkte Haftbarkeit von Richtern (BGHSt 10, 294) dann nicht Platz greifen können, wenn es sich um Fälle der Rechtsblindheit handelt und zwar auch dann nicht, wenn diese Rechtsblindheit den Vorsatz der Rechtsbeugung tangiert. Es ist ein Unterschied, ob ein Richter im Einzelfall über die tatsächliche Würdigung eines Sachverhaltes oder die Auslegung eines Gesetzes irrt oder ob er in seiner Verblendung über einen langen Zeitraum hinweg rechtsfremde Ziele zu verwirklichen trachtet. Der mit der Rechtsprechung des Bundesgerichtshofs verbundene Schutzzweck [die Unabhängigkeit des Richters, C. L.] dürfte für den letzten Fall nicht anzuwenden sein. Eine andere Auslegung würde zu absurden Ergebnissen führen. Denn dann müßte auch *Freisler*, stünde er heute als Angekl. vor dem Schwurgericht und würde er sich ebenfalls auf Rechtsblindheit berufen, freigesprochen werden, wenn ihm die Rechtsblindheit ebenfalls nicht widerlegt werden könnte […].“[631]

Der BGH hob die Entscheidung auf. Das Urteil des Berliner Gerichts enthalte „Unklarheiten und Widersprüche“ unter anderem im Zusammenhang mit den Ausdrücken wie „Rechtsblindheit“ und „Verblendung“, die „im üblichen Sinne verstanden mit dem Vorsatz der Rechtsbeugung nicht vereinbar“ seien“.[632]

bb) Rechtsbeugung erfordert direkten Vorsatz

Aus Verlautbarungen der NS-Juristen nach 1945 – sie seien (fast) alle dagegen gewesen, hätten dem Nationalsozialismus zumindest distanziert gegenübergestanden und ihr Möglichstes getan, um das Unrecht zu begrenzen –[633] hätten die Gerichte schließen können, dass die Richter hinsichtlich der Beugung des Rechts zumindest mit Eventualvorsatz gehandelt haben, da sie das begangene

---

631 LG Berlin, 3.7.1967, DRiZ 1967, S. 390 (393 r. Sp.).

632 BGH, 8.5.1968, NJW 1968, S. 1339 (1340).

633 Vgl. Weinkauff 1968, S. 90 f., 93 f., 170 ff.

Unrecht danach als solches erkannten, also gar nicht verblendet gewesen waren. Dieses Ergebnis wurde vermieden, indem die Gerichte vereinzelt schon 1949/1950,[634] dann ab 1953 überwiegend direkten Vorsatz für die Rechtsbeugung verlangten. Begründet wurde auch das mit der sonst gefährdeten Unabhängigkeit des Richters.[635]

c) Die spätere Rechtslehre

aa) Der Irrtum über die Gültigkeit des Rechts ist Verbotsirrtum

Nicht wenige Rechtslehrer teilten die Auffassung der Rechtsprechung, dass der Irrtum des Richters über die Gültigkeit des angewendeten Gesetzes Tatbestandsirrtum ist, der den Vorsatz ausschließt.[636] Andere Rechtswissenschaftler äußerten grundsätzliche Kritik an dieser Auffassung. Maurach entwickelte 1958 – bezeichnenderweise unter dem Titel „Zur Problematik der Rechtsbeugung durch Anwendung sowjetzonalen Rechts“ – eine Kritik, die geeignet war, die Exkulpation von NS-Richtern zu durchbrechen. Die herrschende Rechtsbeugungstheorie, die den Irrtum über die Gültigkeit des Rechts zum Tatbestandsirrtum erklärt und gleichzeitig den Nachweis direkten Vorsatzes fordert, führe – so Maurach – dazu, dass auch „gröbste Gewissenlosigkeit und Nachlässigkeit“ und ein gewissenloses und leichtfertiges „Sich-Hinwegsetzen über die fundamentalen Rechtsgeltungsgrundsätze“ zum Freispruch des Richters führt.[637] Weiter heißt es bei Maurach:

> „Die von der h.L. [der herrschenden Lehre, C. L.] geübte Auslegung des § 336 führt doch darauf hinaus, daß sich ausgerechnet der Richter auf Rechtsblindheit, wenn nicht Rechtsfeindlichkeit berufen kann: Es genügt, daß er, vor dem geschriebenen und ordnungsgemäß publizierten Gesetz kapitulierend, die Ohren den Warnungen seines Gewissens geflissentlich verschließend, sich auf den ‚Boden der Tatsachen‘ stellt, um den § 336 außer Gefecht zu setzen. Eine solche Auslegung dieser Vor-

---

634 LG Kassel, 28.6.1950, zit. n. Moritz, Noam 1978, 3, 308 (313); OLG Bamberg, 1.4.1949, Rüter, Bd. VIII, S. 176 (179).

635 BGHSt 10, 294 (298 f.), 7.12.1956; BGH, 29.11.1957, Rüter, Bd. XVII, S. 274 (275); LG Hamburg, 27.2.1953, Rüter, Bd. X, S. 449 (490); LG Ansbach, 19.10.1955, Rüter, Bd. XIII, S. 361 (373). Bedingten Vorsatz hielten vor allem in einer ersten Phase für ausreichend: LG Weiden, 19.2.1948, Rüter, Bd. II, S. 235 (277); OLG Nürnberg, 2.1.1948, Rüter, Bd. II, S. 318 (330); LG Aschaffenburg, 6.12.1948, Rüter, Bd. III, S. 625 (650 f.); BGH, 29.5.1952, MDR 1952, S. 693; BGH, 12.12.1952, Rüter, Bd. X, S. 656 (659).

636 Leverenz, DRIZ 1960, S. 171; Seebode 1969 a, S. 105 f.; ders. 1969 b, S. 204 ff.; Welzel 1967, S. 522.

637 Maurach 1958, S. 177 r. Sp.

> schrift aber, die ein wahres Privileg der Gewissensabtötung bildet, kann nicht rechtens sein."[638]

Deswegen befürwortet Maurach eine „strukturelle Revision der Auslegung des § 336".[639] Er schlägt vor, § 336 StGB als offenen Tatbestand zu verstehen, weil die Kernsubstanz der Rechtsbeugung die Anwendung unrichtigen Rechts sei. Damit sei die Bewertung einer Norm als gültig oder ungültig keine Tatbestandsfrage, sondern eine Frage der Bewertung des Gesamtvorgangs. Das habe zur Folge, dass „es sich bei der Charakterisierung der verletzten bzw. angewendeten Norm als gültig bzw. ungültig um ein Verbrechensmerkmal" und nicht um ein Tatbestandsmerkmal handele.[640] Allgemeine Verbrechensmerkmale müssten im Gegensatz zu Tatbestandsmerkmalen nicht vom Vorsatz umfasst sein, sodass die Behauptung des Richters, er habe die Ungültigkeit der Norm nicht erkannt, kein Tatbestandsirrtum sei, sondern nach den Grundsätzen über die Vermeidbarkeit eines Verbotsirrtums behandelt werden müsse.[641] Maurach hält allerdings den Irrtum über die Geltung des angewendeten Gesetzes bei NS-Richtern für unvermeidbar, da

> „die Herrschaft des Positivismus [...] die Möglichkeit, Recht und Gesetz abzuschichten und den Primat des ersteren zu erkennen, im Bewußtsein des Juristen ausgeschaltet [hatte]."[642]

Das heißt, dass bei Maurach das Ergebnis das Gleiche bleibt wie bei der von ihm kritisierten herrschenden Meinung: Rechtsblindheit exkulpiert den NS-Richter.

Spendel kritisiert, dass Maurach den Tatbestand des § 336 StGB zur Bedeutungslosigkeit entleere. Wenn „Beugung des Rechts" kein Tatbestandsmerkmal sei, dann laute § 336 StGB nur noch: Strafbar ist die „Führung oder Entscheidung einer Rechtssache durch einen Beamten zugunsten oder zum Nachteil einer Partei."[643] Spendel schlägt deswegen folgende Lösung vor: Der Begriff Recht in § 336 StGB ist ein normatives Tatbestandsmerkmal. Der Irrtum über ein normatives Tatbestandsmerkmal kann einmal auf Tatsachenunkenntnis beruhen (z.B. der Richter weiß nicht, dass die von ihm angewendete Norm aufgehoben ist), dann liegt ein beachtlicher Tatbestandsirrtum vor. Beruht der Irrtum dagegen auf einem Irrtum über das Wesen des Rechts, hierzu ist vor allem der Fall zu zählen,

---

638 Ebd., S. 179 l. Sp.

639 Ebd.

640 Ebd., S. 179 r. Sp.

641 Ebd.; ebenso v. Weber 1950 b, S. 274.

642 Maurach 1952, S. 568.

643 Spendel 1984, S. 28.

dass der Richter gesetzliches Unrecht für Recht hält, dann handelt es sich um einen unbeachtliche Subsumtionsirrtum, der den Vorsatz nicht ausschließt.[644]

Zu dieser eingeschränkten Berücksichtigung der subjektiven Wertung des Richters werde man – so Spendel – vor allem gedrängt, wenn man die Grundform des Rechts, wie Radbruch, in der objektiven Bewertungsnorm und nicht in der imperativen Bestimmungsnorm sehe.[645] Der Richter, der den Begriff des richtigen Rechts verkenne und deswegen blind an die Richtigkeit und Gerechtigkeit der NS-Rechtsordnung glaube, sei „nicht ein strafloser Irrtums-, sondern ein in seiner fanatischen NS-Ideologie befangener strafbarer Überzeugungstäter“.[646]

bb) Rechtsbeugung erfordert nur bedingten Vorsatz

Die Frage, ob Rechtsbeugung direkten Vorsatz erfordert oder ob bedingter Vorsatz ausreicht, war in der Rechtslehre strittig. Nicht wenige Rechtslehrer folgen der späteren Rechtsprechung und verlangen direkten Vorsatz.[647] Der Zusammenhang von gesamtgesellschaftlicher Restauration und Exkulpation der NS-Richter wird hier noch einmal deutlich. Welzel und Schmidt ließen 1947 bzw. 1948 noch Eventualvorsatz ausreichen. Ein Richter, der

> „die Möglichkeit einer falschen Rechtsanwendung ins Auge faßte und nun nicht alles tut, um zu einwandfrei richtiger Rechtsfindung zu gelangen, vielmehr die falsche Rechtsanwendung in Kauf nimmt und innerlich billigt, lädt nicht geringere Schuld auf sich, als der bewußt das Recht beugende Richter.“[648]

Demgegenüber forderten Schmidt und Welzel 1964 bzw. 1967 direkten Vorsatz.[649]

Ab Ende der 1960er / Anfang der 1970er Jahre wird in der Rechtslehre vermehrt die Auffassung vertreten, dass bedingter Vorsatz ausreicht.[650] Die Begründung ist überzeugend: In allen Vorsatzdelikten reicht Eventualvorsatz. Bei der Rechtsbeugung nur direkten Vorsatz für ausreichend zu halten, ist willkür-

---

644 Spendel 1968, S. 312; ders. 1988, Rn. 84 ff.; kritisch dazu Seebode 1969 b, S. 205.

645 Spendel 1968, S. 322.

646 Spendel 1984, S. 13; ders. 1988, Rn. 99.

647 Schultz 1952, S. 695; Maurach 1959, S. 622 ff.; Leverenz 1960, S. 171; Schmidt 1964, S. 297, Fußnote 400; Welzel 1967, S. 522.

648 Schmidt 1948, S. 76; Welzel 1947 a, S. 258.

649 Schmidt 1964, S. 297, Fn. 400; Welzel 1967, S. 522.

650 Spendel 1984, S. 15; ders. 1971, S. 541 r. Sp.; Bauer 1968, S. 305; Bemmann 1968, S. 308 ff.; Bemmann 1973, S. 547 f.; Begemann 1968, S. 1361; Rasehorn 1969, S. 459; Schlösser 1960, S. 946, Seebode 1969 a, S. 107 f.; ders. 1969 b, S. 207.

lich und kann keinen anderen Grund haben, als die „mangelnde Bereitschaft unserer Justiz, Justizverbrechen zu verfolgen“.[651]

651 Spendel 1984, S. 15.

Literaturverzeichnis

ADORNO, T.W. 1959. Was bedeutet Aufarbeitung der Vergangenheit, in: ders., Erziehung zur Mündigkeit, Frankfurt am Main 1970, S. 10 ff.

ARENDT, H. 1950. Besuch in Deutschland, in: dieselbe, Zur Zeit. Politische Essays, Berlin 1986, S. 43 ff.

ARNDT, A. 1947 a. Das Verbrechen der Euthanasie. Probleme der Frankfurter Euthanasie-Prozesse, in: Der Konstanzer Juristentag (2.-5. Juni 1947), hg. v. der Militärregierung des französischen Besatzungsgebiets in Deutschland, Generaljustizdirektion, Tübingen 1947, S. 184 ff.

Ders. 1947 b. Das Rückerstattungs-Gesetz der amerikanischen Zone, NJW 1947/48, S. 161 ff.

Ders., 1947 c, zur Entscheidung des OLG Kiel vom 26.3.1947, SJZ 1947 Sp. 330 ff.

Ders. 1948. Zur Rechtsgültigkeit nationalsozialistischer Gesetze, DRZ 1948, S. 240 f.

Ders. 1960. Strafrechtliche Verantwortlichkeit ehemaliger Richter an Sondergerichten, NJW 1960, S. 1140 f.

BADER, K.S. 1946. Umschau, DRZ 1946, S. 140 ff.

Ders. 1947 a. Der Fall Tillessen in europäischer Beleuchtung, in: Neues Europa, Halbmonatsschrift für Völkerverständigung, Bd. 2 (1947), Heft 11, S. 12 ff.

Ders. 1947 b. Plädoyer des Generalstaatsanwalts in Freiburg im Prozeß gegen Heinrich Tillessen, in: Die Wandlung, Bd. 2 (1947), S. 69 ff.

BARATTA, A. 1959. Relativismus und Naturrecht im Denken Gustav Radbruchs, ARSP 1959, S. 505 ff.

BAUER, F. 1968. Das „gesetzliche Unrecht" des Nationalsozialismus und die Strafrechtspflege in: Gedächtnisschrift für Gustav Radbruch, hg. v. A. Kaufmann, Göttingen 1968, S. 302 ff.

BEGEMANN, H. 1968. Das Haftungsprivileg des Richters im Strafrecht, NJW 1968, S. 1361 ff.

BEITZKE, G. 1948. Anmerkung zur Entscheidung des KG Berlin vom 1.8.47, SJZ 1948, Sp. 263 ff.

BEMMANN, G. 1968. Über die strafrechtliche Verantwortlichkeit des Richters, in: Gedächtnisschrift für Gustav Radbruch, hg. v. A. Kaufmann, Göttingen 1968, S. 308 ff.

Ders. 1973. Wie muß der Rechtsbeugungsvorsatz beschaffen sein? in: JZ 1973, S. 547 ff.

BENZ, W. 1988. Die Entnazifizierung der Richter, in: Diestelkamp, B., Stolleis, M. (Hg.), Justizalltag im Dritten Reich, Frankfurt am. Main 1988, S. 112 ff.

BENZLER, S. 1987. Zur rechtlichen Aufarbeitung der „Euthanasie-Aktion“ des Dritten Reiches nach 1945, Hannover 1987 (unveröffentlicht)

Dies. 1988. Justiz und Anstaltsmord nach 1945, in: KJ 1988, S. 137 ff.

BOCKELMANN, P. 1950. Zur Schuldlehre des Obersten Gerichtshofs in: ZStW 63 (1950), S. 13 ff.

BOURTHOUMIEUX, 1947. Anklagerede des Commissaire Adjoint du Gouvernement in der Strafsache Tillessen vor dem Tribunal Général in Rastatt, in: Journal Officiel du Commandement en Chef Français en Allemagne (Amtsblatt des französischen Oberkommandos in Deutschland) Nr. 61 v. 26.3.47, S. 628 ff.

BROSZAT, M. 1981. Siegerjustiz oder strafrechtliche „Selbstreinigung“, VfZ 1981, S. 477 ff.

BRÜNNECK, A. v. 1969. Buchbesprechung E. Fraenkel, The Dual State, KJ 1969, S. 319 ff.

Ders. 1983. Die Justiz im deutschen Faschismus, in: Der Unrechts-Staat. Sonderheft der KJ. Redaktion Kritische Justiz (Hg.), Baden-Baden 1983, S. 108 ff.

BUCHWALD, F. 1946. Gerechtes Recht, 2. Aufl., Weimar 1947

BURCKHARDT, H. 1952. Anmerkung zur Entscheidung des OLG Frankfurt vom 10.10.1951, NJW 1952, S. 590

CLEMENS. 1947. Die Anfechtung der Ehelichkeit durch den Staatsanwalt, MDR 1947, S. 221 f.

COING, H. 1947 a. Zur Frage der strafrechtlichen Haftung des Richters für die Anwendung naturrechtswidriger Gesetze, SJZ 1947, Sp. 61 ff.

Ders. 1947 b. Anmerkung zur Entscheidung des OLG Saarbrücken vom 21.5.1947, DRZ 1947, S. 342

DEUTSCHER BUNDESTAG, 4. Wahlperiode, Drucksache IV/3124

DUBIEL, H., FRANKENBERG, G. 1983. Entsorgung der Vergangenheit, DIE ZEIT vom 18.3.83

DUBRO. 1953. Anmerkung zur Entscheidung des OLG Frankfurt vom 25.11. 1952, NJW 1953, S. 706

ENGISCH, K. 1949/50. Gustav Radbruch als Rechtsphilosoph, ARSP 1949/50, S. 305 ff.

ERDSIEK, G. 1948. Anmerkung zur Entscheidung des OLG Hamburg vom 18.6.47, SJZ 1948, Sp. 39 ff.

ERHARD, H. 1948. Der Nürnberger Prozeß gegen die Hauptkriegsverbrecher und das Völkerrecht, SJZ 1948, Sp. 353 ff.

EVERS, H.U. 1955. Die Strafbarkeit des Richters wegen Anwendung unsittlicher Gesetze, DRiZ 1955, S. 187 ff.
Ders. 1956. Der Richter und das unsittliche Gesetz, Berlin 1956
Ders. 1961. Zum unkritischen Naturrechtsbewußtsein in der Rechtsprechung der Gegenwart, JZ 1961, S. 241 ff.
FELDMANN, H. 1948. Das Verbrechen gegen die Menschlichkeit, Essen 1948
FIGGE, R. 1947. Die Verantwortlichkeit des Richters, SJZ 1947, Sp. 179 ff.
FRAENKEL, E. 1941. Der Doppelstaat, Frankfurt am. Main 1974
FRANKENBERG, G., MÜLLER, F. J. 1983. Juristische Vergangenheitsbewältigung – Der Volksgerichtshof vorm BGH, KJ 1983, S. 145 ff.
FRIEDRICH, J. 1983. Freispruch für die Nazi-Justiz, Hamburg 1983
FURBY. 1947. Anklagerede in der Strafsache Tillessen vor dem Tribunal Général in Rastatt, in: Journal Officiel du Commandement en Chef Français en Allemagne (Amtsblatt des französischen Oberkommandos in Deutschland) Nr. 61 v. 26.3.47, S. 626 ff.
GEILER, K. 1947. Legalität und Legitimität, Die Gegenwart vom 28.2.47, S. 15 ff.
GOLDSCHEIDER, H.C. 1947. H. Tillessen und seine Welt, Frankfurter Hefte Bd. 2 (1947), S. 349 ff.
GRAVESON, R.H. 1947. Der Grundsatz „nulla poena sine lege“ und Kontrollratsgesetz Nr. 10, MDR 1947, S. 278 ff.
GREVE, W. 1948. Ein Besatzungsstatut für Deutschland, Stuttgart 1948
GRÜNWALD, G. 1964. Bedeutung und Begründung des Satzes „nulla poena sine lege“, ZStW Bd. 76 (1964), S. 1 ff.
Ders. 1971. Zur Kritik der Lehre vom überpositiven Recht, in: Bonner akademische Reden, Bd. 40, Bonn 1971
GÜDE, M. 1947. Die Anwendung des Kontrollratsgesetzes Nr. 10 durch deutsche Gerichte, DRZ 1947, S. 111 ff.
GUGGUMOS, M. 1948 a. Anmerkung zur Entscheidung des KG Berlin vom 1.8.47, NJW 1947/48, S. 388
Ders. 1948 b. Die Anfechtung der Ehelichkeit durch den Staatsanwalt, SJZ 1948, Sp. 247 ff.
HABEL, U. 1948. Ehelichkeitsanfechtung durch den Staatsanwalt, JR 1948, S. 176 f.
HARTUNG, F. 1949. Der Rechtsirrtum in der Rechtsprechung des Reichsgerichts, DRZ 1949, S. 342 ff.
Ders. 1950, Anmerkung zur „Euthanasie“-Entscheidung des OGH 23.7.1949, NJW 1950, S. 151 ff.
HERZ, J.H. 1948. The Fiasko of Denazification in Germany, in: Political Science Quarterly, Bd. 63 (1948), S. 569 ff.

HIPPEL, F. v. 1951. Gustav Radbruch als rechtsphilosophischer Denker, Heidelberg 1951

HODENBERG, H. v. 1947. Zur Anwendung des Kontrollratsgesetzes Nr. 10 durch deutsche Gerichte, SJZ 1947, Sp. 113 ff.

HÜLLE, W. 1951. Aus der Rechtsprechung des BGH in Strafsachen, in: NJW 1951, S. 295 ff.

HÜNEMÖRDER. 1947. Rundschau, MDR 1947, S. 286 ff.

JAGUSCH, H. 1949. Das Verbrechen gegen die Menschlichkeit in der Rechtsprechung des Obersten Gerichtshofs für die Britische Zone, SJZ 1949, Sp. 620 ff.

JAHREISS, H. 1946. Plädoyer im Nürnberger Prozeß vom 4.7.46 in: Der Prozeß gegen die Hauptkriegsverbrecher vor dem internationalen Militär-Gerichtshof, Bd. XVII, Nürnberg 1948, S. 499 ff.

KAUFMANN, A. 1987. Gustav Radbruch. Rechtsdenker, Philosoph, Sozialdemokrat, München 1987

KAUFMANN, E. 1948. Deutschlands Rechtslage unter der Besatzung, Stuttgart 1948

KELSEN, H. 1944. The International Legal Status of Germany to be Established Immediately upon Termination of the War, in: American Journal of Law, Bd. 38 (1944), S. 689 ff.

Ders. 1945. The Legal Status of Germany According to the Declaration of Berlin, in: American Journal of Law, Bd. 39 (1945), S. 518 ff.

KIRCHHEIMER, O. 1941. Die Rechtsordnung des Nationalsozialismus, in: ders., Funktionen des Staates und der Verfassung. 10 Analysen, Frankfurt am Main 1972, S. 115 ff.

KIRN, M. 1972. Verfassungsumsturz oder Rechtskontinuität? Die Stellungnahme der Jurisprudenz nach 1945 zum Dritten Reich, insbesondere die Konflikte um die Beamtenrechte und Art. 133 Grundgesetz, Berlin 1973

KISSELBACH, W. 1947. Zwei Probleme aus dem Gesetz Nr. 10 des Kontrollrats, MDR 1947, S. 2 ff.

KLEE, E. 1983. „Euthanasie“ im NS-Staat – Die „Vernichtung lebensunwerten Lebens“, Frankfurt am Main 1983

KLEFISCH, T. 1949. Die NS-Denunziation in der Rechtsprechung des Obersten Gerichtshofs für die Britische Zone, MDR 1949, S. 324

Ders. 1950. Die natsoz. Euthanasie im Blickfeld der Rechtsprechung und Rechtslehre, MDR 1950, S. 258 ff.

KLEINE, H. 1946. Anmerkung zur Entscheidung des AG Wiesbaden vom 17.3. 1946, SJZ 1946, S. 36

KLESSMANN, C. 1982. Die doppelte Staatsgründung 1945-1955. Schriftenreihe der Bundeszentrale für politische Bildung, Bd. 193, Bonn 1982

KRAUS, H. 1948. Kommentar zum Kontrollratsgesetz Nr. 10, Hamburg 1948

KRUSE, F. 1979, NS-Prozesse und Restauration, in: Redaktion Kritische Justiz (Hg.), Der Unrechts-Staat. Recht und Justiz im Nationalsozialismus, Frankfurt am Main, S. 164 ff.

KUHN, G. 1948. Anmerkung zur Entscheidung des OLG Hamburg vom 17.3. 1948, MDR 1948, S. 428 f.

LANGE, R. 1945. Gutachten zur Strafbarkeit von Denunzianten, Akten des ZJA für die britische Zone, Z 21/1334 (Bundesarchiv)

Ders. 1947. Anmerkung zur Entscheidung des KG Berlin vom 24.8.46, DRZ 1947, S. 200 f.

Ders. 1948 a. Zum Denunziantenproblem, SJZ 1948, Sp. 302 ff.

Ders. 1948 b. Kontrollratsgesetz Nr. 10 und deutsches Recht, DRZ 1948, S. 185 ff.

Ders. 1948 c. Die Rechtsprechung des Obersten Gerichtshofs für die Britische Zone zum Verbrechen gegen die Menschlichkeit, SJZ 1948, Sp. 655 ff.

Ders. 1948 d. Das Kontrollratsgesetz Nr. 10 in Theorie und Praxis, DRZ 1948, S. 155 ff.

Ders. 1950. Zur strafrechtlichen Judikatur des Obersten Gerichtshofs für die britische Zone, JR 1950, S. 615 ff.

LANGNER, A. 1959. Der Gedanke des Naturrechts seit Weimar und in der Rechtsprechung der Bundesrepublik, Bonn 1959

LAPLANCHE, J., PONTALIS, J.-B. 1982. Das Vokabular der Psychoanalyse, Bd. 2, 5. Aufl., Frankfurt am Main 1982

LEDIG. 1948. Zum Kontrollratsgesetz 10, NJ 1948, S. 188 ff.

LEVERENZ, B. 1960. Die Verantwortlichkeit des Richters und Staatsanwalts für die Anwendung und Auslegung der Gesetze des nationalsozialistischen Staates, DRiZ 1960, S. 169 ff.

LOHMANN, W. 1964. Versuch einer methodologischen Erörterung der Radbruchschen Rechtsphilosophie, Esslingen 1964

LÜBBE, H. 1983. Es ist nichts vergessen, aber einiges geheilt. Der Nationalsozialismus im Bewußtsein der deutschen Gegenwart, in: Frankfurter Allgemeine Zeitung vom 24.1.83, S. 9

MATTHEE, V. 1972. Die Legalität des Ermächtigungsgesetzes vom 24. März 1933 und die Schranken der Verfassungsrevision in der Weimarer Verfassung, Diss. Kiel 1972

MAURACH, R. 1948. Schuld und Verantwortung im Strafrecht, Wolfenbüttel und Hannover 1948

Ders. 1952. Deutsches Strafrecht. Besonderer Teil, 1. Aufl., Hannover u. Darmstadt 1952

Ders. 1958. Zur Problematik der Rechtsbeugung durch Anwendung sowjetzonalen Rechts, ROW 1958, S. 177 ff.

Ders. 1959. Deutsches Strafrecht. Besonderer Teil, 3. Aufl., Karlsruhe 1959

MEYER, 1947. Das Kontrollratsgesetz Nr. 10 in der Praxis der deutschen Strafgerichte, MDR 1947, S. 110 ff.

MITSCHERLICH, A. und M. 1967. Die Unfähigkeit zu trauern, München 1977

MITSCHERLICH, M. 1987. Erinnerungsarbeit. Zur Psychoanalyse der Unfähigkeit zu trauern, Frankfurt am Main 1987

MORITZ, K., NOAM, E. 1978. Justiz und Judenverfolgung, Bd. II, NS-Verbrechen vor Gericht 1945-1955, Wiesbaden 1978

MÜLLER, I. 1979. Gesetzliches Recht und übergesetzliches Unrecht, in: Leviathan 1979, S. 308 ff.

Ders. 1980. Der Vorsatz der Rechtsbeugung, NJW 1980, S. 2390 ff.

NATHAN, R. 1947 a. Anmerkung zur Entscheidung des OLG Halle vom 16.4.47, NJ 1947, S. 163 ff.

Ders. 1947 b. Anmerkung zur Entscheidung des OLG Halle vom 17.3.47, NJ 1947, S. 249

Ders. 1948. Anmerkung zur Entscheidung des KG Berlin vom 1.8.47, NJ 1948, S. 51 f.

NEUMANN, F.L. 1936. Die Herrschaft des Gesetzes, Frankfurt a.M. 1980

Ders. 1937. Der Funktionswandel des Gesetzes im Recht der bürgerlichen Gesellschaft, in: ders., Demokratischer und autoritärer Staat, Frankfurt a.M. 1967, S. 7 ff.

Ders. 1942. Behemoth. Struktur und Praxis des Nationalsozialismus 1933-1944, Frankfurt 1984

Ders. 1948. Militärregierung und Wiederbelebung der Demokratie in Deutschland, in: ders., Wirtschaft, Staat, Demokratie. Aufsätze 1930-1954, hg. v. A. Söllner, Frankfurt am. Main 1978

NIETHAMMER. E. 1946. Anmerkung zur Entscheidung des OLG Freiburg vom 5.6.46, DRZ 1946, S. 62

NIESE, W. 1950. Die Vorsatzauffassung des OGH in Strafsachen, SJZ 1950, Sp. 31 ff.

OSTENDORF, H., TER VEEN, H. 1985. Das Nürnberger Juristenurteil, Frankfurt a.M. u. New York 1985

PALANDT. 1988. Kommentar zum Bürgerlichen Gesetzbuch, 47. Aufl. München 1988

PERELS, J. 1984. Die Restauration der Rechtslehre nach 1945, KJ 1984, S. 359 ff.

PETERS, K. 1947. Anmerkung zur Entscheidung des AG Wuppertal vom 23.9. 1946, DRZ 1947, S. 343 f.

Ders. 1949. Zur Lehre von den persönlichen Strafausschließungsgründen, JR 1949, S. 496 ff.
POLLOCK, F. (Bearbeiter). 1955. Gruppenexperiment, in: Frankfurter Beiträge zur Soziologie Bd. 2, hg. v. T.W. Adorno, W. Dirks, Frankfurt am Main 1955
RADBRUCH. G. 1932. Rechtsphilosophie, 4. Auflage, hg. v. E. Wolf, Stuttgart 1950
Ders. 1933 a. Autoritäres und soziales Strafrecht, in: ders., Der Mensch im Recht, hg. von F. v. Hippel, Göttingen 1957, S. 63 ff.
Ders. 1933 b. Faschistisches Strafrecht, in: Der Morgen Heft 6/1933, S. 433 ff.
Ders. 1933 c. Strafrechtsreform und Nationalsozialismus, in: Neue Freie Presse vom 15.1.33 und 22.1.33
Ders. 1934. Der Relativismus in der Rechtsphilosophie, in: ders., Der Mensch im Recht, hg. von F. v. Hippel, Göttingen 1957, S. 80 ff.
Ders. 1937/38. Der Zweck des Rechts, in: ebd. S. 88 ff.
Ders. 1945. Fünf Minuten Rechtsphilosophie, in: ders., Rechtsphilosophie, 4. Aufl. Stuttgart 1950, Anhang, S. 335 ff.
Ders. 1946 a. Erneuerung des Rechts, in: Gedächtnisschrift für Gustav Radbruch, hg. von A. Kaufmann, Göttingen 1968, S. 26 ff.
Ders. 1946 b. Gesetzliches Unrecht und übergesetzliches Recht, SJZ 1946, S. 105 ff.
Ders. 1947 a. Die Erneuerung des Rechts, in: Maihofer, W. (Hg.) Naturrecht oder Rechtspositivismus? Bad Homburg 1962, S. 1 ff.
Ders. 1947 b. Gesetz und Recht, in: Stuttgarter Rundschau, Heft 1/1947, S. 5 f.
Ders. 1947 c. Erwiderung (auf eine Kritik an „Gesetz und Recht"), Stuttgarter Rundschau, Heft 3/1947, S. 22
Ders. 1947 d. Zur Diskussion über die Verbrechen gegen die Menschlichkeit, SJZ 1947, Sp. 131 ff.
Ders. 1947 e. Anmerkung zum Tillessen-Urteil des LG Konstanz vom 28.2.47, SJZ 1947, Sp. 343 ff.
Ders. 1947 f. Anmerkung zur „Euthanasie"-Entscheidung des OLG Frankfurt vom 12.8.47, SJZ 1947, Sp. 633 ff.
Ders. 1947 g. Zum internationalen Entwurf der Menschenrechte, in: Neues Europa. Halbmonatsschrift für Völkerverständigung, Bd. 2 (1947) Heft 21, S. 11 f.
Ders. 1948. Vorschule der Rechtsphilosophie, 2.Auflage, Göttingen 1959
Ders. 1949. Nachwort zur Kulturlehre des Sozialismus (1927) Berlin 1949, S. 81 ff.
Ders. 1953. Neue Probleme in der Rechtswissenschaft, in: ders., Eine Feuerbach-Gedenkrede sowie drei Aufsätze aus dem wissenschaftlichen Nach-

laß, hg. v. E. Schmidt, in: Recht und Staat in Geschichte und Gegenwart, Heft 172, Tübingen 1953, S. 31 ff.

Ders. 1963. Aphorismen zur Rechtsweisheit, hg. v. A. Kaufmann, Göttingen 1963

RASEHORN, T. 1969. Das Verfahren gegen Rehse und die Problematik des § 336 StGB, NJW 1969, S. 457 ff.

REDAKTION KRITISCHE JUSTIZ (Hg.) 1998, Die juristische Aufarbeitung des Unrechts-Staats, Baden-Baden 1998

REINICKE, D. 1950. Zur Rechtsprechung des Obersten Gerichtshofs für die britische Zone über die Anwendbarkeit des Grundsatzes in dubio pro reo bei den Strafausschließungsgründen, MDR 1950, S. 77 ff.

ROEMER, W. 1946. Von den Grenzen und Antinomien des Rechts, SJZ 1946, S. 9 ff.

RÜTER, C.F. (Hg.). Justiz und NS-Verbrechen. Sammlung deutscher Strafurteile wegen nationalsozialistischer Tötungsverbrechen 1945-1966, Amsterdam 1968 ff.

SCHLÖSSER, S. Die strafrechtliche Verantwortlichkeit ehemaliger Richter an Sondergerichten, in: NJW 1960, S. 943 ff.

SCHMIDT, E. 1946. Rechtsgutachten über Art. II 1 c, 3 und 5 des Kontrollratsgesetzes Nr. 10, in: Akten des Zentral-Justizamtes für die Britische Zone, Z 21/ 799 (Bundesarchiv)

Ders. 1947. Unabhängigkeit der Rechtspflege, in: Tagung deutscher Juristen, Bad Godesberg (30.9. / 1.10.47), Sonderveröffentlichung des Zentral-Justizblatts. für die Britische Zone, Hamburg 1947, S. 233 ff.

Ders. 1948. Politische Rechtsbeugung und Richteranklage, in: Justiz und Verfassung, Sonderveröff. des ZJBl. für die britische Zone, Bd. 4 Nr. 4, Hamburg 1948, S. 55 ff.

Ders. 1949. Anmerkung zur „Euthanasie"-Entscheidung des OGH vom 5.3.49, SJZ 1949, Sp. 559 ff.

Ders. 1964. Lehrkommentar zur Strafprozeßordnung und zum Gerichtsverfassungsgesetz, Teil 1, Göttingen 1964

SCHMITT, C. 1933. Neue Leitsätze für die Rechtspraxis, JW 1933, S.2793 f.

Ders. 1934. über die drei Arten des rechtswissenschaftlichen Denkens, Hamburg 1934

SCHÖNKE, A., SCHRÖDER, H. 1988. Kommentar zum Strafgesetzbuch, 23. Aufl. München 1988

SCHRODT, W. 1949. Anmerkung zur Entscheidung des OLG Kassel vom 29.9.1948, NJW 1949, S. 385 ff.

SCHULTZ, G. 1951. Rundschau. Blick in die Zeit, MDR 1951, S. 406 ff.

Ders. 1952. Anmerkung zum „Juristen“-Urteil des BGH vom 29.5.52, MDR 1952, 5. 695 ff.
SCHUMACHER, B. 1985. Rezeption und Kritik der Radbruchschen Formel, Diss. Göttingen 1985
SEEBODE, M. 1969 a. Das Verbrechen der Rechtsbeugung, Neuwied und Berlin 1969
Ders. 1969 b. Rechtsblindheit und bedingter Vorsatz bei der Rechtsbeugung, JuS 1969, S. 204 ff.
SEIBERT, C. 1952. Abschied vom KRG 10, NJW 1952, S. 251 ff.
SIMON, D. 1988. Waren die NS-Richter „unabhängige Richter“ im Sinne des § 1 GVG? in: Diestelkamp, B., Stolleis, M. (Hg.) Justizalltag im Dritten Reich, Frankfurt am. Main 1988, S. 11 ff.
SÖLLNER, A. (Hg.) 1986. Zur Archäologie der Demokratie in Deutschland, Bd. 1, Analysen von politischen Emigranten im amerikanischen Geheimdienst 1943-1945, Frankfurt am. Main 1986
SPENDEL, G. 1968. Zur Problematik der Rechtsbeugung, in: Gedächtnisschrift für Gustav Radbruch, hg. von A. Kaufmann, Göttingen 1968, S. 312 ff.
Ders. 1971. Justizmord durch Rechtsbeugung, NJW 1971, S. 571 ff.
Ders. 1984. Rechtsbeugung durch Rechtsprechung, Berlin und New York 1984
Ders. 1988. Kommentar zu § 336 StGB, in: Leipziger Kommentar, 10. Aufl., Berlin und New York 1988
STEINIGER, P.A., LEZCZYNSKI, K. 1969. Fall 3. Das Urteil im Juristenprozeß, Berlin (Ost) 1969
STÖDTER, R. 1948. Deutschlands Rechtslage, Hamburg 1948
STOLLEIS, M. 1982. Rechtsordnung und Justizpolitik 1945-1949, in: N. Horn (Hg.) Europäisches Rechtsdenken in Geschichte und Gegenwart. Festschrift für H. Coing zum 70. Geburtstag, Bd. 1, München 1982, S. 383 ff.
STORZ, K.A. 1969. Die Rechtsprechung des Obersten Gerichtshofs für die britische Zone in Strafsachen, Tübingen 1969
STRUCKSBERG, G. 1947. Zur Anwendung des Kontrollratsgesetzes Nr. 10, DRZ 1947, S. 277 ff.
TJONG, Z.U. 1967. Der Weg des rechtsphilosophischen Relativismus bei Gustav Radbruch, in: Bonner rechtswissenschaftliche Abhandlungen, Bd. 73, hg. v. der Rechts- und Staatswissenschaftlichen Fakultät der Universität Bonn, Bonn 1967
DAS URTEIL VON NÜRNBERG 1946. München 1946.
WALTHER, M. 1988. Hat der juristische Positivismus die deutschen Juristen wehrlos gemacht? 1988, S. 263 ff.
WEBER, H. v. 1947 a. Recht und Pflicht des Richters zur Prüfung der Gültigkeit des Strafgesetzes, in: Tagung deutscher Juristen, Bad Godesberg

(30.9./1.10.47) Sonderveröffentlichung des Zentral-Justizblatts. für die Britische Zone, Hamburg 1947, S. 163 ff.
Ders. 1947 b. Die Pflichtenkollision im Strafrecht, in: Festschrift für W. Kisselbach, Hamburg 1947, S. 233 ff.
Ders. 1948. Die strafrechtliche Verantwortlichkeit für Handeln auf Befehl, MDR 1948, S. 34 ff.
Ders. 1949. Das Verbrechen gegen die Menschlichkeit in der Rechtsprechung, MDR 1949, S. 261 ff.
Ders. 1950 a. Anmerkung zur Entscheidung des OLG Bamberg vom 27.7.49, NJW 1950, S. 35 f.
Ders. 1950 b. Anmerkung zu „Euthanasie"-Entscheidung des OGH vom 15.11. 1949, NJW 1950, S. 272
WEINKAUFF, H. 1968. Die deutsche Justiz und der Nationalsozialismus, Teil I, Stuttgart 1968
WEISS, W. 1947 a. Anmerkung zur Entscheidung des OLG Gera vom 2.5.46, NJ 1947, S. 104
Ders. 1947 b. Urteilsanmerkung, NJ 1947, S. 43
Ders. 1947 c. Anmerkung zur Entscheidung des KG Berlin vom 10.7.46, NJ 1947, S. 41
Ders. 1947 d. Das Gesetz über die Kassation rechtskräftiger Urteile in Strafsachen, NJ 1947, S. 213 ff.
WELZEL, H. 1947 a. Das deutsche Strafrecht in seinen Grundzügen, 2. Aufl., Berlin 1949
Ders. 1947 b. Zur Kritik der subjektiven Teilnahmelehre, SJZ 1947, Sp. 645 ff.
Ders. 1949 a. Anmerkung zur „Euthanasie"-Entscheidung des OGH vom 5.3.49, MDR 1949, S. 373 ff.
Ders. 1949 b. Vom irrenden Gewissen, in: Recht und Staat in Geschichte und Gegenwart, Bd. 145, Tübingen 1949
Ders. 1967. Das deutsche Strafrecht, 10. Aufl., Berlin 1967
WENGLER, W. 1949. Die Nichtanwendung nationalsozialistischen Rechts im Lichte der Rechtsvergleichung und der allgemeinen Rechtslehre, JR 1949, S. 67 ff.
WENZLAU, J.R. 1979. Der Wiederaufbau der Justiz in Nordwestdeutschland 1945-1949, Königstein 1979
WERNER, W. 1949. Die ersten Entscheidungen des OGH zum Kontrollratsgesetz Nr. 10, NJW 1949, S. 170 ff.
WIESBADENER JURISTENTAGUNG (3.-6.12.46) Bericht in SJZ 1947, Sp. 37 ff.
WIMMER, A. 1947. Die Bestrafung von Humanitätsverbrechen und der Grundsatz „nulla poena sine lege", SJZ 1947, Sp. 123 ff.

Ders. 1948. Unmenschlichkeitsverbrechen und deutschrechtliche Straftat in einer Handlung, SJZ 1948, Sp. 253 ff.

WOLF, E. 1959. Umbruch und Entwicklung in Gustav Radbruchs Rechtsphilosophie, ARSP 1959, S. 481 ff.

ZIMMER, E. 1953. Anmerkung zur Entscheidung des OLG Frankfurt 25.11. 1952, NJW 1953, S. 310 f.

Ich danke

meinen Eltern Ursula und Gerhart Laage für die emotionale und finanzielle Unterstützung während meines Studiums, insbesondere während der Anfertigung der Diplomarbeit, die dieser Veröffentlichung zugrunde liegt,

meinem wissenschaftlichen Lehrer Prof. Dr. Joachim Perels, der mir in seinen Seminaren an der Universität Hannover Anregung zu der Diplomarbeit gab, und

Dr. Susanne Benzler sowie Holger Volk für die abschließende Durchsicht des Textes für diese Veröffentlichung.

Beiträge zur Aufarbeitung der NS-Herrschaft

Herausgegeben von Joachim Perels
Redaktion: Susanne Benzler

Band 1 Dirk Schmaler: Die Bundespräsidenten und die NS-Vergangenheit – zwischen Aufklärung und Verdrängung. 2013.

Band 2 Clea Laage: Gesetzliches Unrecht: Die Bedeutung des Begriffs für die Aufarbeitung von NS-Verbrechen. Die Rezeption der Radbruchschen Formel in Rechtsprechung und Rechtslehre nach 1945. 2014.

www.peterlang.com

www.ingramcontent.com/pod-product-compliance
Ingram Content Group UK Ltd.
Pitfield, Milton Keynes, MK11 3LW, UK
UKHW041822290926
8980IPUK00002B/3

9 783631 647899